道徳教育と愛国心

道徳教育と愛国心

「道徳」の教科化にどう向き合うか

大森直樹
Naoki Omori

岩波書店

はしがき

日本の小中学校には一九五八年から「道徳の時間」がおかれてきた。だが、その位置づけは教科ではなかったので、教科書はなく、保護者にもわかるようなかたちで評価がおこなわれることはなかった。ところが、いまその位置づけが教科へと変わり、教科書がつくられ、新たな評価がはじまっている。

こうした動きが、道徳の教科化と呼ばれて、自民党・第二次安倍晋三政権下(二〇一二年一二月二六日〜二〇一四年一二月二四日)において報道が重ねられていたときのことだった。私の自宅のキッチンでは、道徳の教科化について、私の話し相手になっていた家人(このとき小学五年生だった)がつぶやいていた。「道徳は心を育てることだよね」。それに応じる言葉を私がさがしていると、小学五年生はこう言った。「ぼくたち子どもは心を評価されることは絶対にいやだ」。小学五年生がもたれかかっていたキッチンの流しの上には栗の実があった。二〇一四年秋、文部科学大臣の諮問機関が道徳の教科化について答申を公表した翌日のことだった。テーブルには、そのことを一面で伝える新聞がおかれていた(一〇月二二日の『毎日新聞』と『東京新聞』)。

その小学五年生とは、もう一度だけ、道徳の教科化について言葉を交わす機会があった。翌二〇一五年三月二日、リビングで、ふたりで夜更かしをしてテレビの『NEWS23』(TBS)を見ていたときのことだ。文部科学省が道徳の教科化に関する省令改正案ほかを公表したことを受けて、道徳の教科化について徳目の特報がはじまった。画面には、都内の公立小学校における道徳の研究授業の様子が映しだされる。「友情」についての授業で、教材のなかの「〇〇君」は忘れ物が多くて「〇〇さん」から赤い絵の具を二回借りていた。「〇〇さん」は三回目も「〇〇君」に貸すべきなのか。道徳をめぐる葛藤の場面が子どもたちに示され、教室では、子どもたちが紙に意見を書き、発表を重ねた。「貸してもいいかも」「貸すべきではない」。授業の後の協議会の席上で、教員たちは子どもたちの意見を検討して、それらへの評価をおこなったが、それは難しいことだった。苦悩する教員たちの表情が画面に映しだされる。一人の教員が「低く評価されてしまう子どもたち」について、「どう救ったらいいだろう」と発言したそのときだった。画面を見つめていた小学五年生の表情が一瞬だけ歪み、言葉がもれた。「救うというのはおかしいよ」。強い口調だった。

私は、どこがおかしいのか、小学五年生に聞いてみた。すると、つぎのような答えが返ってきた。「この子どもたちに救いはいらないよ。だって、この子どもたちは落ちたところにはいない。落ちたところにいるのは、先生たちのほうでしょ」。「むしろぼくは、この先生たちを救ってあげたいよ」。

小学五年生は私に質問をする。「道徳の評価ははじまってしまうのかな」。残念ながらはじまってしまうだろうと私は答えた。「いつから」と小学五年生。小学校は二〇一八年から、中学校は二〇一九年からはじまるだろうと私。「じゃあぼくはセーフだ」。小学五年生はほっとした表情を浮かべた。だが、すぐにそれをしまいこんでこう言った。「三年後に小学校に入る子どもたちからだね。その子たちは本当にかわいそうだ」。「学校でどんなことが起きるのか、ぼくには想像がつくよ。いまテレビで見たように、道徳の評価なんか、本当は出来っこない。教室には、心で思っていても、言葉に表すのが得意でない子どもたちがいる。大人から見て、ちょっと態度が悪いと思われている子どもたちもいる。きっと、そういう子どもたちの道徳が低く評価されてしまうんだ」。そして、こうつけ加えた。「先生たちもかわいそう」。

私は気まずくなって、こんなことを言った。いつだって大人たちは、子どもに影響が及ぶことを、子どもたちに相談しないで決めてしまうんだ。小学五年生がうなずく。「うん、そうだね。みんな当たり前と思わされているけど、それは随分おかしなことだ。子どもは大人とくらべて知識は少ないかもしれないけど、大事なことの判断は案外できるものなのに」。そしてこう言った。「学校で子どもの意見がたどたどしいのは、先生が望んでいる正解を探しながらしゃべるからだよ。それだと言葉に力がこもらないよね。だから、子どもたちの意見はいつだって低く扱われるんだ」。

小学五年生はもっとしゃべりたそうだった。私のほうをまっすぐ見つめてこう言った。「何かぼくに出来ることはないかな」。それで私はこう言った。たくさんあると思うよ。手始めに、いま教えてくれたことを、文章にして読者に伝えることを認めてくれないかな。小学五年生はこう応じた。「別にいいよ。だけど匿名にしてね。やっぱり名前がわかると恥ずかしいからね」。

私は考えざるをえなかった。大人も子どもも、道徳の教科化については、もっと事実を明らかにして課題を追求するべきではないか。その追求の焦点は二つある。一つは、道徳の教科化という教育政策の背景と本質を明らかにすること。この間、文部科学省は、いじめを無くすためには道徳教育の拡充が必要だと述べてきたが、耳に入りやすいこうした論法の問題点も押さえなくてはならない。道徳の教科化には長い前史があるから、愛国心の問題や歴史的な事実の整理も必要になってくる。先行研究をふまえたうえで、そこに足らないところがあれば補うことも必要になるだろう。もう一つは、こうした教育政策を前にして、大人と子どもはどうしたらいいのか、取り組むべきことを具体的に明らかにすることだ。道徳の問題にも正面から向き合いたい。私は、「道徳は必要ない」という立場には立っていない。後述する「生活のなかの道徳」は必要だと考えている。生活のなかの道徳を豊かなものにするうえで、学校でやるべきこと、やるべきではないことも明らかにしたい。

以下、道徳の教科化の問題に入っていくまえに、もうすこしだけふれておきたいことがある。それは、道徳および道徳教育という言葉が意味する内容について、最小限の整理をしておくことだ。

国語辞典は道徳の語義について、「ある社会で、その成員の社会に対する、あるいは成員相互間の行為の善悪を判断する基準として、一般に承認されている規範の総体。法律のような外面的強制力や適法性を伴うものでなく、個人の内面的な原理」(『広辞苑　第七版』二〇一八年)と記している。これは、「ある社会」に「一般的に承認されている規範の総体」が存在すること、つまり、一つの社会に一まとまりの道徳が成立することを前提にして道徳の語義を説明している。だが、現実の社会における道徳のあり方はもっと複雑だ。本書では、近現代日本の道徳を、つぎの二つに大別して論じていきたい。一つは、時々の政権が人々に求めてきた道徳(国による道徳、あるいは、国定の道徳基準)。こうした道徳の背後には、権力者の利害が関与している。もう一つは、人々が生活と仕事の中で育んできた道徳(生活のなかの道徳)。こうした道徳は、人々の生活や仕事のあり方と直結したものだ。子育ての場にはその中でつくられる道徳があり、医療の場には医療従事者と患者がつくってきた道徳がある。こうした道徳を、それぞれの生活と仕事の場において、よりよいものにしていくのは大切なことだ。だが、近現代日本の学校では、とくに一八九〇～一九四五年の時期に国による道徳が優勢だった。このため生活のなかの道徳は、しばしば国による道徳の干渉下にあってその従属物や補完物となる傾向があり、生活のなかの道徳そのものを対象化して論じることもほとんどおこなわれてこなかった。道徳の教科化を肯定する議論にはしばしば権力臭が看取され、生活のなかの道徳に依拠して道徳の教科化に反対する議論には迫力の欠落が見られるのはそのためだ。道徳を自明のものとせずに、歴史的な事象として対象化したうえで、道徳のあり方についても考えることを、本書では心がけることにしたい。

道徳教育については、四つに分類したうえで、それぞれの是非を論じたい。

第一は、子どもの生活の場としての学校において、子どもの道徳が自然に育まれていく、そうした意味での道徳教育（無意図的な道徳教育）。競争的な価値観が支配している学校では、子どもの道徳にどのような影響が生じるのか。ゆったりとした雰囲気の学校では、子どもの道徳にどのような影響が出てくるのか。

第二は、道徳に関わる歴史や事実の学習という意味での道徳教育。道徳の形成を社会現象としてとらえて、歴史と社会の中で果たした役割について事実を学んでいく。こうした意味での道徳教育（道徳事実についての学習）は、一九四七年以降の教育課程では社会科教育の一部がそれに対応している。

第三は、教員の意図的で計画的な取り組みによって、子どもの道徳を育もうとする、そうした意味での道徳教育（道徳形成のための教育）。一九五八年の「道徳の時間」と二〇一八・二〇一九年の「特別の教科である道徳」が額面通りにおこなわれたときの姿がそれに近い。私は、道徳形成のための教育については、可能な限りおこなうべきでないと考えている。その理由は以下明らかにするつもりだ。

第四は、従前の道徳教育にたいする「抜本的改善」（文部科学省「道徳教育の抜本的改善・充実」二〇一五年三月）の柱の一つとして提起されている「考え、議論する道徳教育」だ。文部科学省は、「考え、議論する道徳教育」について、「問題解決的な学習や体験的な学習などを取り入れ、指導方法を工夫」することと説明している。教育現場で取り組みが重ねられてきた教育方法を道徳教育に適用しようとするものだが、「考え、議論する道徳教育」という言葉が教育界で実際に果たす役割については見極めが必要だ。

道徳の教科化については、教育界でも賛否がはっきりと分かれており、一見すると議論の対立軸が鮮明に見える。ただし、一つひとつの見解を見ていくと、道徳および道徳教育という言葉が意味する内容について、異なった前提に立ったまま、しかも、そのことがほとんど整理されないままに「議論」がおこなわれていることが多い。本書は、錯綜する論戦について整理を試みるものでもある。

目　次

目　次

第１章　道徳の教科化とは何か

第一次と第二～四次の自民党・安倍政権下では、歴代政権がやりたくてもやれなかった教育政策が具体化してきた。その一つ目の頂点が二〇〇六年一二月の教育基本法改正であり、二つ目の頂点が今般における道徳の教科化である。

本章の第１節と第２節では、道徳の教科化が教育施策としてどのように具体化されたのかを概観する。その具体化はジグザグの過程を辿るものだった。施策の最終的なアウトラインを早く知りたい読者は、第１節と第２節を読み飛ばしていただいても構わない。その施策の最終的なアウトラインは、五つの柱から構成されるものとなった。①教育課程における「特別の教科である道徳」の新設、②国定の道徳基準の改正、③道徳の指導方法の変更、④検定教科書の導入、⑤「特別の教科である道徳」における新たな評価の導入である。

第３節から第７節では、五つの柱のそれぞれについてまず具体的な内容を概観して、その後にそれらの本質に近づいていくことにしたい。

1　徳育の教科化を目指して──第一次安倍政権

戦後の保守政党と政府は、ずっと国民の道徳のあり方に関心を抱いてきた。保守政党と政府による国民の道徳にたいするアプローチは、理念的には二つに大別できる。

一つは、国民の道徳の基盤にある経済のあり方に着目して、経済の安定を図ることを通じて道徳の安定に努めるアプローチ。いわば「衣食足りて礼節を知る」(『管子』)の経済アプローチ。もう一つは、国民の道徳そのものを対象として、とくに教育政策を通じて、国定の道徳基準の普及に努めるアプローチ。本来は「法律のような外面的強制力」を伴うことが許されない「個人の内面的な原理」(「道徳」『広辞苑　第七版』)に直接介入することを試みる、道徳形成のための教育のアプローチである。道徳形成のための教育のアプローチには、①戦前の道徳教育の検証が欠落していることによる正当性の未確立、②思想良心の自由をはじめとする憲法が保障する諸権利を侵害するおそれがあること、③教育界の反対という三つのハードルがあり、戦後の自民党と政府は、道徳形成のための教育のアプローチの拡充を折々に目指しつつも、概ねのところは経済アプローチを主軸にして国民の道徳への関与を試みるほかなかった。

だが、高度経済成長の終焉に伴い、自民党と政府は、国民の道徳そのものを対象とした道徳形成のための教育のアプローチをあらためて重視するようになり、とくに今世紀に入ってから、道徳の教科化を「教育改革」の主要課題に位置づけて具体化に努めるようになった。その漸進と急進の過程は、二〇〇〇～一四年の時期に公表された七つの文書から明らかにできる(**表1**)。

表1　道徳の教科化に関わる政策文書　2000〜14年　【　】内は内容

年	自民党の機関	内閣総理大臣の諮問機関	文部科学省内の会議	文部科学大臣の諮問機関
2000		①教育改革国民会議報告【道徳科・人間科・人生科を教科に】		
2007		②教育再生会議第2次報告【徳育の教科化】		
2008				③中央教育審議会答申【教科化を見送り】
2012	④教育再生実行本部中間取りまとめ【道徳拡充】			
2013		⑤教育再生実行会議第1次提言【道徳の教科化】	⑥道徳教育の充実に関する懇談会報告【道徳の教科化】	
2014				⑦中央教育審議会答申【教科化を決定】

一つ目の文書は、自民党・小渕恵三政権下で二〇〇〇年三月二四日に設置された教育改革国民会議（座長　江崎玲於奈《れおな》・芝浦工業大学学長）が、後継の自民党・森喜朗政権下で一二月二二日に公表した「教育改革国民会議報告――教育を変える一七の提案」（表1―文書①）である。教育改革国民会議は、内閣総理大臣の諮問機関であるが、文部大臣（二〇〇一年一月六日より文部科学大臣）の諮問機関である中央教育審議会が「国家行政組織法」により設置されるのと異なり、法律によらずに内閣総理大臣決裁により発足した私的諮問機関である。文書①は、教育をめぐる危機感の表明からはじまっている。「日本の教育の荒廃は見過ごせないものがある。いじめ、不登校、校内暴力、学級崩壊、凶悪な青少年犯罪の続発など教育を

めぐる現状は深刻であり、このままでは社会が立ちゆかなくなる危機に瀕している」。その打開策の一つとして提起されたのが、「小学校に『道徳』、中学校に『人間科』、高校に『人生科』などの教科を設け、専門の教師や人生経験豊かな社会人が教えられるようにする」ことだった（第二の提案）。いじめを筆頭とする教育問題への危機感の表明によって人々の耳目を引きつけ、その「解決」の手段として道徳の教科化を主張する論法であり、これは今日における道徳教育の徹底を主張する論法の原型の一つになった。

文書①における提案は、その後も自民党と政府において検討が継続され、政策として具体化されたものが多い。第六の提案だった習熟度別学習（学習の習熟度によりクラスをいくつかのグループにわけて指導）は、二〇〇一年、「義務教育標準法」の改正により導入された。第一五の提案だったコミュニティスクール（学校運営協議会）は、二〇〇四年、「地方教育行政の組織及び運営に関する法律」の改正により設置がはじまった。

第一七の提案だった教育基本法改正は、二〇〇六年九月二六日に第一次安倍政権が成立すると、その動きを加速させ、一二月に国会で成立にいたった。これと前後して、第二の提案だった道徳の教科化をより具体的な政策として立案する準備も進められていた。その立案の場となったのが、第一次安倍政権成立直後の一〇月一〇日、内閣直属の諮問機関として設置された教育再生会議（座長　野依良治《のよりりょうじ》・理化学研究所理事長）だった。教育再生会議は閣議決定により設置された諮問機関だったが、法律によらない点は教育改革国民会議と同じだった。二〇〇七年六月一日、教育再生会議は、「社会総がかりで教育再生を　第二次報告――公教育再生に向けた更なる一歩と『教育新時代』のための基盤の再構築」（表1―文書②）を公表したが、この報告も危機感の表明からはじまっている。「いじめや犯罪の低年齢化など子供を取り巻く現状を踏まえると、全ての子供たちが社会の規範意識や公共心を身につけ、心と体の調和の取れた人間になることが重要です」。その具体策として「徳育の教科化」がつぎの内容とともに主張された。

○国は、徳育を従来の教科とは異なる新たな教科と位置づけ、充実させる。
・全ての学校・教員が、授業時間を確保して、年間を通じて計画的に指導するようにする。
・徳育は、点数での評価はしない。
・教材については、多様な教科書と副教材をその機能に応じて使う。その際、ふるさと、日本、世界の偉人伝や古典などを通じ、他者や自然を尊ぶこと、芸術・文化・スポーツ活動を通じた感動などに十分配慮したものが使用されるようにする。
・担当教員については、小学校では学級担任が指導することとし、中学校においても、専門の免許は設けず、学級担任が担当する。特別免許状の制度なども活用し、地域の社会人や各分野の人材が教壇に立つことを促進する。
○国は、脳科学や社会科学など関連諸科学と教育との関係について基礎的研究を更に進めるとともに、それらの知見も踏まえ、子供の年齢や発達段階に応じて教える徳目の内容と方法について検討、整理し、学校教育に活用することについて検討する。
○国語や社会科、音楽、美術、体育、総合的な学習の時間なども関連付けて、広く徳育を充実する。

文書①の段階では道徳の専科教員の配置が構想されていたが、ここでは小中学校の学級担任が新たな教科である徳育を担当するものとされ、特段の予算措置を伴わない実現可能性を重視した案に改められている。徳育の評価を点数でなく記述式でおこなうことも示されている。今日につながる道徳の教科化の制度設計は、ここにその下案が完成していたとみてよいだろう(1)。

これを受けて、中央教育審議会(会長　山崎正和・LCA大学院大学学長)では、徳育の教科化の可否について、とりわけ「小・中学校の道徳の時間の教育課程上の位置付け」について検討がおこなわれた。通例により、新たな教育政策を具体化させるためには、中央教育審議会における審議を経なければならない。その結論を確定したのが、中央教育審議会が自民党・福田康夫政権下で二〇〇八年一月一七日に公表した「幼稚園、小学校、中学校、高等学校及び特別支援学校の学習指導要領等の改善について(答申)」(表1―文書③)だった。中央教育審議会の副会長を務めた梶田叡一《えいいち》(兵庫教育大学学長)は、徳育の教科化についてつぎのように述べている(「第六三回中央教育審議会議事録」二〇〇八年一月一七日)。

> 教科にすればいいのかどうか。これは、中教審答申としては、今回はそこまで踏み込まなくていいのではないかという判断になります。

この時点では教科化は見送られることになった。こうした結論の背景には、安倍政権の求心力の低下もあった。右答申の五カ月前の二〇〇七年八月二七日、第一次安倍政権は終結し、福田政権へと交替していた。後ろ盾を失った教育再生会議は発信力を低減させていた。

福田政権とその後継の自民党・麻生太郎政権も短命に終わり、二〇〇九年九月一六日に民主党政権が成立する。自民党の野党への転落により、徳育の教科化は、以後、教育政策の表舞台から姿を消した。

徳育の教科化の主張が中央教育審議会において容《い》れられなかった二〇〇七年度の経緯について、私の当時の記憶は薄い。二〇〇六年度の教育界の争点はなんといっても教育基本法改正問題だったが、二〇〇七年度の教育界の争点は、四月に四三年ぶりに全員参加方式で実施された全国学力テストの問題そのほかに移りつつあった。

2　道徳の教科化へ——第二次安倍政権

だが、右の中央教育審議会答申から四年一〇カ月後、自民党による政権奪還の前夜に、道徳の教科化に関わる動きが復活する。その事実を、自民党の教育再生実行本部が民主党・野田佳彦政権下で二〇一二年一一月二一日に公表した「教育再生実行本部　各分科会中間取りまとめ」から確認できる（表1—文書④）。その主張は鮮明だ。「今すぐできる対応策（いじめと犯罪の峻別、道徳教育の徹底、出席停止処分など）を断行するとともに、政権奪還後に、直ちに『いじめ防止対策基本法』を成立させ、統合的ないじめ対策を行う」。徳育や道徳の教科化についての言及はなかったが、いじめ問題への危機感を前面に打ち出して道徳教育の徹底を主張する論法が、ここでもくり返されていた。右の文書の公表の日付は、九月二六日の自民党総裁選で安倍晋三議員が逆転勝利をおさめてから五六日後だった。それから三五日後の一二月二六日に第二次安倍政権が成立し、右の文書に記されていた政策の具体化がはじまる。

五つ目の文書は、第二次安倍政権下で二〇一三年一月一五日に設置された教育再生実行会議（座長　鎌田薫・早稲田大学総長)が、設置から一カ月後の二月二六日に公表した「いじめ問題等への対応について(第一次提言)」(表1—文書⑤)だった。教育再生実行会議も閣議決定により発足した内閣総理大臣の諮問機関であり、第一次安倍政権下で設置がはじまった教育再生会議の後継組織と位置づけられるものだった。文書⑤は、いじめ対策を前面に掲げて道徳教育の徹底を主張した自民党による文書④の論法を踏襲しつつ、「道徳の特性を踏まえた新たな枠組みにより教科化し、指導内容を充実し、効果的な指導方法を明確化する」ことを提起した。ここから、第二次安倍政権下における道徳の教科化に向けた動きが加速することになる。

六つ目の文書は、文書⑤の公表から一カ月後の三月に法律によらずに文部科学省内におかれた道徳教育の充実に関する懇談会(座長　鳥居泰彦・慶應義塾学事顧問)が、二〇一三年一二月二六日に公表した「道徳教育の充実に関する懇談会報告」(表1—文書⑥)だった。座長の鳥居泰彦は、二〇〇一年より三期六年間にわたり中央教育審議会会長を務め、教育基本法の改正を進めた経済学者である。道徳教育の充実に関する懇談会の設置の趣旨については、文部科学省初等中等教育局長決定による資料がつぎのように記している(「資料一　道徳教育の充実に関する懇談会について」二〇一三年三月二六日)。

教育再生実行会議の第一次提言(平成二五年二月二六日)において、いじめ問題の本質的な解決に向け、心と体の調和のとれた人間の育成に取り組む観点から、道徳教育の抜本的な充実を図るとともに、新たな枠組みにより教科化することが提言された。この提言を踏まえ、道徳教育の具体的な成果や課題を検証しつつ、「心のノート」の全面改訂や教員の指導力向上など、道徳教育の充実方策についての検討をおこなうとともに、これらの成果等も踏まえながら、道徳の教科化の具体的な在り方についての検討をおこなう。

見逃せないのは、懇談会にたいして、道徳の教科化を既定路線としたうえでその「具体的な在り方についての検討」を求めていたことだ。懇談会とは、教育再生実行会議第一次提言（文書⑤）が打ち出した道徳の教科化について、文部科学省内における異論を封殺し、あわせて、その政策を具体化するための実務作業に初等中等教育局の職員を動員するためにおかれた組織だったといえるだろう。実際、「懇談会報告」（文書⑥）の内容は、文書⑤における道徳の教科化の提言を全面的に受容し、従前の「道徳の時間」を「特別の教科　道徳（仮称）」として教育課程上に位置付けることを提起するものとなった。

七つ目の文書は、第七期中央教育審議会（会長　安西祐一郎・日本学術振興会理事長）が公表した「道徳に係る教育課程の改善等について（答申）」（中教審第一七六号）（表1―文書⑦）だった。この答申は、文書⑥の公表から二カ月後の二〇一四年二月一七日に文部科学大臣・下村博文《はくぶん》がおこなった諮問を受けたもので、七年前の中央教育審議会が徳育の教科化の可否の検討をおこなったことと異なり、文書⑥の内容を踏襲して道徳の教科化を既定路線としたうえでその具体的な方策を定めるものとなった。

その公表の日付は諮問から八カ月後の一〇月二一日だった。同日一四時二三分、第九四回中央教育審議会の会場となった文部科学省第二講堂では、安西会長から下村文部科学大臣に右の答申が手渡された。下村が文部科学大臣に就任してから受け取った中央教育審議会の答申はこれで一四本目であり、その受け取りの所作は手馴れたものだった。取材陣からは「大臣こちらも向いてください」との声が上がり、大臣がそれに応じるとカメラのシャッター音が議場に響きわたった。答申が文部科学省に求めたのはつぎの五点であり、ここに道徳の教科化の施策としてのアウトラインが確定することとなった。

第一は、小学校と中学校における週一コマの「道徳の時間」の位置づけを「特別の教科　道徳」(仮称)に変えること(省令)。

第二は、現行の国定の道徳基準(道徳の内容)小学校二二項目(第二一が愛国心)と中学校二四項目(第二三が愛国心)を「特別の教科　道徳」に対応させて改正すること(告示)。

第三は、問題解決的な学習や体験的な学習などを取り入れ、指導方法の工夫を学校に求めること(告示)。

第四は、「特別の教科　道徳」に検定教科書を導入すること(告示)。

第五は、「特別の教科　道徳」に評価を導入するため指導要録の参考様式を改訂すること(通知)。

下村大臣が挨拶に立ち、つぎのように述べた。「ご提言をしっかりと受け止めて今後の道徳教育の改善のため必要な制度改正を進めて参ります」(筆者の傍聴メモ)。

3　「道徳の時間」から「特別の教科である道徳」へ

答申(表1―文書⑦)が文部科学省に求めた五点により、道徳の教科化はどのような施策として進んだのか。五つのことを指摘したい。

第一は、「学校教育法施行規則」の一部改正(省令)により、週一コマの「特別の教科である道徳」が新設されたことである。

子どもたちがどのような教科と教科外活動をおこなうのか(教育課程構造の決定)、それらを何時間学ぶのか（授業時数の決定）。これらの決定が日本ではずっと国の行政命令などによりおこなわれてきた。戦後の日本では、まず一九四七年五月二三日の「学校教育法施行規則」（文部省令第一一号）により教育課程構造の決定がはじまり、つぎに一九五八年八月二八日の同規則の一部改正（文部省令第二五号）により授業時数の決定がはじまり、それ以後の文部省令（二〇〇一年一月六日以降は文部科学省令）により、教育課程構造と授業時数の改正を重ねてきた。道徳の教科化がおこなわれる前の「学校教育法施行規則」における小学校の教育課程構造と授業時数の規定はつぎのようだった。

学校教育法施行規則（二〇一三年一一月二九日　文部科学省令第三一号による改正）

第五十条　小学校の教育課程は、国語、社会、算数、理科、生活、音楽、図画工作、家庭及び体育の各教科（以下この節において「各教科」という。）、道徳、外国語活動、総合的な学習の時間並びに特別活動によって編成するものとする。

第五十一条　小学校の各学年における各教科、道徳、外国語活動、総合的な学習の時間及び特別活動のそれぞれの授業時数並びに各学年におけるこれらの総授業時数は、別表第一に定める授業時数を標準とする。

〔別表第一は省略〕

ここで道徳は教育課程の中で教科外に位置づけられており、その授業時数は一年生が年間三四時間、二年生以上が年間三五時間に定められていた（一時間は四五分）。中学校の道徳関係規定は同規則第七二条、七三条、別表第二によるものとされ、その授業時数は各学年とも三五時間だった。

右の第五〇条の規定は短い文言の連なりによるものだが、それが一語でも変更されると、全国の学校における教育課程のあり方が大きく変わる。このため、これまで右の規定を変更するときには、文部大臣の諮問機関である教育課程審議会（二〇〇一年一月六日より中央教育審議会に統合）において二年前後に及ぶ審議をおこなうことが通例とされてきた。たとえば、一九九八年七月の同規則の一部改正による「総合的な学習の時間」の新設に際しては、教育課程審議会における一年一一カ月に及ぶ審議がおこなわれている。その間、教育界とメディアは検証をおこない、問題を提起できた。世論の動向は審議会の委員の耳目にも入った。だが今回、右の規定の変更について、中央教育審議会における実質的な審議はわずか六カ月に留まり(2)、世論を含めた幅広い関係者による議論を経たものとは言い難かった。この点、教育界は虚を突かれたといっていい。

二〇一五年二月四日、文部科学省は、「行政手続法」第三九条などに基づき、「学校教育法施行規則」の一部を改正する省令案等について、パブリックコメント（意見公募手続）を実施することをホームページに公示した。同日から三月五日まで三〇日間の公募期間中に寄せられた意見は五九九三件に及んだ。改正への賛否の実数の公表を文部科学省はおこなっていないが、三月二七日、文部科学大臣・下村博文の名で「学校教育法施行規則の一部を改正する省令」（文部科学省令第一一号）が公表され、つぎの内容で施行規則の改正がおこなわれた。

学校教育法施行規則（二〇一五年三月二七日　文部科学省令第一一号による一部改正）〔傍線は改正箇所〕

第五十条　小学校の教育課程は、国語、社会、算数、理科、生活、音楽、図画工作、家庭及び体育の各教科（以下この節において「各教科」という。）、特別の教科である道徳、外国語活動、総合的な学習の時間並びに特別活動によって編成するものとする。

第五十一条　小学校の各学年における各教科、特別の教科である道徳、外国語活動、総合的な学習の時間及び特別活動のそれぞれの授業時数並びに各学年におけるこれらの総授業時数は、別表第一に定める授業時数を標準とする。

〔別表第一は省略〕

右と同様に、中学校の関係規定（第七二・七三条）における「道徳」の文言も「特別の教科である道徳」に改められた。ただし、小学校と中学校における授業時数に変更はなかった（私立学校において宗教をもって道徳に代えることができる特例にも変更はなかった）。改正された施行規則の附則には施行期日の定めがあり、小学校は二〇一八年四月一日から、中学校は二〇一九年四月一日から、「特別の教科である道徳」の授業がはじまることとされた。

4　国定の道徳基準の改正

第二は、「学習指導要領」の一部改訂（告示）により、国定の道徳基準の再決定がおこなわれたことである。

戦後日本では、道徳基準の国定をおこなうことが、一九五八年三月一八日の文部事務次官通達の別紙「小学校『道徳』実施要綱」と「中学校『道徳』実施要綱」によりはじまり、その内容が同年八月二八日の「小学校学習指導要領　道徳編」(文部省告示第七一号)と「中学校学習指導要領　道徳編」(文部省告示第七二号)に受け継がれ、文部省告示により発出することがおこなわれてきた。一九六八〜二〇〇八年における国定の道徳基準の改正履歴をみると(本書巻末の資料1)、いずれの改正も「学習指導要領」の全面改訂と同時におこなわれてきたが、今回は違った。「学校教育法施行規則」の一部改正と同日の二〇一五年三月二七日に文部科学省告示第六〇号と第六一号を発することにより、小学校と中学校の「学習指導要領」における道徳に関連した部分だけを一部改訂することがおこなわれたからだ。

「特別の教科である道徳」で教える国定の道徳基準(「学習指導要領」では内容項目と呼称)が、一部改訂「小学校学習指導要領」ではどのように定められたのか。小学校の高学年の場合をみてみることにしたい(「特別の教科である道徳」について「学習指導要領」は「道徳科」と「特別の教科　道徳」を同義の用語として用いている)。

小学校学習指導要領　第3章　特別の教科　道徳　第2　内容

〔二〇〇八年の同「第3章　道徳　第2　内容」から変更のあった箇所に傍線。各項の番号は引用者〕

〔第五学年及び第六学年〕

A主として自分自身に関すること

① 自由を大切にし、自律的に判断し、責任のある行動をすること。〔善悪の判断、自律、自由と責任〕

②　誠実に，明るい心で生活すること。［正直，誠実］
③　安全に気を付けることや，生活習慣の大切さについて理解し，自分の生活を見直し，節度を守り節制に心掛けること。［節度，節制］
④　自分の特徴を知って，短所を改め長所を伸ばすこと。［個性の伸長］
⑤　より高い目標を立て，希望と勇気をもち，困難があってもくじけずに努力して物事をやり抜くこと。［希望と勇気，努力と強い意志］
⑥　真理を大切にし，物事を探究しようとする心をもつこと。［真理の探究］

B　主として人との関わりに関すること
⑦　誰に対しても思いやりの心をもち，相手の立場に立って親切にすること。［親切，思いやり］
⑧　日々の生活が家族や過去からの多くの人々の支え合いや助け合いで成り立っていることに感謝し，それに応えること。［感謝］
⑨　時と場をわきまえて，礼儀正しく真心をもって接すること。［礼儀］
⑩　友達と互いに信頼し，学び合って友情を深め，異性についても理解しながら，人間関係を築いていくこと。［友情，信頼］
⑪　自分の考えや意見を相手に伝えるとともに，謙虚な心をもち，広い心で自分と異なる意見や立場を尊重すること。［相互理解，寛容］

C主として集団や社会との関わりに関すること

⑫ 法やきまりの意義を理解した上で進んでそれらを守り、自他の権利を大切にし、義務を果たすこと。〔規則の尊重〕

⑬ 誰に対しても差別をすることや偏見をもつことなく、公正、公平な態度で接し、正義の実現に努めること。〔公正、公平、社会正義〕

⑭ 働くことや社会に奉仕することの充実感を味わうとともに、その意義を理解し、公共のために役に立つことをすること。〔勤労、公共の精神〕

⑮ 父母、祖父母を敬愛し、家族の幸せを求めて、進んで役に立つことをすること。〔家族愛、家庭生活の充実〕

⑯ 先生や学校の人々を敬愛し、みんなで協力し合ってよりよい学級や学校をつくるとともに、様々な集団の中での自分の役割を自覚して集団生活の充実に努めること。〔よりよい学校生活、集団生活の充実〕

⑰ 我が国や郷土の伝統と文化を大切にし、先人の努力を知り、国や郷土を愛する心をもつこと。〔伝統と文化の尊重、国や郷土を愛する態度〕

⑱ 他国の人々や文化について理解し、日本人としての自覚をもって国際親善に努めること。〔国際理解、国際親善〕

D主として生命や自然、崇高なものとの関わりに関すること

⑲　生命が多くの生命のつながりの中にあるかけがえのないものであることを理解し、生命を尊重すること。［生命の尊さ］
⑳　自然の偉大さを知り、自然環境を大切にすること。［自然愛護］
㉑　美しいものや気高いものに感動する心や人間の力を超えたものに対する畏敬の念をもつこと。［感動、畏敬の念］
㉒　よりよく生きようとする人間の強さや気高さを理解し、人間として生きる喜びを感じること。［よりよく生きる喜び］

二〇〇八年の「小学校学習指導要領」における道徳基準と比較してみると、第二二項目が新設、従前の第一七項目と第二〇項目をまとめて第一六項目としているので、全体の項目数には変更がない。全二二項目からなる道徳基準を、年間三五時間で子どもたちに教えていくことが、ここにあらためて定められた。その変更点については、文部科学省の広報リーフレット「道徳教育の抜本的改善・充実」（二〇一五年三月）がつぎのように記している。

内容について、いじめ問題への対応の充実や発達の段階をより一層踏まえた体系的なものに改善
•「個性の伸長」「相互理解、寛容」「公正、公平、社会正義」「国際理解、国際親善」「よりよく生きる喜び」の内容項目を小学校に追加

表 2　国定の道徳基準における愛国心に関する変更点

	2008 学習指導要領	2015 学習指導要領
小 1, 2	郷土の文化や生活に親しみ，愛情をもつ．	我が国や郷土の文化と生活に親しみ，愛着をもつこと．
小 3, 4	郷土の伝統と文化を大切にし，郷土を愛する心をもつ．我が国の伝統と文化に親しみ，国を愛する心をもつとともに，外国の人々や文化に関心をもつ．	我が国や郷土の伝統と文化を大切にし，国や郷土を愛する心をもつこと．
小 5, 6	郷土や我が国の伝統と文化を大切にし，先人の努力を知り，郷土や国を愛する心をもつ．	我が国や郷土の伝統と文化を大切にし，先人の努力を知り，国や郷土を愛する心をもつこと．
中学校	日本人としての自覚をもって国を愛し，国家の発展に努めるとともに，優れた伝統の継承と新しい文化の創造に貢献する．	優れた伝統の継承と新しい文化の創造に貢献するとともに，日本人としての自覚をもって国を愛し，国家及び社会の形成者として，その発展に努めること．

『東京新聞』2015 年 2 月 5 日付に掲載された表「『愛国心』に関する教育内容の変更点」にもとづき作成

この記述には解説が必要だ。「個性の伸長」と「国際理解、国際親善」の「追加」は、これまで小学中学年以上に求めてきた同内容項目を小学低学年から求めるようになったことを意味している。「相互理解、寛容」の「追加」は、これまで小学高学年以上に求めてきた同内容項目を小学中学年から求めるようになったことを意味している。「公正、公平、社会正義」の「追加」は、これまで小学高学年以上に求めてきた同内容項目を小学低学年から求めるようになったことを意味している。「よりよく生きる喜び」の「追加」は、これまで中学校で求めてきた同内容項目を小学高学年から求めるようになったことを意味している。これらにより「いじめ問題への対応の充実」が図られるとしているが、総じて、その内実は従前の道徳基準を上級学年から下級学年に前倒ししたものだった。

右のリーフレットがふれていない道徳基準の変

更点もあった。その一つが、それまで小学校の中学年以上に求めていた愛国心の道徳基準を低学年から求めるようになったことだった。この事実を、新聞各紙は見逃さなかった。「学習指導要領」の一部改正案について報じた『東京新聞』二〇一五年二月五日付は、愛国心に関する変更点を表にして一面に掲げており（**表2**）、記事本文では「小一、二では従来の『郷土の文化や生活に親しみ、愛着をもつ』の冒頭に『我が国』を追加」したことを指摘している。

なぜ「特別の教科である道徳」では、愛国心の道徳基準を低学年から求めるようになったのか。文部科学省は十分な説明をおこなっていない。

5　「考え、議論する道徳」への展開

第三は、「学習指導要領」の一部改訂（告示）により、「考え、議論する道徳」の導入がおこなわれたことである。

二〇〇八年の「小学校学習指導要領」は、教員に、つぎのような指導方法により道徳教育をおこなうことを求めていた。「集団宿泊活動やボランティア活動、自然体験活動などの体験活動を生かすなど、児童の発達の段階や特性等を考慮した創意工夫ある指導を行うこと」。これが二〇一五年の一部改訂「小学校学習指導要領」によりつぎのように改められた。

児童の発達の段階や特性等を考慮し、指導のねらいに即して、問題解決的な学習、道徳的行為に関す

る体験的な学習等を適切に取り入れるなど、指導方法を工夫すること。その際、それらの活動を通じて学んだ内容の意義などについて考えることができるようにすること。また、特別活動等における多様な実践活動や体験活動も道徳科の授業に生かすようにすること。

この文言変更について、文部科学省の広報リーフレット「道徳教育の抜本的改善・充実」(二〇一五年三月)は、「問題解決的な学習や体験的な学習などを取り入れ、指導方法を工夫」することだと短く要約しており、「考え、議論する道徳教育」が導入されるべきだとしている。

なぜ、「問題解決的な学習や体験的な学習などを取り入れ」ることを文部科学省は強調しているのだろうか。この問いを解く手がかりが、「学校教育法施行規則」と「学習指導要領」の一部改正・改訂日におこなわれた文部科学大臣・下村博文による記者会見の中にある。

記者 道徳の教科化に関して、パブコメ開始後も川崎の事件など同じ事件が起こっていますけれども、改めてこういった事件を起こさないようにするような力に、この道徳の教科化というのは役に立つとお考えでしょうか、御所見をお願いしたいのですけれども。

大臣 先ほども申し上げましたが、六〇年ぶりの改訂の中で、今までは読み物としての道徳教材というのが多かったと思います。私も以前の道徳の教師指導書を見ましたが、指導書の中で例えば、この物語はこんなふうに読み取るべきだと、こんなふうに生徒に対して指導すべきだということがありましたが、それは適切でないと。これからの多様化の社会の中で、道徳の教材を通じて、子供たちがアクティブラーニング、議論をしながら正義というのは必ずしも一つの見方だけが正しいわけでなく、いろいろな角度から見たときに、いろいろな考え方があるということを学校の道徳の時間の中で、子供たちが積極的に参加する、議論することによって、ふだんの日常生活における人間関係、それから学校における状況等が、今まで、ある意味ではそれ自体も議論されなかったといいますか、授業の中では対象にならなかったということでありますから、道徳という授業時間を通じて子供たちの意識喚起ということが、結果的に川崎のような事件を減少させていくということにつながっていくことを、是非期待したいと思います。

「川崎の事件」とは、二〇一五年二月二〇日に神奈川県川崎市の多摩川河川敷で一三歳の中学一年生の少年が殺害され、遺体を遺棄され、一週間後に少年三名が殺人容疑で逮捕された事件だった。記者の質問は、道徳の教科化がいじめへの対応を眼目としていたことをふまえて、その実効性を問うたものだ。文部科学大臣の答弁を要約すると、従前の道徳教育では対応できなかったが、今後の「考え、議論する道徳教育」には期待がもてるとするものだった。だが、本当に期待がもてるのか。

そもそも「学習指導要領」が、国定の道徳基準にかかわる教育方法について言及を始めたのは、一九五八年のことだった。その歩みは、「指導上の留意事項」と「内容の取扱い」の項目数について見るとジグザグの過程を辿るものだった(**表3**)。一九五八年は四件、一九六八年は記述がなくなるが、一九七七年に復活して一件。その後は、一九八九年二件、一九九八年三件、二〇〇八年六件、二〇一七年七件と項目数を増やしてきた。すでに一九五八年の「指導上の留意事項」の中には、「指導は、広い角度から種々の場

表 3　国定の道徳基準の「指導上の留意事項」と「内容の取扱い」(小学校)

名称(告示年)	指導上の留意事項(1977 年以降は内容の取扱い)
小学校学習指導要領道徳編(1958)	• 家庭や地域との連携 • 児童の自主性の尊重 • 話し合い，教師の説話，読み物の利用，視聴覚教材の利用，劇化，実践活動の活用 • 個に応じた指導
小学校学習指導要領(1968)	記載なし
小学校学習指導要領(1977)	• 家庭や地域との連携
小学校学習指導要領(1989)	• 児童が興味や関心をもつ教材の開発や個に応じた指導 • 家庭や地域との連携
小学校学習指導要領(1998)	• 校長・教頭の参加ほかによる指導体制の充実 • ボランティア活動，自然体験活動 • 家庭や地域との連携
小学校学習指導要領(2008)	• 校長・教頭の参加ほかや道徳教育推進教師を中心とした指導体制の充実 • 集団宿泊活動，ボランティア活動，自然体験活動 • 先人の伝記，自然，伝統と文化，スポーツなど魅力的な教材の開発 • 表現の機会の充実 • 情報モラルの指導 • 授業公開による家庭や地域との連携
小学校学習指導要領の一部改正(2015)	• 校長・教頭の参加ほかや道徳教育推進教師を中心とした指導体制の充実 • 教育活動全体を通じての道徳教育の要に道徳科をおく • 児童による振り返り，主体的な学習 • 言語活動の充実 • 問題解決的な学習や体験的な学習 • 情報モラルの指導や現代的な課題への対応 • 授業公開による家庭や地域との連携

1958 指導要領「第 3 章」「第 3　指導計画作成および指導上の留意事項」「6」「7」「8」「9」，1977 指導要領「第 3 章」「第 3　指導計画の作成と内容の取扱い」「4」，1989 指導要領「第 3 章」「第 3　指導計画の作成と各学年にわたる内容の取扱い」「3」「4」，1998 指導要領「第 3 章」「第 3　指導計画の作成と各学年にわたる内容の取扱い」「3」「4」，2008 指導要領「第 3 章」「第 3　指導計画の作成と内容の取扱い」「3」「4」，2015 指導要領「第 3 章」「第 3　指導計画の作成と内容の取扱い」「2」より作成

面・機会・教材を利用して行わなければならない。その際、話し合い、教師の説話、読み物の利用、視聴覚教材の利用、劇化、実践活動などの諸方法を適切に組み合わせて用い、教師の一方的な教授や単なる徳目の解説に終ることのないようにしなければならない」と書かれていたことは、あらためて注目されるべきだろう。実は今回の「考え、議論する道徳教育」に特段の新味があるわけではない。

はっきりしているのは、文部科学省は、道徳の教科化について人々から批判と不安が表明されるときに、いつも決まってこの「考え、議論する道徳教育」を持ち出していることだ。前述のように文部科学省は、二〇一五年二〜三月に寄せられたパブリックコメント五九九三件について、改正への賛否の実数の公表をしていないが、教科化にかかわる「主な意見の概要」を「賛成」八件、「反対」七件に分類してそれぞれに「回答」をおこなっている。ここで注目したいのは、「反対」七件への「回答」中、五件において「考え、議論する道徳教育」についての言及をおこなっていることだ（文部科学省「学校教育法施行規則の一部を改正する省令、道徳に係る小学校、中学校、特別支援学校小学部・中学部学習指導要領の一部を改正する告示及び移行措置に係る告示並びにパブリックコメントの結果について」二〇一五年三月二七日）。煩を厭わずすべて抜書きしておきたい（番号と傍線は引用者）。

【主な意見の概要①】検定教科書や評価が導入されることにより、一定の価値観や規範意識の押し付けにつながることが危惧されるので、道徳を教科化することに反対。

【回答①】答申においては「道徳教育の本来の使命に鑑みれば、特定の価値観を押し付けたり、主体性をもたず言われるままに行動するよう指導したりすることは、道徳教育が目指す方向の対極にあるもの」、「多様な価値観の、時に対立がある場合を含めて、誠実にそれらの価値に向き合い、道徳としての問題を考え続ける姿勢こそ道徳教育で養うべき基本的資質」と指摘されています。これを踏まえ、今回の改正においては、指導に当たっての留意事項として「多様な見方や考え方のできる事柄について、特定の見方や考え方に偏った指導を行うことのないようにすること」と明記するとともに、「児童(生徒)の発達段階や特性等を考慮し、指導のねらいに即して、問題解決的な学習、道徳的行為に関する体験的な学習等を適切に取り入れるなど、指導方法を工夫すること」と規定したところです。これにより、従来、「読み物道徳」と言われたり、軽視されたりした道徳教育から、教科書を使って、子供たちが答えが一つではない問題を道徳的課題として捉え、考えたり、議論したりする道徳へと質的転換を図ることとしており、このような趣旨を広く国民の方々に周知してまいります。また、評価の具体的な在り方については、今後、専門家会議を設けて検討していく予定です。

【主な意見の概要②】子供たちの人権意識を育て、差別を許さず、命を大切にすることは現行の制度でも十分に実施できるので、道徳の教科化については反対。

【回答②】答申でも指摘されているとおり、従来「読み物道徳」と言われたり、軽視されたりした道徳教育から、教科書を使って、子供たちが答えが一つではない問題を道徳的課題として捉え、考えたり、議論したりする道徳へと質的転換を図るためには、道徳の時間を教育課程上、「特別の教科」に位置付ける必要があると考えています。

【主な意見の概要③】道徳はふだんの生活や教師の人格的垂範や言葉から学ぶもので、教科として学ぶものではない。
【回答③】〔回答②と同じ〕
【主な意見の概要④】まず、戦前の道徳教育に対する総括や反省がなければならない。それがないままの道徳の教科化は、国の考え方を子供に植え付ける危険性が極めて高い。
【回答④】〔回答①の第一文から第三文までと同じ〕
【主な意見の概要⑤】教科化によって、道徳に関する考え方が統一され、多様な考え方を引き出すことができないのではないか。
【回答⑤】〔回答①と同じ〕

判で押したような回答とはこのことを言うのだろう。とりわけ閉口せざるを得ないのが回答④だ。「戦前の道徳教育に対する総括や反省がなければならない」という指摘にたいしては、まず「総括や反省」の有無、それがおこなわれているならばその内容について回答するのが常識をふまえた回答だ。あるいは、「総括や反省」が不要と考えているのならば、そのように書くべきだ。だが、文部科学省は、「考えたり、議論したりする道徳へと質的転換」を図れば問題がない、そう言い通すばかりだ。そのワンフレーズで、教育現場からの批判を切り抜けようとしている。

6 検定教科書の意味

第四は、「特別の教科である道徳」における検定教科書の導入である。そう聞いて、ことの次第がきちんと理解できる人は少ない。当事者である子どもたちもよくわかっていなかった。

二〇一一年夏、私の話し相手になっていた家人はこのとき小学二年生だったが、そのときの話題は、自宅の一室にある本棚の整理をめぐるものになっていた。その本棚には小学二年生の教科書が並べられていた。いまどれくらいの分量の教科書があるのかな。私が聞くと、小学二年生が答える。「随分あるよ。これが国語の教科書で、これが算数の教科書。これが道徳の教科書だよ」。小学二年生の手には文部科学省が発行した『こころのノート　小学校一・二年』(二〇〇九年度改訂版)があった。

小学二年生の口から出た「道徳の教科書」という表現がひっかかった。私は迷ったが、事実を告げなくてはならない。実はね、それは教科書じゃないよ。私の頭には、文部科学省が公文書「『心のノート』についての(依頼)」(二〇〇二年四月二二日)の中で、『心のノート』は教科書でも副読本でもない「道徳教育の充実に資する補助教材」と述べていたことがあった。小学二年生は反論する。「何言っているの。これはどう見たって教科書でしょ。道徳の教科書だよ。道徳の教科書は一冊だけじゃないよ。こんなのもあるよ」。そう言って小学二年生は、埼玉県教育委員会が発行した『家庭用　彩の国の道徳』(二〇一一年三月)も見せてくれた。同書にはつぎの記述がある。「この家庭用『彩の国の道徳』は、平成二二年度から埼玉県内の小・中・高等学校で活用が始まった本県独自の道徳教材『彩の国の道徳』(小中高あわせて五冊がつくられている」の中から、保護者の皆様が読んで、家庭で話題にしていただきたい資料を集めたものです」。つまり、学校には、埼玉県独自の『彩の国の道徳』もおかれていることになる。一年間に国と県が発行する二冊の道徳教材に小学二年生は囲まれている。県の家庭用をあわせると三冊だ。

そのことにあらためて驚きながら、私は、小学二年生に説明を続けた。教科書っていうのは、教科の本なんだよ。国語や算数は教科だから教科書があるけど、道徳は教科じゃないから教科書はないんだよ。小学二年生は悲しそうな目で私を見つめながらこう言った。「これは教科書だよ」。私も深追いはやめた。「学校教育法施行規則」で教科が定められていることを話しても良かったが、それは事柄の表面の話で、このときは、まだその本質に迫る話をわかりやすく話す自信がなかった。これで話は終わりになった。

二〇一四年春、家人は小学五年生になり、本棚には文部科学省が発行した『私たちの道徳　小学五・六年』もおかれるようになった。『心のノート』を全面改訂して二〇一四年度から使われるようになったものだ。こうして道徳の教科化の下地づくりは現場レベルでおこなわれていた。

その後、「特別の教科　道徳」の検定教科書は五つのプロセスを踏んで導入の運びとなった。一つは、前記した二〇一四年の中央教育審議会答申。検定教科書でいくとの基本方針が出された。二つは、これも前記した二〇一五年の「学習指導要領」の一部改正。ここから教科書検定の基準づくりがはじまる。三つは、二〇一五年九月三〇日における「教科用図書検定規則」(省令)と「義務教育諸学校教科用図書検定基準」(告示)の一部改正(いずれも二〇一六年四月一日施行)。この規則と基準に合わせて教科書会社八社が戦後で最初の道徳教科書をつくった。四つは、二〇一六年度における文部科学省による教科書検定(中学校は二〇一七年度)。五つは、二〇一七年度の各地における検定教科書の採択(中学校は二〇一八年度)。こうして、

表 4　国による道徳教育の補助教材　2002〜17 年度

年度	概要	小学 1・2 年	小学 3・4 年	小学 5・6 年	中学
2002〜10 年度	『心のノート』配布	『こころのノート』	『心のノート』	『心のノート』	『心のノート』
2009〜10 年度 2011〜12 年度 2013 年度	学習指導要領改正による『心のノート』改訂 民主党政権下配布取りやめ 第 2 次安倍政権下配布再開	『こころのノート』（2009 年度改訂版）	『心のノート』（2009 年度改訂版）	『心のノート』（2009 年度改訂版）	『心のノート』（2009 年度改訂版）
2014〜17 年度	『私たちの道徳』配布	『わたしたちの道徳』	『わたしたちの道徳』	『私たちの道徳』	『私たちの道徳』

道徳の検定教科書が小学校は二〇一八年度から、中学校は二〇一九年度から子どもたちに届けられるはこびとなった。現場には「学校教育法」第三四条に規定された教科書使用義務が課せられていくことにもなる。

道徳の教科書がつくられることにはつぎの意味もある。「教科書無償措置法」の適用がはじまることだ。『心のノート』については、「教科書無償措置法」が適用されなかったため（いわば文部科学省が任意に発行した「補助教材」だったため）、民主党政権下では事業仕分けの対象になり、二〇一一〜一二年度の二年間は配布が見送られたこともあった。私の自宅の本棚に『こころのノート　小学校一・二年』があったのは、家人の小学校入学が配布見送り前年度の二〇一〇年度だったからだ。ちなみに、第二次安倍政権下で二〇一三年度から『心のノート』の配布が再開され、二〇一四年度から後継の補助教材である『私たちの道徳』の配布がはじまった。いま自宅の本棚に『心のノート　小学校三・四年』があるのは、『心のノート』配布再開年度に家人が小学四年生だったからであり、その横に『私たちの道徳　小学五・六年』があるのは、『私たちの道徳』の配布開始年度に家人が小学五年生だったからだ。だが、これからは、毎年確実に道徳の検定教科書が子どもたちに届けられることになる。従前の『私たちの道徳』は、結果として、検定教科書導入のパイロット事業としての役割を終えて、発行されなくなる。

7　道徳の評価はどうなるか

第五は、指導要録の参考様式の改訂（通知）によって、「特別の教科である道徳」における新たな評価が導入されたことである。

子どもたちの学習の成果をどのように評価するか。これは本来、教員が工夫をこらしておこなっていくべきことなのだが、いま日本では、文部科学省初等中等教育局長通知として出される指導要録の参考様式が、評価のあり方を左右する仕組みがとられている。指導要録は、学籍を証明するための原簿、指導のための資料という二つの性格をもった公文書で、各学校で子どもごとに作成している。国がその参考様式を少しでも変更すると、全国の子どもの評価のあり方が変わっていく。「学校教育法施行規則」が定める指導要録の作成者は校長だが、国は、「地方教育行政の組織及び運営に関する法律」の規定によってその様式等の決定権が市町村教育委員会にあるとする主張を重ねており（一九六一年五月二九日初等中等教育局長回答）、さらに、市町村立学校の指導要録に「必要な統一」が保たれるよう都道府県教育委員会が適切な指導助言をおこなうことを求めてきた（一九九一年三月二〇日初等中等教育局長通知）。

まず、道徳の教科化に伴う改訂がおこなわれる直前の二〇一〇年の「小学校児童指導要録（参考様式）」

（以下、二〇一〇参考様式。巻末の資料5）を見てもらいたい。従前の評価のあり方が了解されないと、道徳の教科化に伴う変更点もよく見えない。この二〇一〇参考様式は、二〇一〇年五月一一日に文部科学省初等中等教育局長が発出した「小学校、中学校、高等学校及び特別支援学校等における児童生徒の学習評価及び指導要録の改善等について（通知）」（二二文科初第一号。以下、二〇一〇通知）によるものである。

二〇一〇参考様式を道徳の評価という視点から検証すると、二つのことがわかる。一つは、「道徳の時間」に限ったかたちでの評価欄が設けられていないことだ。新聞やテレビで「これまで道徳に評価はなかった」という言葉が交わされているのは、このことに対応している。

二つは、二〇一〇参考様式における「様式2（指導に関する記録）」の二枚目（2―2）の頭に「行動の記録」欄が設けられていることだ。「基本的な生活習慣」から「公共心・公徳心」まで一〇の項目が並んでいる。二〇一〇通知の全文に目を通すと、「行動の記録」欄に一〇の項目が設けられていることの意味が見えてくる。要点のみを述べると、「行動の記録」欄においては、二〇〇八年「学習指導要領」に記された国定の道徳基準をふまえて評価をおこなうことが意図されている。二〇一〇通知の「別紙1」につぎの記述がある。

小学校及び特別支援学校（視覚障害、聴覚障害、肢体不自由又は病弱）小学部における行動の記録については、各教科、道徳、外国語活動、総合的な学習の時間、特別活動やその他学校生活全体にわたって認められる児童の行動について、設置者は、小学校学習指導要領等の総則及び道徳の目標や内容、内容の取扱いで重点化を図ることとしている事項等を踏まえて示している別紙5を参考にして、項目を適切に設

定する。また、各学校において、自らの教育目標に沿って項目を追加できるようにする。〔傍線引用者〕

ここに「別紙５」の全体を引用することは煩雑なので割愛するが、「別紙５」から、「行動の記録」の第一〇項目「公共心・公徳心」についての「趣旨」（小学校高学年）を引用しておく。「規則を尊重し、公徳を大切にするとともに、郷土や我が国の伝統と文化を大切にし、学校や人々の役に立つことを進んで行う」。国定の道徳基準である「規則の尊重」「公共の精神」「伝統と文化の尊重」の評価が意図されていることを読み取ることができる。

この間、各学校における「行動の記録」欄の評価に当たっては、「各項目の趣旨に照らして十分満足できる状況にあると判断される場合に、○印を記入する」（二〇一〇通知の「別紙１」）ことが全国の現場でおこなわれてきた(3)。多くの教員にとって、年度末に指導要録を記入し、つぎの学年やつぎの学校に申し送ることは、定着した仕事の一部になっている。二〇一〇通知の全文に知悉しなくても、指導要録の記入の職務に支障はない。このため、「行動の記録」欄の記載に際して、これが実質的に道徳についての評価になっていることが教員の頭を過ぎることがあっても、国定の道徳基準についての評価を国に求められていることが教員に実感されることは少なかっただろう。

今般、文部科学省では、まず二〇一五年六月一五日に「道徳教育に係る評価等の在り方に関する専門家会議」の第一回を開催して、二〇一六年七月二二日に同会議が報告をまとめると、七月二九日に文部科学省初等中等教育局長より通知を発出して、二〇一〇参考様式を新たな二〇一六参考様式に改めることがおこなわれた（「学習指導要領の一部改正に伴う小学校、中学校及び特別支援学校小学部・中学部における児童生徒の学

表5　各時期の道徳教育の比較（小学校）

比較項目	1900 小学校令施行規則ほか	1958 学校教育法施行規則ほか	2015 学校教育法施行規則ほか
独立教科	○	△	○
国定の道徳基準	○	○	○
国定の道徳基準による教育	○	○	○
愛国心教育	○	○	○
検定教科書	○ ※	×	○
独立教科の評価	○	×	○

※ 国定の修身教科書の使用は1904年度から

習評価及び指導要録の改善等について（通知）」二八文科初第六〇四号）。そこには「特別の教科　道徳」の評価欄がおかれて（巻末の資料6）、同通知を受けた教育委員会による新たな様式の決定と学校への周知がおこなわれていった。以上をへて、小学校では二〇一八年度より、各学校の指導要録における「特別の教科　道徳」欄の新設と同欄における記述式による評価がはじまることになった（中学校は二〇一九年度より）。

以上、道徳の教科化に伴う五つの施策の概要をみてきた。その本質は何なのか。その答えに近づくため、私は、戦前戦後の各時期の道徳教育について「独立教科」「国定の道徳基準」「国定の道徳基準による教育」「愛国心教育」「検定教科書」「独立教科の評価」という項目を取り上げ、それぞれの有無という観点から比較する表をつくってみた（**表5**）。「教育ニ関スル勅語」から一〇年後、一九〇〇年の「小学校令施行規則」により戦前の道徳教育の制度枠組みは確立するが、今次の二〇一四年の中央教育審議会答申にもとづく二〇一五年一部改正の「学校教育法施行規則」ほかは、まるでそこに回帰するかのようだ。

この表をつくりながら、私は、一二年ほど前に、大阪で会社勤めをしている実弟と交わした会話を思い出していた。二〇〇六年改正の教育基本法に愛国心が盛られたことを受けて、私が「戦前の愛国心教育に回帰している」と感想を述べると、弟は小さな声でつぶやいた。「単純に戦前に回帰するのかな」。

私がこのことを今日まで記憶しているのは、弟のつぶやきのなかに、私自身も共感できる部分があったからだ。戦前と戦後では日本の教育をとりまく政治・経済・文化の状況は異なっている。回帰という言葉だけでは、いま眼前で生じている事態を、正確に把握することにはならないだろう。

回帰という現象の背後にある本質をつかむためにも、歴史を顧みる必要がある。次章からは、戦前戦後の道徳教育について、その一一七年間の歩みを簡潔に整理してみたい。

第2章　戦前の道徳教育を見る――修身と愛国心の評価

1　学籍簿の存在と修身

日本の学校における道徳教育の歴史を概観するには、国が子どもの道徳の評価のあり方を定めた公文書である学籍簿（一九四九年からは指導要録）の様式（一九四八年からは様式案）一四種類（一九〇〇～二〇一六年）を時系列に並べてみるのがいい。戦前と戦後における道徳教育について、その断絶と連続を視覚的にとらえることができる（巻末の資料２）。

学籍簿は在籍する子ども一人ごとに一部を作成し学校に常備する書類であり、一八八一年四月三〇日文部省達「学事表簿取調心得」によりはじめて定められた。当初は、入学年月日、氏名、年齢、保護者、住所、退学年月日等を記入するものだった（佐藤秀夫「学籍簿」日本近代教育史事典編集委員会 一九七一）。

この学籍簿に、右の事項のほかに、学業成績、出欠、身体の状況等も記載することを定めたのが一九〇〇年八月二一日の文部省令第一四号「小学校令施行規則」第八九条にもとづく第一〇号表の様式だった（巻末の資料３）。同様式の学業成績欄には修身《しゅうしん》の評価欄がおかれた。修身とは、戦前における道徳の教科名である。教員たちが学籍簿を使い子どもの道徳の評価をおこなうことは、ここから始まった。

学籍簿に学業成績欄がおかれたことの意味とは何か。一般に、各学年の課程修了および全教科の卒業の認定には、①期末試験および卒業試験の成績を主として決める試験法と、②「児童平素の成績を考査して之《これ》を定」める考査法がある。一九〇〇年「小学校令施行規則」より前の日本の小学校制度では、試験法を採用していた。これを考査法に転換して、「児童平素の成績を考査」するためにつくられたのが、学籍簿の学業成績欄だった。考査法への転換に際して、文部大臣・樺山資紀《かばやますけのり》が発した一九〇〇年八月二一日文部省訓令第一〇号は、それまでの試験法を廃止する理由についてつぎのように述べている(教育史編纂会 一九三八)。

心身の発達未《いま》た十分ならさる児童をして競争心に駆られ試験前一時に過度の勉強を為《な》し是《これ》か為《ため》に往々其《そ》の心身の発育を害するのみならす試験の為に勉強するの陋習《ろうしゅう》を馴致《じゅんち》するを避けんか為なり

試験法の下では、競争心による過度の勉強が子どもの「心身の発育を害する」だけでなく、試験のための勉強という「陋習」(わるい習慣)を「馴致」(次第になじませること)してしまう。引用箇所だけを切り取れば、今日においても妥当な指摘である。考査法への転換による学業成績欄の導入には、子どもへの負担を軽減するための、いわゆる教育学的な考慮があった。ただし、考査法への転換により、子どもは、四六時中教員による評価のまなざしにさらされるようになる。つぎの問題もはらんでいた。すなわち、これより日本の教員と子どもは、学籍簿における学業成績欄を通じて、教育評価の基本的なあり方についての決定権を国に掌握されることになった。

国は教育評価の基本的なあり方をどのように定めたのか。一九〇〇～四一年の学籍簿の様式五種類における学業成績欄を見てみると、三つの共通点が浮かび上がる(巻末の資料2)。

一つは、いずれの学籍簿においても、国が行政命令で決定した教科目に対応させて学業成績欄を定めていたことだ。教員による「児童平素の成績」の評価は、国が決定した教科目の出来具合の評価にほかならなかった。国が行政命令で小学校の教科目を決定した起点は、一八七二年八月三日、文部省布達第一三号別冊として公布された「学制」だった。布達は一八八六年二月公文式の制定以前に発布された行政命令である。「学制」では、下等小学の教科を「綴字、習字、単語、会話、読本、修身」ほか計一四科目と定めていた。

一九〇〇年の学籍簿のときは、同年八月二〇日勅令第三四四号による改正「小学校令(第三次小学校令)」が尋常小学校の教科目を「修身、国語、算術、体操」と定め、これに連動させて学籍簿の学業成績欄にそれらの教科目名が記載された(巻末の資料3)。勅令は天皇の大権《たいけん》により発せられた行政命令である。「第三次小学校令」が勅令として公布された背景には、文部省と枢密院によるせめぎあいがあった。これより一〇年前の一八九〇年、文部省は、帝国議会開設を前にして「小学校令」を法律により公布することを構想しており、六月に法律案を閣議に提出していた。だが、その法律案は八月に枢密院に送付されてから否決され、一〇月七日に「小学校令(第二次小学校令)」は勅令第二一五号として公布された。

枢密院は、なぜ「小学校令」を法律として出すことを否決したのだろうか。枢密院の考えは、「教育の如きは、一旦其《その》方針を誤るときは、国家の基礎に動揺を及ほす等の恐《おそれ》なしとせす。故に、之《これ》に関する制規は、勅令を以《もっ》て定ることとし、議会をして容喙《ようかい》せしむるの途《みち》を開かさるを可とす」(海老原　一九六五)というものだった。当時の枢密院は藩閥を中心に構成されていた。国が行政命令により教育の制度や内容の決定を続けることは藩閥官僚により主張され、教育政策の勅令主義として確立し、これ以後の教科目と評価のあり方を規制した。

一九四一年の学籍簿のときは、同年三月一日勅令第一四八号により「小学校令」改正の形式で制定された「国民学校令」が国民学校の教科目を「国民科（修身・国語・国史・地理）、理数科（算数・理科）」ほかと定め、これに連動させて学籍簿の学業成績欄にそれらの教科目名が記載された。

二つは、いずれの学籍簿においても、右のことの帰結として、学業成績欄の最上段に修身の評価欄（成績欄）をおいたことだ。国は、教員が「児童平素の成績」を評価するときに、修身すなわち道徳についての出来具合をもっとも重視することを求めたのである。国が行政命令で決定した教科目の首位に修身をおくようになったのは、一八八〇年改正の「教育令」（同年一二月二八日太政官布告第五九号）からであり、以後、小学校の基本法令と施行規則が変更されてもそのことは継承された（一八八六年は教科目ではなく学科目と呼称）。ちなみに、国は、各教科目の授業時数についても行政命令で決定することが多かった。一九〇〇～四五年についてみると、修身の授業時数はずっと文部省令により週二時数と定められていた。

三つは、いずれの学籍簿においても操行欄（一九〇〇～三八年の学籍簿の様式）あるいは性行概評欄（一九三八～四一年の学籍簿の様式）がおかれて「道徳訓練上の参考」にされたことだ。学籍簿に操行欄がおかれたのも一九〇〇年「小学校令施行規則」からだった。山田昇は、操行欄について、「平素の学業成績の一部として操行点を」教員に記入させ、児童の「品性および行為を考査し、その性行の価値を定むる」ものだったとしている（山田「操行」日本近代教育史事典編集委員会 一九七一）。操行欄の起源は一八九一年の「小学校教則大綱」(同年一一月一七日文部省令第一一号)であり、同文部省令にあわせて文部省が発出した「説明」(一一月一七日)には、「児童の心性、行為、言語、習慣、偏僻等を記載し道徳訓練上の参考」にすることと、児童の卒業認定には「平素の行状学業をも斟酌」するべきことが記されていた(教育史編纂会 一九三八)。山田によれば、「これを制度的に定式化して評価する」ものとしたのが一九〇〇年の学籍簿における操行欄であり、操行欄は「主として道徳知識に関する修身の成績評価とあわせて、国民教化のための教育評価として中心的な位置を占め」るようになった。

筆頭教科とされた修身の授業とはどのようなものだったのだろうか。戦前の修身のあり方を規定した条件の一つに国定の教科書・教材があった。一九〇三年四月一三日、国は「小学校令」を改正して教科書国定の方針を定めるようになり、一九〇四年度から国定の修身教科書と修身教材が使われるようになる。尋常小学校一年生の修身の授業の様子を、国が定めた教師用指導書に記された「説話要領」から再現してみたい。

教室の黒板には、国定の修身教材「尋常小学修身掛図」(文部省、一九〇三年一二月一九日発行)が掲げられている。大きさは、タテ七五センチメートル、ヨコ八〇センチメートル。「尋常小学修身掛図」は、尋常小学校一年生を対象にして、「第一　学校」から「第二六　よい子供」まで二六の単元を学ばせるものだった。その授業風景を、「尋常小学修身掛図」の「第七　教室と運動場(甲)」により知ることができる。教壇には、背広にネクタイの教員が立っている。教員は、教鞭により「第六　勉強」の「掛図」を指しながら、子どもたちに説話を始めた(文部省 一九〇三)。

ここに、見るもあはれなる男あり。身にあかつきたるつづれをまとひ、軒《のき》かたぶけるあばらやにすめり。この人は何故にかくあはれなる身の上とはなりしぞ。この男の幼かりしとき、父母は彼をよき人になさんとて、学校に入れたり。されども、彼はよく先生の教《おしえ》をきかず、また少しも課業を勉強せず、毎日なまけくらすのみなれば、父母はこれを憂へて幾度となく戒めしかども、彼は少しも顧みることなかりき。かくて父母を失ひたる後は世話する人もなくなり、よき職業につくことはもとよりかなはねば、このよーにあはれなる身となりし。その頃彼とともに学校にありて、よく先生の教をきき、常に課業を勉強せしものは今いづれもよき人となり、それぞれりつぱなる職業につきて、楽しき月日を送れりといふ。

説話が終わると、教員は子どもたちに設問をした。「この人の身の上をどう思ひますか」「この人はなぜこんなにおちぶれましたか」「小さいときに勉強をしておかんと、大きくなつてどんなものになりますか」。勉強をすれば「よき職業」に就けるが、しなければ「あはれなる身の上」になる。こうした価値観を前提として、子どもたちに「勉強の大切なることを知らしむる」ことを目的とした授業だった。この単元の配当時間は二時間である。

こうした授業が全国で一律におこなわれ、全国同一の学籍簿により評価がおこなわれた。一九〇〇年「小学校令施行規則」第八九条には「市町村立尋常小学校長は第一〇号表の様式に依り学年の始に於て入学したる児童の学籍簿を編製すへし」(こうした規定は「小学校令施行規則」を一九四一年に改正した「国民学校令施行規則」においても継続)とあり、例外は許されなかった。

修身の評価はどのような評価法でおこなわれたのか。四つ目の学籍簿の様式を定めた一九三八年一部改正の「小学校令施行規則」には「学業成績中教科目の成績は十点法に依り」の文言があり、一から一〇の数値による評価が修身についてもおこなわれたことがわかる。それ以前の学籍簿では、「甲乙丙丁戊、優良可、などの評語によったり、一〇点法などで成績が評定されていたのを、ここにはじめて一〇点法に統一されることになった」(石田　一九八一)。

その後、一九四一年に五つ目の学籍簿の様式が「国民学校令施行規則」(三月一四日文部省令第四号)により定められると、修身の評価は「優、良、可の区分に依り記入すること」に改められた。「優の中著しく秀でたるものに対しては秀の評語を与へ得ること」が許され「良上」と「良下」も許されたため、「秀・優・良上・良・良下・可」による六段階の評価がおこなわれた(普通学務局長「国民学校の学齢簿及学籍簿の取扱方に関する件」一九四一年七月四日発普第二〇五号)。

2　教育勅語と愛国心評価

修身の評価は、数値あるいは評語により、優秀なものからそうでないものへと、児童の成績に序列をつけておこなうものだった。教員たちは、ある児童には「一〇点」や「秀」を与え、別の児童には「一点」や「可」を与えた。教員たちは、こうした評価の基準をどこに求めたのだろうか。

この問いには、二つの文書により回答が用意されていた。一つ目は、一八九〇年の「教育ニ関スル勅語」である。この文書により、国は、子どもが身につけるべき道徳基準を定めていた(国定の道徳基準)。

二つ目は、一八九一年の「小学校教則大綱」である。その第二条は、修身について、「教育ニ関スル勅語ノ旨趣ニ基キ」おこなう教科であることを規定していた。この条文により、修身を通じて、「教育ニ関スル勅語」に規定された国定の道徳基準を子どもたちに教えることが制度として確立した（国定の道徳基準による教育）。この条文は、一九〇〇年「小学校令施行規則」と一九四一年「国民学校令施行規則」に引き継がれ、戦前期を通じて修身の評価の基準を定めるものとなった。

「教育ニ関スル勅語」は、井上毅《こわし》内閣法制局長官と元田《もとだ》永孚《ながざね》枢密顧問官が起草をおこない、一八九〇年一〇月三〇日、皇居において内閣総理大臣・山縣有朋《やまがたありとも》立ち合いのもと、明治天皇から文部大臣・芳川顕正《あきまさ》に下付された文書である（官報における文部省令第八号別紙としての公示は三一日）。原文には、勅語一般の通例として、内容を示す標題は付されていないが、同年一一月の道府県宛文部省普通学務局長電報において初めて「教育ニ関スル勅語」の表記がおこなわれた（佐藤　一九九四）。以後、文部省はこの表記を用いるようになったが、教育界では「教育勅語」と通称された。

教育勅語は形式段落で二段からなるが、第一段後半に「天皇から臣民に実行するべき徳目を明示した箇所」（高橋陽一「第一章　教育勅語の構造と解釈」教育史学会　二〇一七）がある。そこに記された道徳基準は全一一項目および総括項目として整理できる。[1] 先述した「勉強」の授業は、第七項目「学ヲ修メ　業ヲ習ヒ」に基づいたものである。

教育勅語における道徳基準の構造

①父母ニ孝ニ

②兄弟ニ友ニ
③夫婦相和シ
④朋友相信シ
⑤恭倹己レヲ持シ
⑥博愛衆ニ及ホシ
⑦学ヲ修メ　業ヲ習ヒ
⑧　以テ　智能ヲ啓発シ　徳器《とっき》ヲ成就シ
⑨　進テ　公益ヲ広メ　世務ヲ開キ
⑩　常ニ　国憲ヲ重シ　国法ニ遵《したが》ヒ
⑪　一旦緩急《いったんかんきゅう》アレハ義勇公《ぎゆうこう》ニ奉シ

〔総括〕以テ天壌無窮《てんじょうむきゅう》ノ皇運《こううん》ヲ扶翼《ふよく》スヘシ

（高橋陽一が教育史学会シンポジウム（二〇一七年六月一〇日）において示した徳目構造に標題と番号、〔総括〕、ふりがなを付加して作成）

道徳基準の各項目は同じ重さで並置されていたわけではない。このうち最重要の道徳基準とされたのは、第一一項目「一旦緩急アレハ義勇公ニ奉シ」とそれに接続して全一一項目を総括した「以テ天壌無窮ノ皇運ヲ扶翼スヘシ」だった。それらの意味は、当時の人々にとってもわかりにくいものだった。このため、衍義《えんぎ》書と呼ばれる教育勅語の解説書が刊行された（一九三九年までに二百数十冊）。いくつかの衍義書から、道徳基準第一一項目と総括項目の意味を探ってみたい。

帝国大学教授・井上哲次郎（一八五六～一九四四年）が著した『勅語衍義』（一八九一年）は、文部大臣・芳川顕正の提議によって編纂され、起草にあたった井上毅と元田永孚らの確認を経たものだった[2]。同書は、「一旦緩急アレハ義勇公ニ奉シ」をつぎのように解説している（丸括弧内は筆者による現代語訳）。「徴兵の発令に逢はば、必ず欣然《きんぜん》之れに応ずべく、決して逃竄《とうさん》して公事に赴くことを避くべきにあらず」（徴兵の発令を受けたときは必ずよろこんでこれに応じるべきで、決して逃亡して戦地に赴くことを避けることがあってはならない）。「真正の男子にありては、国家の為めに死するより愉快なることとなかるべきなり」（真正の男子にとっては、国家のために死ぬことほど愉快なことはない）。

「以テ天壌無窮ノ皇運ヲ扶翼スヘシ」についてはつぎのように記している。「日本今日の文化は、歴代の天皇が相継ぎて統治せられたる結果にあらずや、果して然《しか》らば日本人にして誰れか我が帝室の恩恵を蒙《こうむ》らずと云《い》はんや」（日本の今日の文化は、歴代の天皇が相継いで統治をおこなってきた結果なのであり、それならばこれまでに皇室の恩恵を受けなかった日本人は一人としていないだろう）。「我が先祖は皆歴代の天皇に統治せられ、又我が子孫も永く皇統の庇庥《ひご》を受けん」（我が先祖はみな歴代の天皇に統治されて、また我が子孫も永く天皇の庇護を受けるだろう）。「我邦の人民は〔中略〕智徳の外《ほか》、又体格の発達を希図し、以て永く皇

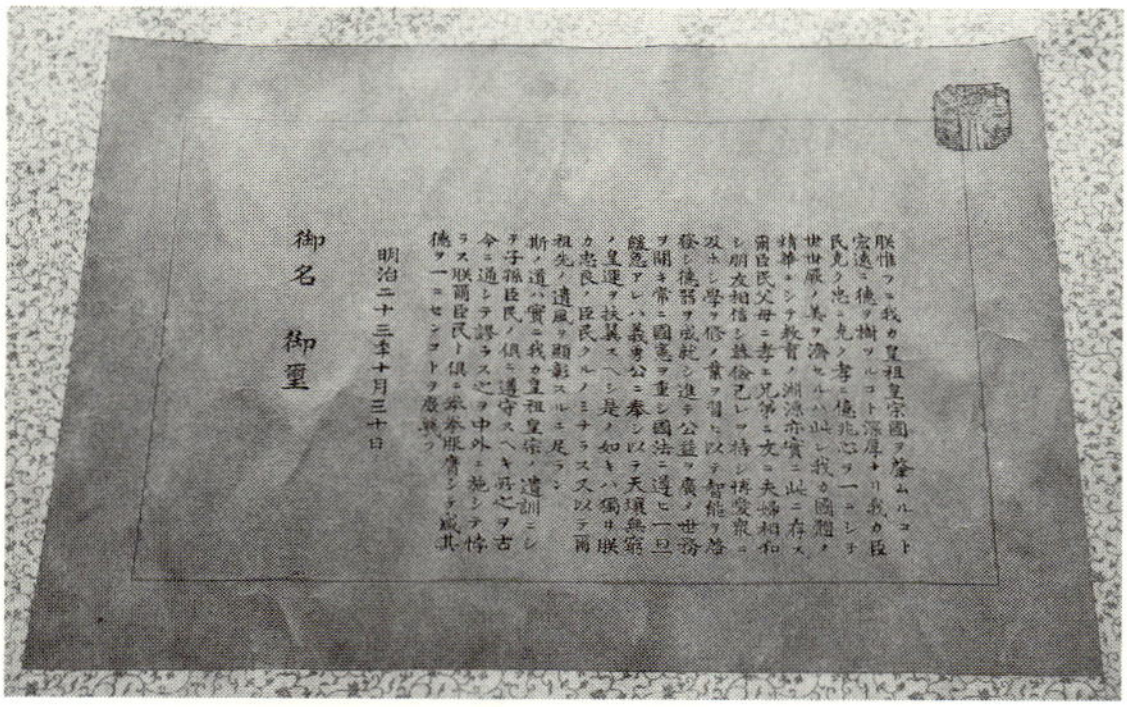
朕惟フニ我カ皇祖皇宗國ヲ肇ムルコト
宏遠ニ徳ヲ樹ツルコト深厚ナリ我カ臣
民克ク忠ニ克ク孝ニ億兆心ヲ一ニシテ
世世厥ノ美ヲ濟セルハ此レ我カ國體ノ
精華ニシテ教育ノ淵源亦實ニ此ニ存ス
爾臣民父母ニ孝ニ兄弟ニ友ニ夫婦相和
シ朋友相信シ恭儉己レヲ持シ博愛衆ニ
及ホシ學ヲ修メ業ヲ習ヒ以テ智能ヲ啓
發シ徳器ヲ成就シ進テ公益ヲ廣メ世務
ヲ開キ常ニ國憲ヲ重シ國法ニ遵ヒ一旦
緩急アレハ義勇公ニ奉シ以テ天壤無窮
ノ皇運ヲ扶翼スヘシ是ノ如キハ獨リ朕
カ忠良ノ臣民タルノミナラス又以テ爾
祖先ノ遺風ヲ顯彰スルニ足ラン
斯ノ道ハ實ニ我カ皇祖皇宗ノ遺訓ニシ
テ子孫臣民ノ倶ニ遵守スヘキ所之ヲ古
今ニ通シテ謬ラス之ヲ中外ニ施シテ悖
ラス朕爾臣民ト倶ニ拳拳服膺シテ咸其
徳ヲ一ニセンコトヲ庶幾フ
明治二十三年十月三十日
御名 御璽

教育勅語の謄本（東京学芸大学附属図書館所蔵）

室の昌運《しょううん》を輔弼《ほひつ》することを務めざるべからず」(我が国の人民は、知徳のほか体格の発達を図り、末永く皇室のさかえる運命を助けることに励むべきである)。

井上の解説については四点を指摘しておきたい。一つは、道徳基準である「一旦緩急アレハ義勇公ニ奉シ」が実体的な行為となったときの具体像を明らかにしていたことだ。それは、徴兵によろこんで応じること、逃亡をしないこと、国家のためによろこんで戦死をすることだった。二つは、元来は有志人民が自らの意志で戦闘部隊を組織するときに用いられる「義勇」の文言から、徴兵によろこんで応じること、逃亡をしないことを導き出していたことだ。こうした井上の解説によって、「義勇」すなわち「自発的な愛国心による従軍」という道徳と「国による徴兵」という現実が恣意的に結びつけられることになり、徴兵制度の強制性と賦役性《ふえき》という現実が「自発的な愛国心による従軍」という道徳によって覆い隠されていくことになった。三つは、「以テ天壌無窮ノ皇運ヲ扶翼スヘシ」の解説を通じて、天皇統治の永続、人民による天皇の輔弼《ほひつ》(天子の政治を助けること)の義務を説き、これを「自発的な愛国心による従軍」と結びつけようとしたことだ。道徳基準の第一一項目と総括項目については、井上による官許の解釈をふまえて、「天皇崇拝の愛国心による従軍」と要約できるだろう。四つは、「知」に関わる教科学習、「徳」に関わる教育勅語の道徳基準の全項目の学習、体格の発達を図ること、それらの一切を天皇の輔弼の責を果たすための人民の義務としたことだった。

教育勅語に道徳基準第一一項目と総括項目がおかれた背景には、当時の政府による、つぎのような情勢認識と教育認識があった。一八九〇年三月、内閣総理大臣・山縣有朋より外務大臣・青木周蔵に提出された建議「外交政略論」には、六つのことが書かれている。一つ、ロシアによる朝鮮への進出と、イギリスとドイツによるアジアにおける策動が迫っており、日本の「利益線」が脅かされていること。二つ、「利益線」を守るためには、欧米列強・清国・朝鮮への外交努力とあわせて、日本の外交に実効力を与える「第一兵備第二教育」が欠かせないこと。三つ、「利益線」を守るためには現役・予備役・後備役をあわせて二〇万人の「兵数」が必要になること。前年改正の「徴兵令」は、「日本帝国臣民にして満一七歳より満四〇歳迄の男子は総て兵役に服するの義務あるものとする」として「国民皆兵」の原則を確立し、満二〇歳で徴兵した男子を現役三年(海軍四年)、現役を終えた者には予備役四年(海軍三年)、予備役を終えた者には後備役五年の計一二年間の兵役に服させることを定めて外征戦争に備えていた。四つ、国の存立は、国民が国を愛し「死を以て」それを守る念にかかっていること。五つ、「国民愛国の念」はひとり「教育の力」により養成保持できるものであり、「愛国の念」を「知能発達の初期に薫陶《くんとう》」し「第二の天性」とさせるべきこと。六つ、そうした「愛国の念」の形成により「勇武」な兵士と「純良」な官吏の養成が期待されることである(大山 一九六六)。

ここには、欧米列強によるアジア分割支配の動きを前に、一面ではこれに対決し、別の一面では自らがアジア支配に踏み出していくことについて、そのための兵備を早急に進めなければならないとの情勢認識が示されていた。この情勢認識をふまえ、きたるべき外征戦争を担いうる人材の育成を教育に求め、「死を以て」国を守り抜く愛国心の育成を、その最重要の課題とする教育政策要求が明確にされていた。

こうした教育政策要求は、教育勅語と『勅語衍義』をへて、国定修身教科書にも貫かれていく。五期に及んだ国定修身教科書には、道徳基準第一一項目と総括項目による「天皇崇拝の愛国心による従軍」にかかわる単元が、一つの学年も欠けることなく配当された。一九〇四年度から使用された第一期国定修身教科書では、その第四学年に単元「第二十　へいえき」がある。これは一八八九年の「徴兵令」による兵役義務に応じることを「国のため」として説いたものだ。

わが国の男子は、まん十七さいから、まん四十さいまで、国のために、兵役《へいえき》につく義務《ぎむ》があります。それゆゑ、われらは小さいときから、きをつけて、おこなひをつつしみ、からだをじょーぶにしておいて、兵役《へいえき》につき、国民の義務《ぎむ》をつくさねばなりません。

一九一〇～一二年度から使用された第二期国定修身教科書になると、その第四学年に単元「第四　靖国《やすくに》神社《じんじゃ》」がおかれて、兵役義務に応じるだけでなく、戦死することまでが説かれるようになる(第四学年教科書は一九一一年度から使用)。それは「国のため」とあわせて「君のため」すなわち天皇のためでもあるとされた。

靖国神社は東京の九段坂の上にあります。此《こ》の社には国ために死んだ人人をまつつてあります。春と秋との祭日には、ちよくしをつかはされ、臨時《りんじ》大祭《だいさい》には天皇・皇后両陛下の御じしんに御さんぱいになることもあります。忠臣義士のためにこのやうにねんごろなお祭りをするやうになつたのは、天皇陛下のおぼしめしによるのであります。われらは陛下の御めぐみの深いことを思ひ、ここにまつつてある人人にならつて、国のため君のためにつくさなければなりません。

道徳基準第一一項目と総括項目については、教育勅語発布から三六年を経た一九二六年の時点における解説も見ておきたい。文部省が認定した『教育勅語謹解』(国民実践会、一九二六年)は、海軍中将と貴族院議員を歴任した梨羽《なしば》時起《ときおき》(一八五〇～一九二八年)の編著である。同書は、道徳基準の第一一項目と総括項目が実体的な行為となったときの具体像をつぎのように描き出している。それは、「二十七八年役」、「北清事変」、「三十七八年役」、「青島の役」において、「皇軍」(天皇の軍隊)が「国光を宇内《うだい》に宣揚した」(国家の威光を世界に示した)ことだという。同書の解説は、先に井上哲次郎が第一一項目について徴兵によろこんで応じることと解説したことを前提にさらに論を進めて、徴兵に応じた人々がいかなる戦争に従軍し、それらの戦争が何をもたらしたかにまで——もたらしたことの一部についてではあったが——及ぶものだった。

梨羽編著が描き出した具体像とその意味を理解するために、いくつかの事実を整理しておきたい。第一は、梨羽が列挙した四つの戦争が、いずれも朝鮮あるいは中国の地でおこなわれた外征戦争だったことだ。「二十七八年役」は、「明治二七(一八九四)年」から「明治二八(一八九五)年」の戦争の意であり、日清戦争についての当時の呼称である。日清戦争は、日本と清、日本と朝鮮、日本と台湾住民という三つの戦争の複合戦争だった(大谷 二〇一四)。

「北清事変」は、八カ国(日本・イギリス・アメリカ・ロシア・フランス・ドイツ・オーストリア＝ハンガリー・イタリア)と清の戦争である。八カ国軍は清軍および義和団と戦闘をおこない、一九〇〇年七月一四日に天津を占領し、八月一五日に北京を占領した。

「三十七八年役」は、「明治三七(一九〇四)年」から「明治三八(一九〇五)年」の戦争の意であり、日露戦争についての当時の呼称である。

「青島の役」(青島戦争)は、第一次世界大戦における日本による軍事行動の一つである。日本軍とイギリス軍は、ドイツの中国における租借地《そしゃく》だった青島のドイツ軍を攻撃し、一九一四年一一月七日に停戦となった。同年九月、日本軍は、ドイツの植民地支配下にあったミクロネシアの諸島(現在の北マリアナ諸島・パラオ・マーシャル諸島・ミクロネシア連邦)の占領もおこなった(南洋諸島占領)。

第二は、右の外征戦争は日本による植民地支配(領有・租借・委任統治・占領・権益)の拡大をもたらしたことだ。一八九五年に台湾を領有し、一九〇五年に中国の旅順・大連を租借し南満洲の鉄道権益を得た。一九一〇年に朝鮮を領有し、一九一四年に中国の青島を占領し、一九一五年に中国の南満洲と東部内蒙古における農商工業権益を得て、一九二二年に南洋諸島を委任統治した。

第三は、右の外征戦争が徴兵軍によりおこなわれたことだ。日清戦争開戦時の兵卒定数は、現役六万五八九九人、予備役九万三五人、後備役一〇万三九一四人、計二五万四五三八人となり、山縣が「利益線」を守るため必要と考えた二〇万人を超過していた。日清戦争の戦地動員兵卒は一五万一八四二人であり、現役と予備役により戦地動員兵卒をほぼ充足した。日露戦争の戦地動員兵卒は八四万二七〇三人であり、現役と予備役だけでは戦地動員兵卒を充足できなかったため、補充兵役(徴兵検査における甲種、乙種合格者の中で現役の抽選に外れていた者)と後備役からも召集をおこない、さらに後備役を五年から一〇年に延長することで大動員をおこなった(大江　一九八一)。

第四は、右の外征戦争に参戦した徴兵軍には犠牲が生じたことだ。日清戦争の兵卒の死傷者数は、死者一万二一〇六人、傷病による服役免除(廃兵)三四九五人、計一万五六〇一人となり戦地動員兵卒の一割強だった(以上の数字に七〇〇〇人に達すると推定される軍夫の死者は含まれていない)。日露戦争の兵卒の死傷者数は、死者六万八七九八人、廃兵二万七四八三人、計九万六二八一人となり、これも戦地動員兵卒の一割強だった。

第五は、右の外征戦争はいずれも相手軍と戦地住民に犠牲をもたらしたことだ。だが、確実な犠牲者数をまだ日本の政府と研究者は明らかにしていない。日清戦争の場合、清軍の死者は三万人とする推計があるが、大谷正は「病死者を加えるとさらに多いように思われる」(大谷 二〇一四)としている。日本軍と朝鮮政府軍が殺害した東学農民軍の犠牲者については、「三万人を優に超えていたのは確実で」「五万人に迫る勢いであった」(趙 一九九八)との推計が出されている。旅順市街では日本軍が清軍と住民を無差別に殺害することもおこなわれた。

第六は、右の外征戦争が平時における徴兵軍についても規模の拡大をもたらしたことだ。一九〇三年の現役徴集人員は五万五九八〇人だったが、一九一二年は一〇万三七八四人である。現役徴集人員の増大は、徴兵検査合格者中における抽選による現役徴集者の割合も押し上げた。一九〇二年の甲種合格者の中で抽選により現役徴集された者は四七パーセントだったが、一九一〇年には六六パーセントとなり三人に二人が現役徴集された(大江 一九八一)。

第七は、徴兵にたいしては人々による忌避の動きが絶えなかったことだ。忌避の動きには以下のものがあった。一つは、「徴兵令」制定の一八七三年から七四年に続発した徴兵反対一揆。二つは、戸籍改ざんである。戸籍上の年齢が満二〇歳に達したとき生年の訂正を申し立て満二一歳にして徴兵を免れることがおこなわれた。一八八四年、戸籍を管掌した戸長の選出方式が公選制から官選制に転換されるまで続けられた。三つは、養子縁組による合法的な徴兵逃れである。一八七三年の徴兵令は一家の主人とその後継者の兵役を免除したため、兵役免除の要件を満たすための養子縁組がおこなわれ、一八八三年の「徴兵令」改正が要件を狭くするまで続いた。四つは、一八七三年の「徴兵令」が代人制を認めていたことによる徴兵逃れである。代人料二七〇円を払い徴兵を逃れることが一八八三年の代人制廃止までおこなわれた。合法的な徴兵逃れの道が狭くなってからは非合法の徴兵逃れが増加する。五つは、逃亡失踪である。六つは、さまざまな手段を講じて徴兵検査に合格しないことである。事故を装って右人差し指を毀傷《きしょう》し、小銃の引き金を引けないようにする例が多かった。七つは、徴兵よけ信仰の拡大である。在郷軍人会機関誌『戦友』一九一三年八月号に、「今年徴兵検査の状況を見ると、忌避の目的を以て詐病するものあり或は神仏に祈願したりするものあり」と書かれている(大江 一九八一)。

梨羽が描き出した具体像を、右の諸事実をふまえたうえであらためてまとめてみたい。道徳基準の第一一項目と総括項目が実体的な行為となったときの具体像とは、徴兵に応じて、外征戦争に従軍し、その一割強が死者あるいは廃兵となり、相手軍と戦地住民に多大な犠牲をもたらして、日本による植民地支配を拡大することだった。実際、徴兵を前にした人々はさまざまな忌避の動きを重ねたのであるが、そうした行為は修身が子どもに求めた国定の道徳基準をもっとも外れた行為とみなされた。

児童たちに、こうした道徳基準を内面化させ、その定着を評価することが教員には求められたのであるが、その教員たちの兵役はどうなっていたのだろうか。注目されるべきなのは一八八九年の「徴兵令」が六週間現役制を創出したことだった。尋常師範学校(一八九七年「師範教育令」により師範学校に改称)を卒業し、官公立小学校に教員として勤めるものは、六週間現役に服したのち予備役も後備役も課さないことを定めた制度である。制定当時は六カ月間現役制だったが、実施されないまま六週間現役制に改められた(3)。

その主旨は「義務教育に従事する教員に、軍隊式の師範学校教育の総仕上げとして軍隊生活を実習させ、未来の兵士である学童の教育にあたらせる」ことだった。「六週間現役兵は、兵営内で一般兵とは別室が提供され、被服も上等なものを支給され、特別待遇をうけ、軍隊生活が快適であるという印象をもつように配慮された。教員の口をつうじて、軍隊はよいところである、という学童への宣伝を期待してのことであった」(大江 一九八一)。

一九〇七年の「師範学校規定」により、師範学校に新たに中学校・高等女学校の卒業生を入学させる一年の課程が本科第二部として加えられると、六週間現役制に変化が生じるようになる。「中学校卒業」→「師範学校本科第二部卒業」→「小学校教員」→「六週間現役」というコースが生み出されたことの意味について、軍事史家の大江志乃夫《しのぶ》はつぎのように述べている。「ちょうど日露戦後の軍備拡張で、年間の現役徴集人員が倍増し、くじはずれで現役を逃れる機会が大はばに減少した。師範学校第二部は、中学校に進学することができる経済的余裕を持った家庭の子弟が、兵役義務を実質的にまぬかれるための、徴兵忌避の合法的手段として利用された。学童を忠順な兵士に育成する目的のために創設された六週間現役制は、合法的な徴兵忌避の手段に転化した。そのため、一九一八年(大正七)の徴兵令改正で、六週間現役制は一年現役制に改められた」(大江 一九八一)。

一九二七年、「徴兵令」全文改正の形式で「兵役法」が制定されると、師範学校卒業の小学校教員を対象とした一年現役制は五~七カ月の短期現役制に改められた。兵役法の主旨「国防上の要求に妨げないかぎり兵役義務の軽減を図ること」によるものだった。

一九三九年、短期現役制が廃止される。「師範学校進学によって戦時に召集されることが絶対にない合法的兵役忌避の道」はふさがれることになったが、一八八九年からこのときまで五〇年にわたり、戦時の召集を免れる特権的地位が師範学校を卒業した小学校教員には与えられていた。その教員たちには、子どもたちに、徴兵によろこんで応じること、逃亡をしないこと、国家のために自ら進んで戦死をすることを説き続けることが求められたのだった。

3　愛国心は内面化されたのか

では、国定の道徳基準、とりわけ「天皇崇拝の愛国心による従軍」は、実際に子どもたちに内面化されたのだろうか。少し考えてみたい。まず、参照したいのは、それは内面化されたとみなす見解だ。先にみた『教育勅語謹解』はつぎのように述べていた。

我が帝国が二十七八年役、三十七八年役に於いて空前の捷利《しょうり》を得たのは、此《こ》の勅語が国民精神を鼓舞《こぶ》作興《さっこう》したる結果と謂《い》ふも、決して過言では無い。

教育勅語が国民精神を鼓舞したから日本は戦争に勝ったと述べている。だが、これを鵜呑みにするわけにはいかない。「二十七八年役」すなわち日清戦争がはじまる一八九四年は教育勅語発布から四年後の時期であり、このとき従軍した兵卒の中に、尋常小学校で教育勅語を学んだ経験をもったものは一人もいなかった。修身が教育勅語に依拠した教科であることが省令で定められたのは一八九一年一一月であり、その翌年に尋常小学校一年に入学した児童が二〇歳で徴兵されたのが一九〇六年である。「三十七八年役」すなわち日露戦争がはじまる一九〇四年になっても、まだ従軍した兵卒のなかに教育勅語の教育を十分に受けたものはいなかった。右の見解は、事実にもとづいたものというより、国定の道徳基準による道徳形成のための教育の効果について、国側の願望を表明したものとみなすべきだろう。

以下では、教育勅語にもとづく道徳教育が当時の人々に与えた影響を、その教育歴あるいは軍歴について資料が残されている四人の人物の具体的な歩みから考察してみることにしたい。

土屋芳雄の場合

一人目は、一九一一年一〇月一日に山形県南村山郡西郷《にしごう》村高松(現上山市高松)で生まれた土屋芳雄である。(4) 一九一八年、土屋は、南村山郡西郷村立高松尋常高等小学校に入学し、同年度に第一学年から使用が開始された第三期国定修身教科書で学び、二つ目の様式の学籍簿で評価を受けた。土屋の教育歴と軍歴については、朝日新聞山形支局がまとめた『聞き書き　ある憲兵の記録』(朝日新聞社、一九八五年)に記されている。土屋の父は鉄道の保線工夫、母は小作で、土屋の生家は貧しかった。土屋は成績がよく、ずっと級長をつとめた。同書には、土屋による修身についての回想が記録されている。

修身では、「神の御末《みすえ》の天皇陛下、われら国民七千万は、天皇陛下を神とも仰ぎ、神とも慕ひてお仕え申す」というのを習った。先生も「天皇陛下は生きた神様です」と教えた。

土屋は、こうした教育に「なんの矛盾も感じなかった」。一九二四年、土屋は、初等科から高等科に進む。高等科二年のときに「教え方も上手で、熱心」だった二〇歳前後の教員がいて、「拓《ひら》け行く土、やがて我国なれば」という歌詞の「開拓の歌」を教えられた。その教員からは、「開拓の精神」も吹き込まれた。「こんなところにくすぶっているな。若者なら広大な大陸を目指せ」。この教員を土屋は恩師として尊敬していた。

徴兵に応じることについては、学校での教育とあわせて、近所のおとなたちの言葉も聞いた。父の友人の弟が、シベリア出兵（一九一八〜二二年）で戦功をあげ金鵄《きんし》勲章をもらった話は村の中で評判になり、「大したものだ」という言葉の響きが土屋の記憶に残った。小学生の土屋にとって、戦争は手柄を立てれば、誰からもほめられるものと映った。ある家族が、家人がシベリア出兵に「連れていかれた」ことを泣いて話すのを聞いたこともあったが、「勇ましいはずの戦争話なのになぜ涙なのか」と思った。

一九二六年、土屋は、高等科を卒業し、土木作業員となる。生家に借金があったため、農繁期には、村内の地主のところで作男もやった。高等科の卒業から五年をへた一九三一年七月、土屋は、二〇歳を前にして、郡役所で徴兵検査を受ける。国の側からすれば、尋常小学校における道徳形成のための教育の真価が試されるときだった。土屋は、当時の心境を回想している。

> 不安そうに見送る両親を思うと、「兵隊にとられたくない。甲種合格でなく、できれば乙種か丙種にでもなってくれれば」と、真剣に願った。神様に頼みたいぐらいだった。仮病も考えた。

土屋は、初等科一年から高等科二年まで八年にわたり、国定の道徳基準「天皇崇拝の愛国心による従軍」にもとづいた道徳形成のための教育を受けてきた。そうした教育に「なんの矛盾も感じなかった」し、戦争を勇ましいものとも感じていた。しかし、実際に徴兵検査を前にしたときの土屋の意識は、「兵隊にとられたくない」というものだった。このとき土屋は、「しょうゆを飲むと心臓がドキドキして何とか免れることもある」といううわさも聞いていた。しかし、土屋は「しょうゆ」はおこなわなかった。「兵役法の『兵役ヲ免ルル為逃亡シ若《もしく》ハ潜匿《せんとく》シ又ハ身体ヲ毀傷シ若ハ疾病ヲ作為シ』た者への懲役刑が、さらに世間の目が、恐ろしかった」。

「天皇崇拝の愛国心による従軍」という国定の道徳基準は、土屋においては、その内面化により力を発揮することはなかった。[5] 兵役法が定めた懲役刑による恫喝、政府方針に追従した「世間の目」。土屋の外部に存在した多種多様な仕掛けが土屋を戦場へと追いやっていった。注目されなければならないのは、徴兵検査の不合格を願っていた土屋は、一見するとそれとは矛盾するつぎのような決意も持っていたことだ。

もし、甲種合格になってしまったら、満州の独立守備隊を志願しよう。

土屋が徴兵検査を受けた一九三一年は一九三七年に日中戦争が全面化する六年前であり、甲種合格であっても全員が召集されるとは限らなかった。それなのに志願を考えたのは、「当時の軍隊未経験者が抱いていた初年兵いじめへの恐怖心」だった。土屋は、その実態を除隊した村の先輩に聞きに行ったこともあった。召集を待てば、山形歩兵第三二連隊への入隊が通例だった。県内出身者が多かったが、土屋が知らない人が多く、どんないじめ方をされるかわからない。村の青年訓練所の一年先輩が関東軍公主嶺独立守備隊に入隊していた。そこに入隊すれば、古兵のいじめから先輩が守ってくれるのではないかと土屋は考えた。

午前八時からの徴兵検査は午後三時頃に終わった。徴兵官が土屋に甲種合格を告げた。土屋は「正直いって少しもうれしくはなかった。名誉とも思わなかった」。だが、その場で土屋は、徴兵官に関東軍独立守備隊への志願希望を伝えた。

一二月に土屋は関東軍独立守備隊に入隊することになり、一一月二八日に生家を出た。東京で途中下車して一泊。翌日に靖国神社を訪れたが、土屋の心構えは普通の神社にお参りするときと変わりがなかった。「命を捨ててもご奉公し、死んで戻ってまいります」という思いは、正直いってなかった。三〇日、神戸の指定された宿舎に到着して散髪。軍服に着替え、着衣を山形の実家に送った。翌日、六個大隊一千四百数十人の新兵の一人として土屋は輸送船宇品丸に乗船して中国東北の任地、公主嶺へとむかった。

土屋が入隊をした軍隊では、隊内の処世術と「軍人勅諭」の暗記と出世競争の毎日だった。一九三二年一月、土屋は、警察から関東軍に引き渡された「中国の農民姿の男たち」の刺突を上官に命じられる。その中国人は、怒りに燃えた目で土屋をにらんでいた。「もし、オレが今やらなかったら、みんなに何といわれるか」。「まして、オレは上等兵に早くなりたい」。土屋は、「頭の中が空っぽになるほどの大声を上げて、その中国人に突き進んだ」。土屋は人間としての一線を踏み越えていった。

一九三四年四月、土屋は、関東憲兵隊の憲兵になる。関東憲兵隊の任務のなかに「反満抗日分子の摘発」があり、検挙した容疑者にはしばしば残虐な拷問がおこなわれた。一九三五年、関東憲兵隊チチハル憲兵分隊は、中国共産党による反満抗日運動の摘発を目的として、黒龍江民報社社長の王甄海《ワンジェンハイ》や黒龍江省教育庁長の王賓章《ワンビンジャン》をはじめとする教育関係者ほか一二〇人の逮捕をおこなった。土屋が拷問した逮捕者のなかには王柱華《ワンジューホア》という中学校教員もいた(6)。三五歳前後だった。だが、土屋たちがどんなに拷問を重ねても共産党や人民戦線について自供らしいものはあがらなかった。チチハル憲兵分隊は「生活改善会を舞台に展開していた共産党員の検挙」をフレームアップし、それを「斉共事件」(チチハル共産党事件)と名付け、四五人をチチハル陸軍刑務所に投獄し、このうち王甄海と王柱華を含む五人を死刑にしてしまった。入隊から一九四五年の敗戦までに土屋が直接間接に殺害したのは三二八人、逮捕し拷問にかけ獄につないだのは一九一七人に及んだ。

土屋にとって、教育勅語にもとづく道徳教育は、いかなる意味をもつものだったのか。先にみたように「天皇崇拝の愛国心による従軍」という道徳基準は、土屋にあっては、「個人の内面的な原理」となることはなかった。その意味で、国定の道徳基準を国民の間に形成しようとした国の意図は、土屋においては達成されなかったとみなすべきだろう。だが、そのことは、教育勅語にもとづく道徳形成のための教育が、土屋に影響を及ぼさなかったことを意味するのではない。土屋は、恩師として尊敬していた高等科二年の教員についてつぎの回想も残している。

あのころに、あの先生が戦争の罪悪性を少しでも教えてくれていたら、わたしは、中国であれほど残虐になり切れていたか〔中略〕あの先生が、人間としての正しい道を教えてくれていたなら戦前の教育の中で教育勅語にもとづく道徳形成のための教育が占めた位置は大きく重かった。教育の場が国定の道徳基準で埋め尽くされることにより、土屋たちにとっては、社会や人間のあり方について学問や生活のなかの事実にもとづいた認識を形成する機会が奪われた。土屋にとって、教育勅語にもとづく道徳教育は、人間が人間らしく生きていくための知性や道徳を育む機会を損なうものだった。

内藤譽三郎の場合

二人目は、一九一二年一月八日に神奈川県中郡西秦野《はだの》村渋沢（現秦野市）で生まれた内藤譽三郎《たかさぶろう》である。その教育歴と軍歴については、内藤による『戦後教育と私』（毎日新聞社、一九八二年）に記されている。生家は葉煙草をつくる農家で、父は村の助役も務めていた。同書の巻末にある年表の一九二五年二月六日の項に、「父、喜之助死去、享年五二歳、小学五年のときだった」とあることから、内藤の小学校入学は一九二〇年だったと推定できる。土屋より二学年下だったが、第三期国定修身教科書で学び、二つ目の様式の学籍簿で評価を受けたことは土屋と同じである。ここで内藤を取り上げるのは、戦後に内藤が文部官僚として道徳教育政策をリードすることになるからでもある。

内藤は、同書のなかで小学校における経験についてはただ一つのことを記している。教育勅語にもとづく道徳教育についての回想である。

かつての教育勅語には「父母ニ孝ニ兄弟ニ友ニ夫婦相和シ朋友相信シ恭倹己ヲ持シ博愛衆ニ及ホシ」と教育の指導目標が説かれてあった。

道徳教育にしても昔は修身があった。今の道徳教育は指導理念だけで教科書がない。修身科は「修身」という教科書で教えた。私は戦前の教育でいいところは、修身を通じて子どもたちに道徳教育を行ったことだと思う。修身の教材は、だいたい昔の偉い人物の評伝が中心で、聖徳太子はこういう人だったとか、貝原益軒《かいばらえきけん》はこうしたとか、二宮尊徳《にのみやそんとく》はこうしたというように具体的な人物の伝記を通じ、その人の生き方、問題に対する処し方を教えてくれた。そこで自然と教育勅語に謳われている教育目標と、その人物が結びついて教えられることである。日本の歴史と関連した人物の話は、わかりやすいし、いつまでも忘れないものである。

内藤は「修身の教材」には聖徳太子・貝原益軒・二宮尊徳が登場したと述べているが、内藤が学んだ第三期国定修身教科書の第一学年から第六学年に聖徳太子は登場しない（第一期から第五期の国定修身教科書の全学年についてみても聖徳太子は出てこないが、第五期国定国語教科書には出てくる）。貝原益軒は、第三期の第三学年における二つの単元「くわんだい」「けんかう」に出てくる。いずれも教育勅語による道徳基準の第五項目「恭倹己レヲ持シ」に対応した内容である。二宮尊徳は、尊徳を名乗る前の二宮金次郎の名前が第三期の第三学年における三つの単元「かうかう」「しごとにはげめ」「がくもん」に出てくる。それらは教育勅語による国定の道徳基準の第一項目「父母ニ孝ニ」と第七項目「学ヲ修メ業ヲ習ヒ」に対応した内容である。

二宮尊徳は一七八七年に相模国足柄上郡栢山村《かやま》（現神奈川県小田原市）に生まれた篤農家で、道徳と経済をあわせ説いた報徳教の創始者である。内藤には、「二宮金次郎さんが酒匂川《さかわがわ》で苦労した話」が印象に残った。二宮尊徳の生家は酒匂川の氾濫により度々田畑を流されている。酒匂川は富士山東麓を源流の一つとして相模湾に流れるが、その右岸に栢山村があり、その左岸に内藤の生まれた渋沢村があった。

二宮尊徳と内藤には少年期に父を病気で喪うという共通点もあった。内藤は、父を胃がんで亡くし、中学進学を「ほぼあきらめて」いる。しかし、内藤は「『お父さんの生命保険のお金があるから、お前の学資に充ててもよい』と言ってくれた母のおかげ」で、神奈川県立小田原中学校に進学ができた。その頃「村から中学へ行く者は、一人か二人ぐらいだった」。内藤は、松田駅まで四キロの山道を歩き、東海道線（現御殿場線）と熱海線（現東海道線）を乗り継いで小田原中学校まで通った。「その頃、どこの小学校にも薪を背に本を読んでいる二宮金次郎の銅像があった」が、「私も、これを真似してやろうと、よく学校の行き帰りは歩きながら教科書を読み、単語帳を繰った」という。帰りは暗くなるので、内藤の母は弟といっしょに「提灯を持って峠まで迎えに来てくれた」。内藤は「母の提灯の光を見ると、一生懸命、すっ飛んで帰ったもの」だった。

一九三〇年、神奈川県立小田原中学校を卒業した内藤は、東京高等師範学校に進む。「二五人に一人の難関を突破して合格」したことが、同書の本文だけでなく巻末の年表にも記されている。このとき一八歳で第二学年のとき二〇歳になる。同書には言及がないが、このときはまだ中等学校以上に在学する学生には徴兵延期制がとられていた。

一九三三年、内藤は、東京文理科大学英語英文科に進学する。内藤が文理大時代に「大きな影響を受けた」のは小石川の白山教会にいたアメリカ人宣教師のローラ・モークだった。「毎週一回英会話を教えてもらったが、心やさしい人で貧乏学生の面倒をよくみてくれた」。一九三六年三月、内藤は、同大学を卒業して、中等学校教員免許状（修身・英語）と高等教員免許状（英語）を取得する。それは二・二六事件の直後のときだった。卒業後の進路志望について内藤はつぎのように回想している。

そのような時代だから英語を勉強する者は、国賊呼ばわりされていた。英文科を出た私は、これがしゃくでならなかった。せっかく勉強した英語で国のために役立つとしたら外交官になるほかないと考えた。「国賊」が外交官になって、なんとか戦争を食い止めたい、そんな気でいたのである。（中略）私と一緒に文理大を出た仲間の多くは月給百円で学校の先生になっていた。私は外交官になるつもりだから学校に勤める気はなかった。

四月、外交官試験を受ける前に、内藤は「腰かけのつもりで」文部省社会教育局に嘱託として入省する。嘱託をしながら外交官試験を受験するが、一度目も二度目も不合格だった。内藤は方針を変えて、文部官僚の道を歩むことになるが、外交官を断念した理由をつぎのように述べている。

風雲急を告げた（昭和）一二年七月には日中戦争、そして一六年一二月、「大東亜戦争」と呼ばれた太平洋戦争に突入した。これでは外交官になる意味もなくなった。

一九四二年八月、内藤は、高等文官試験合格を経て大臣官房文書課総務掛長となる。「『国民学校令』が公布されて間もない頃で、小学校は『国民学校』に改称、教科も国民科、理数科、体錬科、芸能科に統合」されたが、内藤は「その法制的な面をすべてやる」ことになった。一九四三年六月、内藤は、鳥取県に教学課長として赴任することを命じられる。だが、その矢先に東京・麻布の第三連隊に召集を受けた。このとき三一歳だった。

行くと、すぐ連隊区司令官に「内藤君、ちょっと残れ」と言われた。なんだろうと思っていると「君は鳥取県の教学課長で行くそうだが、その方がお国のためになるから、そっちへ行ってくれ。ここはいいよ」と言ってくれた。そんなわけで即日召集解除になり、鳥取県へ赴任した。

鳥取には一年勤務し、一九四四年八月、文部省に戻った。一九四五年初夏、再び召集を受け、長野県の松代にある大本営に入営する。このとき文部省は、「私の召集を免除するように手続きをとっていたらしいが、私はそんなことを知らず長野へ行った。私の後を追いかけて文部省に戻るようにという指示が出されたが、通信が不便で連絡がとれず、私のもとに届いたのは八月一五日、終戦の日だった」という。

内藤にとって、教育勅語にもとづく道徳形成のための教育は、いかなる意味をもつものだったのか。内藤の著書には、国定の道徳基準である「父母ニ孝ニ」と「学ヲ修メ業ヲ習ヒ」について数度の言及があり、その道徳教育への肯定があった。だが、それらの道徳基準が、その道徳形成のための教育を通じて、一直線に内藤に内面化されたととらえるのは早計だろう。内藤にはずっと母への親愛の気持ちがあったが、それは内藤の母がいつも「『子どもは神様からの預かりもの』といって、分け隔てなく優しく接し、信心深い人だった」ことや、「父の死後、母の手一つで育て」られたことによるところが大きかったはずだ。内藤はずっと学業に専心したが、それを「個人の内面の原理」とするためには、ひとたびは断念しかけていた中学進学が果たされたことや、語学習得への適性などが、より主要な役割を果たしていたとみるべきだろう。

また、内藤の著書には、国が最重要とした道徳基準である「天皇崇拝の愛国心による従軍」についての言及が一カ所もなかったことも注目されるべきだろう。この言及の欠落は、右の道徳基準が、もっぱら小学校教育と兵士教育において採用されたものであり、高等教育においては必ずしも中心の位置を占め続けてはいなかった事実に対応していると考えることができる。鶴見俊輔によれば、「日本の指導者となることを期待されている人々」にたいしては、「国際的な大海においてこの国のカジをとって進めるための十分な知識をもつ専門家として訓練」をあたえることが、ある時期までは第一義とされていたのである。鶴見のつぎの言葉が内藤の教育歴を概括するうえで示唆的である。「小学校教育と兵士の教育においては、日本国家の神話に軸をおく世界観が採用され、最高学府である大学とそれに並ぶ高等教育においてはヨーロッパを模範とする教育方針が採用されていました。〔中略〕明治の設計者の観点からすれば、日本人は一つの国家宗教の密教〔西欧科学教育〕の部分と顕教〔神話教育〕の部分とのそれぞれの信者として別々に訓練されるべきでした。〔中略〕彼らはその後継者たちが国家宗教の密教の部分を十分に理解した上で、その顕教の部分を指揮することを期待しました」〔鶴見 一九八二〕。鶴見によれば、「日本の指導者となることが期待されている人々」にたいする右のような訓練がおこなわれたのは」、一九三一年に十五年戦争がはじまる前までであり、以後は「顕教」が教育界の全体を圧倒したとされる。一九三〇年に東京高等師範学校に入学し、一九三三年に東京文理科大学に入学をした内藤は、右のような訓練を受けた最後の世代の一人とい

うことになる。(7)

内田宣人の場合

三人目は、一九二六年四月一六日に鳥取県日野郡で生まれ東京で育った内田宣人《よしと》である。内田が東京市油面《あぶらめん》小学校に入学したのは一九三三年で、土屋や内藤と同じ第三期国定修身教科書で学び、学籍簿については三つ目の様式で評価を受けた。ここで内田をとりあげるのは、戦後に内田が戦争と教員の関係について認識を深め、戦後の教員の課題を明らかにする重要な文章の公表を重ねるようになるからでもある。

内田の教育歴と軍歴については、内田による『私説　戦後情念史』(績文堂、二〇一三年)や『遠き山焼け(私家版)』(二〇〇六年)ほかに記されている。内田の父は、鳥取県日野郡で小学校訓導《くんどう》をしていたが、内田が生まれた翌月に東京市の小学校訓導となり、一九三一年に勤務校でおこった校長にたいする排斥事件にまきこまれて退職してからは、「定まった職業と収入を知らぬ生活」に入った。油面小学校に入学したときの内田一家の住居は目黒にあったが、すぐに京橋区木挽町《こびきちょう》に転居となり、三五年夏にも同区内の槙町《まきまち》に転居した。その住居は東京市昭和小学校の学区域内にあったが、同年夏、内田は三年生のとき、東京市泰《たい》明《めい》小学校に転校した。いわゆる越境である。両親は、内田が「級長をやるくらいの成績をとっているのを見て、進学率の高い泰明に通わせることにした」ようだった。内田は「一中、一高、帝大をめざせというようなことを、折にふれ聞かされるようになった」。泰明小学校がいわゆる「有名校」だったことについて内田はつぎのように記している(内田 二〇〇六)。

「有名校」とは、校区に経済力のある家庭が多く、したがって進学率が高く、越境して入学してくる子供もあるという学校のことである。数寄屋橋《すきやばし》のほとりに立つ泰明小学校はいわゆる銀座八丁を校区とし、商家、飲食店等の自営業や、職人などの子が多かったが〔中略〕私が卒業したときも男子四七人のクラスで四四、五人が中学校に進んだから、たしかに進学率が高かった。

内田は、小学校にかかわる経験について三点を記している。一つは泰明小学校における久保田校長による修身の授業についての記憶である。「昭和一〇年夏、槙町に引っ越して二学期から泰明に転校するとき、父に連れられて久保田校長の前でお辞儀をさせられたが、彼は戦後の昭和二二年ごろまで泰明の校長だった。『有名校』で長く校長をつづけたのだから大物だったのだろうが、週に一度、校長が担当する修身の時間の退屈で窮屈なことといったらなかった。もっともだれがやっても修身の授業は退屈だったろうが、校長先生だから子どもはとくに緊張したのである」。

二つは教科書について。内田が第三期の国定修身教科書で学んだ最後の世代であることが記されているが、その内容についての言及はない（内田 二〇一三より、以下も同書より引用）。

昔の小学校の教科は修身、国語、算術、体操、唱歌、図画等に、四年生から理科、五年生から地理と国史が加わった。昭和八年（一九三三）に尋常小学校一年に入った私の学年から教科書が新しくなり、「サイタ　サイタ」の国語教科書は全ページカラー、いまと比べれば印刷技術も紙質も劣るが、当時の子どもにとっては目のさめるように美麗だった。ただ、私の年度から新しくなったのは国語だけで、次の年の一年生から逐次、他の科目も新教科書に切り変えられていくことになっていた。だから、私の場合、国語だけは毎年新編集のものだったが、あとは大正期以来の教科書がひきつづき使われたのだった。

新編集の国語教科書はベージュ色の表紙に草花や蝶の図柄があしらってあったが、五年生からの尋常小学校地理書巻一、巻二、尋常小学国史上巻、下巻の表紙はねずみ色の無地、修身、算術、理科等も同じだった。昭和前期までの国定教科書は実をもって無骨な体裁の本だったのである。昭和八年からの国語だけは新鮮で、学期末に学校近くの文具店から次年の教科書を一そろえ買って帰ると、国語だけその日のうちに終わりまで読んでしまうのだった。

三つは、学校で何を教えられ、どう受け止めたかについての回想である。「現人神《あらひとがみ》とされる天皇がほんものの神であるなどとは、親からも学校でも教えられたことがなかったし、声高にとなえられる戦争の大義や理念を私は信じてもいなかった」。なぜ、内田は「戦争の大義」を信じなかったのか。その理由についても記している。「戦中の私は戦争の『本質』を『正しく』知りはしなかった。ただ、喧伝される『聖戦』といった大義を浮ついたものとして信用しなかっただけだ」。

一九三九年に内田は東京府立第一中学校に進む。一九四四年に第一高等学校の受験に失敗し、鳥取県の国民学校の助教となる。このとき鳥取県には、内藤譽三郎が教学課長として赴任していたが、内田がそのことを知ることはなかっただろう（戦後、道徳教育をめぐって、内藤と内田は異なる立場から相対することになる）。前年一二月、「徴兵適齢臨時特例」が公布され、適齢が一年引き下げで一九歳になっていた。一九四五年一月、内田は鳥取県米子《よなご》市で徴兵検査を受けた。四月に入隊通知書が届く。このときの心境を内田はつぎのように回想している。

島々の玉砕戦は三月には硫黄島におよんだ。特攻出撃はつづいていた。東京は爆撃で日々崩れていっていた。戦争の終わりはかならず勝利とは別のかたちでくるだろうと思われた。〔中略〕だが、すでに長い歳月の間に南や北の戦場で兄たちの世代がつぎつぎと斃《たお》れていったあとに、自分の番がきたときには、戦争の時代に生い育った男の子としてのつとめは逃げかくれせず果たさねばならぬと思い定めていた。なんのためかといえば、親たち、それから逢いたいと思う遠くの少女にむざむざと危難のおよぶのを見過ごすことはできないと思うからである。己れ一個のいのちでそれをあがなうことがかなわなくても、やるべきことはやらねばならないのだ。

内田が徴兵検査を受けた一九四五年一月から四月の入隊通知書にいたる時期は、土屋が徴兵検査を受けた一九三一年七月や、内藤が東京高等師範学校と東京文理科大学への在学により徴兵を延期された一九三二～三六年と比べると、二つの違いがあった。

一つは、一九三一年九月の「満洲事変」、一九三七年の日中戦争全面化、一九四一年の太平洋戦争開戦を経て、動員兵力数は拡大を続け、死傷した兵員を補充するためにも、徴兵の範囲がこれまでになく極大化していたことだ。すでに一九三九年より中等学校以上に在学する学生の徴兵延期制は縮小を重ねて、一九四一年には大学・専門学校の卒業予定者の臨時徴兵検査と一九四二年二月の入隊がおこなわれ（修業年限三カ月短縮）、一九四三年秋にはいわゆる学徒出陣もおこなわれていた（加藤 二〇〇五）。一九四三年徴兵検査の結果についても、土屋たちが乙種か丙種ならば召集を免れたのにたいして、乙種であっても丙種であっても男子であれば根こそぎの召集を免れなかった。

二つは、本土決戦が不可避の情勢となっていたことだ。そうした状況の変化を背景にして、内田は、「戦争の時代に生い育った男の子としてのつとめは逃げかくれせず果たさねばならぬと思い定めていた」のであり、「なんのためかと」自問をして、「親たち、それから逢いたいと思う遠くの少女にむざむざと危難のおよぶのを見過ごすことはできない」からであると自答をしていた。

「天皇崇拝の愛国心による従軍」という道徳基準は、内田においても、内面化されたものとはいいがたかった。だが、そのことは、内田が、国定の道徳基準で埋め尽くされた教育のあり方から自由だったことを意味するわけではない。内田は、一九四四年度の一年間、助教として教育に当たった経験をつぎのように回想している。

私は〔中略〕「聖戦」とか「大東亜解放」とかの理念を信じてはいなかった。同僚の教師の中にも狂信的な軍国主義者などはいなかった。だが、私たちがやっていたのは国から示されたままの軍国主義教育だった。戦争賛美や軍国美談にあふれた教科書を離れての授業はありえず、皇国史観の教科書以外に歴史を教える手がかりはなかった。高等科二年の男の子が満蒙開拓義勇軍への応募を執拗にすすめられて泣いていたのを覚えている。体格のいい少年だが片足が短く、肩をはげしく上下させて歩くのだった。おそらく学校に割り当てがきて、兵隊では役立ちそうでないその子に目星がつけられたのだろう。

日本の学校では、教育の目的、教育課程、教科書から、評価、学校儀式のあり方にいたるまでが国定の道徳基準「天皇崇拝の愛国心による従軍」によって埋め尽くされていた。「軍国美談にあふれた教科書を離れての授業はありえず、皇国史観の教科書以外に歴史を教える手がかりはなかった」とする内田の言葉のもつ意味は重い。喧伝される「戦争の大義」を信じなかった内田においても、「やっていたのは国から示されたままの軍国主義教育」だった。その姿は、内田に固有なものというよりも、日本における多くの教員の姿と重なるものだった。

内田は鳥取市で入隊し、宮崎県の駐屯地で軍務に就き、本土決戦に備えて日向《ひゅうが》湾を見晴らす丘陵状山地で洞窟堀にあたった。「疲労と空腹と眠気に苦しみながらも」、内田は、「自分が死ぬために軍隊に来ているのだという意識（決意といってもいいだろう）を失わなかった」。やがて敗戦が伝えられるが内田は途方にくれた。そのときの情景を内田はつぎのように書きとめている。

私とともに幹部候補生試験に受かっていた隣の分隊の兵が、彼は神戸高商の学生だったが、これからの日本は貿易だ、よおし、おれは勉強するぞと張り切っているのを見ると、違和感どころか嫌悪を覚えた。生きながらえたわれわれのすぐうしろに、あんなにも累々と死者たちが横たわっているのに、よくも早々《はやばや》と、意気揚々と未来への希望などを語れるものだ。

吉岡数子の場合

四人目は、一九三二年八月一八日に日本の植民地支配下にあった朝鮮の咸鏡南道咸興《ハムギョンナムドハムフン》で生まれて日本植民地「満洲国」で育った吉岡数子である。吉岡の父は朝鮮総督府農務課から満洲拓殖公社へと植民地官僚を歴任した。一九三九年、吉岡は「満洲国」の首都とされた新京において新京桜木尋常小学校に入学する。第四期と第五期の国定修身教科書で学び（国史については第六期）、学籍簿については四つ目と五つ目の様式で評価を受けた。ここで吉岡をとりあげるのは、戦後に吉岡が、小学教員となりながら戦争と教育の関係について認識を深め、戦後の教育実践を牽引するようになるからでもある。

吉岡の教育歴については、吉岡による著書『「在満少国民」の二〇世紀――平和と人権の語り部として』（解放出版社、二〇〇二年）ほかに記されている。国定の道徳基準「天皇崇拝の愛国心による従軍」にかかわる教育について吉岡が記したもののなかにはつぎのことがあった。

一つは、三年生になった一九四一年四月から新京桜木尋常小学校の名称が新京桜木在満国民学校に変わり、学校が「ミニ軍隊化」したことだった（吉岡　二〇〇二）。

国民学校になっていちばん嫌だったのは、朝礼から下校まで先生から何度も何度も「非国民」と叱られたことである。「けがをするのは非国民」「病気になるのも非国民、あなたたちは天皇陛下の赤子です。自分の体ではないのだからけがや病気をしないように」とも言われた。

二つは、日本の靖国神社と「満洲国」各地にあった忠霊塔についての教育を繰り返し受けたことだった（吉岡　二〇〇二）。一～二年生のときから、春と秋の靖国神社例大祭には朝礼で講話があり「新京忠霊塔は満洲の靖国神社です」と教えられ、新京忠霊塔への参拝と勤労奉仕もおこなわれた。四年生のとき第五期国定国語教科書の単元「五　靖国神社《やすくに》」により「桜の花の遺族章、女の人も見えました。遊就館の入り口に、人が並んでをりました」を習い、第五期国定修身教科書の単元「三　靖国神社《やすくに》」により「君のため国のためにつくしてなくなつた人々が、かうして神社にまつられ、そのおまつりがおこなはれるのは、天皇陛下のおぼしめしによるものであります」を習った。国定教科書だけでなく在満教務部が発行した『初等科大陸事情　第四学年』の単元「一一　忠霊塔をあふぐ」によりつぎの内容を学んだ。「満洲のおもな都会には、忠霊塔がそびえてゐます。忠霊塔には、み国のため、大陸に骨をうづめたかたがたがまつられてゐます。その英霊のいさをによつて、満洲に平和がおとづれ、東亜は、ますますさかえて行くのです」。四年三学期に父の転勤がありハルビン白梅在満国民学校に転校すると、ハルビン忠霊塔への参拝と清掃が毎月おこなわれた。こうした教育の影響について吉岡はつぎのように回想している(吉岡 二〇〇二)。

なぜ日本人だけあんなに偉そうにするのだろうと三年頃まで思ったことや、父と外出した時など中国人・朝鮮人親子がずっと後ろにさがって子どもの私にまで深く頭を下げるのはなぜなのだろうという疑問は、四・五年の「満洲」官製教科書を中心にした「在満少国民」教育のなかで、「日本は東洋平和のために素晴らしい仕事をしているのだ。だから私たち日本人は特別なのだ」と思い込まされていつの間にか消えてしまった。

一九四四年五月に父が事故死をする。吉岡は母ときょうだいと共に愛媛県松山市に帰国した。帰国してすぐに母方の祖父母をたよって香川県の小豆島《しょうど》に疎開をして同島の草壁国民学校に転校した(六年生)。吉

表6　靖国神社に関する記述と記載のある国定教科書

発行時期(修身期数)	件数	教科目(学年)
1903〜1909(第1期)	0	
1910〜1916(第2期)	1	修身(4)
1917〜1933(第3期)	2	修身(4)，唱歌(4)
1934〜1940(第4期)	2	修身(4)，国語(3)
1941〜1945(第5期)	7	修身(4)，国語(3)，国語(4)，音楽(4)，音楽(6)，地理(5)，国史(6)

海後宗臣編『日本教科書大系　第3巻　修身(3)』(講談社，1962年)ほかより作成

岡は、第六期国定歴史教科書『初等科国史　下』の単元「第十五　昭和の大御代《おおみよ》」の挿絵を見たときに、それがハルビンで学んでいた在満教務部発行『御国の姿　第六学年』の単元「第三九　皇国臣民の決意」にあった挿絵と同じであることに気がつく。後者の挿絵のキャプションは「靖国神社」だったが、前者の挿絵のキャプションは「天皇陛下の御ために」だった。吉岡は、内地の国民学校に通う子どもは靖国神社の表記がなくても靖国神社と分かるのだと感心した(吉岡 二〇一三)。

靖国神社に関する記述と記載のある国定教科書を一覧にしたのが**表6**であるが、これをみると国民学校第四学年から第五期の国定修身教科書で学んだ吉岡の世代は靖国神社についての教育を多くの教科で受けたことがわかる。加えて吉岡は、日本による侵略と植民地支配の最前線だった「満洲国」において、忠霊塔への参拝や在満教務部発行の教科書による学習を重ね、「靖国神社と忠霊塔を同一視する意識形成」を徹底的に受けていた。

一九四五年、高等女学校の入学試験直前の頃になると、吉岡は、単に「非国民」と言われないようにしようという意識ではなく、「日本は神国、神風が吹いて絶対に勝つ」と信じ込んでいた。「お国のため

に、本土決戦になったらこの竹槍で戦うのだ」と「死ぬまで戦うことを何度も何度も心に誓っ」ていた(吉岡 二〇〇二)。

四月に入学した香川県立小豆島高等女学校は海軍施設部に接収され特殊潜航艇による特攻部隊の基地となり、一学期は授業も教科書もなく学徒動員で終日が勤労奉仕となった。八月一五日、ラジオで玉音放送を聞いた直後における「銃後の女学生の印象」を吉岡は三つの言葉で書きとめている(吉岡 二〇〇二)。一つ目は「空襲警報が出なくなった」こと。二つ目は「勤労動員がなくなった」こと。一つ目と二つ目が外的な事実にかかわる回想であるのにたいして、三つ目は吉岡における当時の内的な心情にかかわる回想である。「これも作戦で米軍が上陸してきたら竹槍を持って戦えという命令が必ず出るだろう」。だが、吉岡たちに「竹槍を持って戦えという命令」は出されることはなく、小学校六年間ほかにおける道徳形成のための教育の真価が試される決定的な場面に吉岡は遭遇しなかった。吉岡において「天皇崇拝の愛国心による従軍」という国定の道徳基準が内面化されたものだったのかどうかは判然としない。

一つはっきりしているのは、吉岡が受けた国定の道徳基準にもとづく教育の多くが、虚偽にもとづくものだったことだ。「満洲は平和」だったのか。「日本は神国」だったのか。戦後の吉岡は事実の検証をゆっくりとすすめていくことになる。

第３章　戦前の道徳教育は反省されたのか
――戦後教育改革の「抜け道」

１　修身教科書の墨塗り

一九四五年八月一四日、日本政府はポツダム宣言の受諾を連合国側に通告し、本州・北海道・九州・四国および連合国が決定する諸小島は、連合国軍最高司令官（ＳＣＡＰ）の占領下におかれることになった。米政府は英政府と中華民国政府の同意をえて、一五日、初代のＳＣＡＰとして米太平洋陸軍司令官（ＣＩＮＣ／ＡＦＰＡＣ）のダグラス・マッカーサーを任命した。ＳＣＡＰとＣＩＮＣ／ＡＦＰＡＣを兼務したマッカーサーによる占領下で文部省が最初期におこなったことの一つは、学校を「平常の教科教授に復帰」（文部次官「時局の変転に伴ふ学校教育に関する件」一九四五年八月二八日発専一一八号）させることだった。

特攻部隊の基地になっていた香川県立小豆島高等女学校校舎からも軍が撤収をした。前章で登場した吉岡数子も女学校に通うようになる。九月、授業はすぐにはじまらなかったが、担任の教員から、国民学校六年の修身・国史・地理・国語の教科書を持って来るようにと言われた。「念入りに床拭きをして机・椅子を入れた教室での最初の授業」は、教科書に墨を塗る時間になった。「間違った所を消す」という教員の指示を受けて、修身・国史・地理は全頁、国語は三分の二ぐらいの頁を墨塗りした。吉岡の記憶は鮮明だ(吉岡 二〇〇二)。

それまで「日本は東洋平和のためにこの戦争をしている」「だから神の国日本は絶対に負けない」と教えられた教科書が、全部間違っていたと墨で消して初めて、もう竹槍で戦うことはないのだと思った。(中略)何時間も、否二日間に渡っていたかも知れない、手が痛くなるほど墨をすった記憶がある。(中略)墨塗りをしながら、植民地で生まれ育った異質の「少国民」の私は、手のひらを返すように豹変する教師を睨みつけていた。朝鮮や「満洲」で子どもの目から見てもおかしいと思ったことはやっぱり間違っていたのだ。国民学校の先生も女学校の先生も信じられない、どんなことがあっても教師になりたい(中略)今消していることが実はこういうことだったという内容を早く知りたい(中略)と思いながら墨塗りを続けた。途中で担任の先生に「今日はどうしてそんな怖い顔をしているのだ」と注意されたことだけをはっきりと覚えている。

吉岡がおこなった教科書の墨塗りは、文部省が敗戦後に教科書に関して全国の地方長官にあてて発した最初の指示である「終戦に伴ふ教科用図書取扱方に関する件」(一九四五年九月二〇日文部次官通牒)によるものだった(石川 一九五七)。同通牒は、追加の指示があるまで「現行教科用図書を継続使用し差支なき」ことを原則的かつ形式的には認めたうえで、つまり修身についても授業の継続を認めたうえで、左の「教材の規準」に合致する国民学校・中等学校・青年学校の全教科書の教材については「全部或は部分的に削除し又は取扱に慎重を期する等万全の注意を払」うことを各地方長官に求めていた。

イ　国防軍備等を強調せる教材

ロ　戦意昂揚に関する教材

ハ　国際の和親を妨ぐる虞《おそれ》ある教材

ニ　戦争終結に伴ふ現実の事態と著く遊離し又は今後に於ける児童生徒の生活体験と甚しく遠ざかり教材としての価値を減損せる教材

ホ　其の他承詔必謹の点に鑑み適当ならざる教材

こうした「教材の規準」に、どの教材が合致して、どの教材が合致しないかを示すため、国民学校の後期使用の国語教科書については削除すべき箇所が一覧にして示された。ここで注目しておきたいのは、同通牒においては、修身をはじめとするその他の教科に関しては削除すべき箇所が示されなかったことだ。戦前の教育課程のなかで最重要の位置を与えられていた修身の教科書について、どの教材を削除して、どの教材を残すかは、重要な問題であったはずである。文部省はその判断を、「文部省」→「地方長官」→「学校」のルートにより、地方当局以下に「丸投げ」したのだった（吉岡の女学校では、国民学校のときに使用した修身教科書をわざわざ生徒に持参させ全頁に墨を塗ったのだった）。同通牒の末尾には「全教科科目につきては追て之を指示す」との文言がおかれたが、年度内に追っておこなったのは、国民学校の後期使用の国語教科書についての追加指示と算数教科書についての指示だけだった（文部省教科書局長「国民学校後期使用図

書中の削除修正箇所の件」一九四六年一月二五日発教第一四号)。

墨を塗ることを指示する教員をまえにして、それに従った生徒たちの胸中には不信や戸惑いがひろがった。吉岡の場合、それは教員を睨みつける所作となって表れ、教員に注意されるところになり、教科書は「間違っていたのだ」という了解とともに、ながく吉岡の記憶にとどまった。こうしたことは必ずしも吉岡に限られたことではなかった。唐澤富太郎は、「終戦直後」において「児童に最も強烈な印象を与えたものが二つあった」としている。「一つは堂々と戦争賛美をしていた教師の変貌であり、次には何よりも神聖だとされていた教科書の削除であった」(唐澤 一九五六)。

占領下の教育は、「教師の変貌」と「教科書の削除」をその前景に置いて、当時の子どもの視界からはかくされていた「米政府とSCAP・CIEと文部省による戦前教育制度の全面的再編としての戦後教育改革」(戦後教育改革)を後景に置いて進められていくことになる。その全面的再編の焦点の一つが、戦前の道徳教育を支えていた諸制度への対応だった。

SCAP・CIEとは何か。一九四五年九月二二日、米太平洋陸軍総司令部(GHQ/AFPAC)に民間情報教育局(CIE)の設置がおこなわれ、SCAPに対し、公的情報・教育・宗教等の諸政策について助言をおこなうことになった。GHQ/AFPACが横浜から東京に移った直後の時期である。一〇月二日、CIEは、連合国軍最高司令官総司令部(GHQ/SCAP)に移管されたが、その目的に変更はなかった。CIEでは、そのセクションの一つである教育課が、戦後教育改革に影響を及ぼしていくことになる。CIE教育課の職員は発足時には三名の将校だったが、翌年には民間人も含め三〇人になった。CIE教育課による文部省にたいする指揮・監督には二つの方法があった。一つ目は文部省にたいする専門的な助言と提案。二つ目はSCAPにより日本政府に発せられる指令だった。後者は、法の強制をともない、根本的な問題のみに適用される方法だった(久保 二〇〇六)。

一〇月二二日、SCAPは、戦後教育改革に関する第一の教育指令となる「日本教育制度に対する管理政策に関する件」を発した(石川 一九五七)。この指令は、日本における全ての教育内容から「軍国主義的及び極端なる国家主義的イデオロギー」を排除すること、ならびに、「議会政治、国際平和、個人の権威の思想及集会言論、信教の自由の如き基本的人権の思想に合致する諸概念の教授及実践の確立を奨励すること」を日本政府に命じるものだった。「軍国主義・超国家主義の排除」と「基本的人権の尊重」が、公的に掲げられた戦後教育改革における最初の基本理念となった(第二の教育指令は教職追放、第三の教育指令はいわゆる「神道指令」だった)。

一二月三一日、SCAPは、第四の教育指令である「修身、日本歴史及び地理停止に関する件」を発した。この指令は、①「修身、日本歴史及び地理の全ての課程を直ちに中止」し、GHQ／SCAPの許可があるまで再開しないこと、②これら三教科の「教授法を指令」してきた「一切の法令、規則又は訓令を直ちに停止」すること、③これら三教科の教科書の「改訂案を立て」てGHQ／SCAPに提出することを日本政府に命じるものだった。①から③は、戦後教育改革とりわけその教育課程改革における最初の基本方針となった。

戦後教育改革とは、一面ではこれらの基本理念や基本方針に強く規制されながら、別の一面では驚くほどにねばり強い力を発揮した戦前教育制度を改革から擁護しようとする動きにも規制されて、すすめられていくものだった。戦後教育改革における第一義的な推進主体は米政府とSCAP・CIEと文部省だったが、以下の二つの組織があったことにもふれておこう。

一つは、SCAPの米政府への要請により、米国の教育関係者二七人によって構成された第一次米国教育使節団である。一九四六年三月五日に来日し、三一日にSCAPに提出した「米国対日教育使節団報告書」には、一般大衆と特権階級に別の型の教育を用意してきた複線型教育制度を単線化すること、国による教育内容への統制を制限すること、高度に中央集権化された教育行政を地方分権化することなどの提言が盛られ、「戦前の日本の教育全般の在り方を根底から変革する方向を勧告するもの」(久保 二〇〇六)となった。

二つは、一九四六年一月九日のSCAPの日本政府への指令により、第一次米国教育使節団に協力するために日本の教育家二九人によって構成された日本側教育家委員会である(委員長 南原繁・東京帝国大学総長)。二月七日に発足し、使節団と文部大臣に「教育勅語に関する意見」ほかを提出した。同委員会を母体とする後継の組織が、八月一〇日の「教育刷新委員会官制」(勅令第三七三号)により内閣総理大臣の所轄のもと「教育に関する重要事項の調査審議」をおこなった教育刷新委員会である(初代委員長は元文部大臣・安倍能成《よししげ》で、一九四七年一一月より南原繁、一九四九年六月に教育刷新審議会に改称)。一九五二年六月に廃止されるまで内閣総理大臣に三五回の建議をおこなった。「官制」には規定されていなかったが、教育刷新委員会には連絡委員会がおかれ、CIE教育課は、「教育政策形成に関する協議、調整を任務としたこの連絡委員会の運営を通じて教刷委の自主的政策決定を指導・監督」(古野博明「教育刷新委員会」久保ほか 二〇〇二)した。

文部省においては、右の一、二の教育専門家組織による報告書や建議をふまえながら、国会に提出する法案の作成と省令・通牒ほかの策定を進めていった。その実務を担った一人が内藤譽三郎である（この時期に内藤譽三郎が担った実務の多くがCIE教育課との折衝だった。一九四五年一〇月一五日、大臣官房文書課に配属されると内幸町のNHK東京放送会館にあったCIE教育課に日参して折衝に当たった。内藤は、一九四六年二月二日、米国教育使節団事務局業務部長に任命され、来日した使節団にも対応をおこない、八月一〇日、教育刷新委員会の発足と同時に同委員会幹事にも任命された。一二月一一日、学校教育局員を兼務し「学校教育法案」の作成にも携わっていく）。米政府とSCAP・CIEによる圧倒的な影響力のもとではあったが、文部省をその実務主体として、戦前の道徳教育を支えていた諸制度に対しても、廃止措置を含む大幅な再編が、一面においては徹底的に、別の一面においては不徹底なかたちで、実施されることになる。その複雑な全体像は、以下に論じる四つの柱（第2～5節）によって整理することができる。

2　教育勅語から教育基本法へ――「抜け道」1

第一は、文部省と国会（第九二帝国議会）が、教育勅語にかえて、教育基本法（一九四七年三月三一日法律第二五号）によって教育目的をあらためて定めたことだった。

右の措置により、教育勅語は、教育目的および道徳基準についての最重要の文書としての位置を失った。しかし、それは同時に、戦後教育改革に「抜け道」や「火種」を用意して、その後の日本の教育現場に愛国心教育の復活を許していくものでもあった。その事実は、教育基本法第一条に規定された教育目的から確認できる。

教育は、人格の完成をめざし、平和的な国家及び社会の形成者として、真理と正義を愛し、個人の価値をたつとび、勤労と責任を重んじ、自主的精神に充ちた心身ともに健康な国民の育成を期して行われなければならない。

戦後、「多くの教育関係者」が、この教育目的にふれて、「そこにおいてのべられている内容はいずれもが近代的教育観を基礎としたもので、教育勅語における教育観とは対照的である」と考え、「そこに本法の民主的意味をみとめて」きたことが指摘されている（持田栄一「教育基本法」日本近代教育史事典編集委員会一九七一）。

しかし、いま、誰が教育目的の決定をおこなったのかという視点から、教育勅語と教育基本法の比較をおこなってみると、前者が君主の著作物として宣示され、後者が立法を通じて施行されたという、明瞭な差異が認められることとあわせて、つぎのことを指摘できる。それは、いずれにおいても、官僚による主導で教育目的の決定がおこなわれ、それが全国における教育のあり方を規制していくという、前者と後者をつなぐ連続性が認められることだ[1]。国による教育目的の決定の継続であり、これが戦後教育改革の「抜け道」1となる。この「抜け道」1に関しては、さらに二つの問題を整理しておく必要がある。

一つは、教育勅語と教育基本法が規定した教育目的の内容に関しても、両者の連続性を認める発言が、文部大臣により重ねられていたことだ。一九四七年三月一四日、文部大臣・高橋誠一郎は、第九二帝国議会衆議院教育基本法案委員会での教育基本法案審議において、委員・永井勝次郎（日本社会党）の質問に応じて、「私も教育勅語とこの教育基本法との間には、矛盾と称すべきものはないのではないかと考えておるのであります」と発言している。ここで審議された教育基本法案は、三月四日の閣議で原案が決定され、枢密院で一部修正の上、帝国議会に提出されたもので、その政府案通り可決されていく。三月一九日、高橋文部大臣は、同議会貴族院本会議における佐々木惣一の質問に対しては、愛国心教育にまで踏み込んで、両者の連続性をつぎのように述べていた。

此《こ》の法案の中には、教育勅語の良き精神が引継がれて居りまするし、又不十分な点、表現の不適当な点も改めて表現せられて居ると考へるのであります。〔中略〕敢《あえ》て之《これ》〔教育勅語〕を廃止すると云ふ考は存しないのでございます〔中略〕人格の完成、軈《やが》て是《これ》が亦《また》祖国愛に伸び、世界人類愛に伸びて行くものと考へるのであります。

教育基本法の「人格の完成」が「軈て是が亦祖国愛に伸び」ていくことを、同法制定の直前の時期に文部大臣が述べていたことの意味は重大だった。教育勅語と教育基本法の内容の連続性については、その要の位置にある重要な概念が、教育基本法における「人格の完成」だったからである。教育基本法に「人格の完成」が盛られたことの問題性を、久保義三がつぎのように指摘している（久保 二〇〇六）。

一般的には、「人格」の概念は、「道徳的行為の主体としての個人」（『広辞苑　第七版』）と理解されよう。このように「人格」の概念は、倫理的範疇においてとらえるものである。したがって、その概念を具体的に展開していくとなると、道徳に実体的また内実的な表象を与えなければならなくなるのは必至である。そして人間の道徳的存在としての最高形態には神を画《えが》かざるをえなくなる。しかし、その瞬間から神々の闘争を覚悟しなければならなくなることは必定である。これが、個人間、集団間で争われている限り、さして問題はない。だがひとたび国家が法律によってそれを確定しようとすれば、ほかの神々は異端として排除されるであろうことは歴史の過程が示すところである。

当初、教育刷新委員会の「教育の理念および教育基本法に関すること」(一九四六年一一月二九日)では「人間性の開発」とされていたのを、教育基本法案(一九四七年一月三〇日)において「人格の完成」に修正することを強硬に主張したのは文部大臣・田中耕太郎だった(2)。

教育基本法案の策定に携わった辻田力(文部省調査局長)と田中二郎(文部省参与・東京大学教授)が監修した教育法令研究会『教育基本法の解説』(一九四七年)は、「人格の完成」概念につぎのような解釈を与えていた。「人格の完成とは個性の伸長・完成」であるが「完成ということは、あるべき姿、完全性ということを予想する概念」である。したがって人格の完成とは「人間の諸特性、諸能力をただ自然のままに伸ばすことではなく、普遍的な基準によって、そのあるべき姿にまでもちきたすことでなければならない(3)」。この「人格の完成」概念が、後に愛国心教育復活の「火種」になっていく。

二つは、米政府とSCAP・CIEと文部省による教育勅語への対応が、「はっきりと定まらない状態」(米田俊彦「あとがき」教育史学会 二〇一七)が長く続いたことだ。

米政府とSCAP・CIEが早期に方針を示すことができなかったのは、SCAPが占領目的の達成と対ソ戦略上の必要から「日本統治の安定化のため昭和天皇の権威を利用する途《みち》を占領初期から選び」(久保 二〇〇六)とっていたからである。天皇制存置問題と教育勅語への対応は表裏の関係にあった。とくにSCAP・CIEは、教育勅語に対しては積極的に失効や禁止の指令を出すことを最後までおこなわなかった。米政府とSCAP・CIEが早期に方針を示さなかったことは、戦後日本の教育界の一部に教育勅語の擁護論や存続論を成立させることにつながり、文部省による教育勅語への対応を遅らせることにもなった。

米政府がはじめて明確な教育勅語否定の方針を定めたのは、国務・陸軍・海軍三省調整委員会(SWNCC)が一九四六年九月二六日に承認した「日本教育制度改訂のための政策」の修正版(SWNCC—一〇八／二)においてだった(久保 二〇〇六)。「修身および倫理の教科目は、普遍的道徳および宗教教授であって、勅語に基づくべきではない。これらの教科も勅語も皇室の威光を強めたり、あるいは軍国主義および超国家主義の概念を鼓吹するために利用されてはならない」。この方針が出されるまでに敗戦から一年以上を要した。

教育勅語にたいする文部省による戦後はじめての施策は、一〇月八日に文部次官が発した通牒「勅語及詔書等の取扱について」だった(石川 一九五七)。

勅語及詔書等の取扱について(一九四六年一〇月八日　発秘第三号)

標記の件に関して往々疑義をもつ向もあるから左記の通り御了知の上御措置相成《あいな》り度《た》い。

一、教育勅語を以て我が国教育の唯一の淵源となす従来の考え方を去つて、これと共に教育の淵源を広く古今東西の倫理、哲学、宗教等に求むる態度を採るべきこと。

一、式日等に於て従来教育勅語を奉読することを慣例としたが、今後は之を読まないようにすること。
一、勅語及詔書の謄本等は今後も引続き学校に於て保管すべきものであるが、その保管及奉読に当つては之を神格化するような取扱をしないこと。

翌九日、文部省は「国民学校令施行規則の一部改正」（文部省令第三一号）により、「四大節」（紀元節・天長節・明治節・一月一日）における学校での儀式の内容規定から教育勅語奉読ほかを削除することをおこなった（国民学校は教科と儀式の二領域による教育課程構造だった）。しかし、これらは、教育勅語の排除でも失効でもなく「きわめて消極的、不徹底な措置」（久保 二〇〇六）であり、国会における教育勅語の存続論を許していくことにもなった。文部大臣・高橋誠一郎は、一九四七年三月二〇日、第九二帝国議会貴族院教育基本法案特別委員会の答弁において「無論あの中（教育勅語の中）には立派な教へが含まれて居るのでありますから、之を十分活用なさり善用なさることには何等の支障ないことと考へて居るのであります」と述べている。

日本の国会両院が、ＧＨＱ／ＳＣＡＰの民政局（ＧＳ）国会政治課の課長Ｊ・ウイリアムズらの指示によって、教育勅語の排除と失効を確認する決議をおこなったのは、敗戦から三年を経ようとする一九四八年六月一九日だった。衆議院の「教育勅語等排除に関する決議」は、教育勅語が「今日もなお国民道徳の指導原理としての性格を持続しているかの如く誤解されるのは従来の行政上の措置が不十分であったがためである」ことを指摘し、教育勅語を「排除し、その指導原理的性格を認めないことを宣言」するものだった。あわせて、教育勅語の「根本理念が主権在君並びに神話的国体観に基いている事実」を指摘し、その排除がおこなわれなければ「明かに基本的人権を損い、且《か》つ国際信義に対して疑点を残すもととなる」としていた。

しかし、衆参両院決議においては、かつて教育勅語が教育界に及ぼした影響について、具体的な事実にもとづく反省の言葉は一語もなかった。

3　修身の廃止――「抜け道」2

第二は、文部省が、「国民学校令」「国民学校令施行規則」にかえて、「学校教育法」「学校教育法施行規則」によって小学校における教科目と教育課程構造をあらためて定めたことだった。

右によって、日本教育史における修身の廃止が法令措置として確定することになり、あわせて、教科と儀式の二領域による教育課程構造を終焉させることになった。しかし、それは同時に、文部省に教科目と教育課程構造の決定を継続させて、その後の日本の教育現場に独立教科による道徳教育の復活を許すことになる「抜け道」2を用意するものでもあった。その事実は、「学校教育法」と「学校教育法施行規則」の関係規定から明らかにできる。

学校教育法（一九四七年三月三一日　法律第二六号）

第二章　小学校

第十七条　小学校は、心身の発達に応じて、初等普通教育を施すことを目的とする。

第十八条　小学校における教育については、前条の目的を実現するために、左の各号に掲げる目標の達成に努めなければならない。

一　学校内外の社会生活の経験に基き、人間相互の関係について、正しい理解と協同、自主及び自律の精神を養うこと。

二　郷土及び国家の現状と伝統について、正しい理解に導き、進んで国際協調の精神を養うこと。

三　日常生活に必要な衣、食、住、産業等について、基礎的な理解と技能を養うこと。

四　日常生活に必要な国語を、正しく理解し、使用する能力を養うこと。

五　日常生活に必要な数量的な関係を、正しく理解し、処理する能力を養うこと。

六　日常生活における自然現象を科学的に観察し、処理する能力を養うこと。

七　健康、安全で幸福な生活のために必要な習慣を養い、心身の調和的発達を図ること。

八　生活を明るく豊かにする音楽、美術、文芸等について、基礎的な理解と技能を養うこと。

〔中略〕

第二十条　小学校の教科に関する事項は、第十七条及び第十八条の規定に従い、監督庁が、これを定める。

〔中略〕

附則

第九十三条　この法律は、昭和二十二年四月一日から、これを施行する。〔後略〕

第九十四条　左に掲げる法律及び勅令は、これを廃止する。

〔前略〕国民学校令〔後略〕

第百六条　〔中略〕第二十条〔中略〕の監督庁〔中略〕は、当分の間、これを文部大臣とする。〔後略〕

学校教育法施行規則（一九四七年五月二三日　文部省令第一一号）

第二十四条　小学校の教科は、国語、社会、算数、理科、音楽、図画工作、家庭、体育及び自由研究を基準とする。

〔中略〕

附則

第八十一条　この省令は、昭和二十二年四月一日から、これを適用する。

第八十二条　左に掲げる省令は、これを廃止する。

国民学校令施行規則〔後略〕

あらためて確認しておきたいのは、「学校教育法」附則第九四条が「国民学校令」（修身を規定）を廃止し、「学校教育法施行規則」第二四条が小学校の教科目を「国語」にはじまり「体育及び自由研究」まで列挙して規定することによって、修身の廃止を決定づけたことである。SCAPによる一九四五年一二月三一日の指令「修身、日本歴史及び地理停止に関する件」が日本政府に命じたのは、修身・日本歴史・地理の停止であり、廃止ではなかった（SCAPは一九四六年の六月と一〇月に地理と日本歴史の再開を許可していた）。長く筆頭教科として君臨した修身は、ここにはじめてその廃止が法令的措置として確定した。

つぎに確認しておきたいのは、「学校教育法施行規則」の附則第八二条が「国民学校令施行規則」(儀式を規定)を廃止し、第二四条が列挙した小学校の教科目の末尾に「自由研究」を規定したことだった。これは結果として、従前における教科と儀式の二領域による教育課程構造を、教科と自由研究の二領域に改めることになった。先述した一九四六年一〇月九日の「国民学校令施行規則の一部改正」は、「四大節」における儀式から教育勅語奉読ほかを排除するものだったが、「四大節」に何らかの儀式(「祝賀の式」)をおこなう規定については残していた。省令上は戦後も残置されていた儀式は、ここにはじめてその終結が確定し、あわせて自由研究を教育課程構造の一つとして位置づけることになった。

だが、いま、誰が教科目と教育課程構造の決定をおこなったのかという視点から、「国民学校令」「国民学校令施行規則」と「学校教育法」「学校教育法施行規則」を比較してみると、前者が勅令と省令により教科目と教育課程構造を決定し、後者が法律「学校教育法」第二〇条によりそれらの決定を地方機関である「監督庁」に委任することを原則にしたという(「監督庁への委任」)、明瞭な差異が認められることとあわせて、つぎのことを指摘できる[4]。それは、まず、「学校教育法」第一八条に八項目の目標をおき、かつて「国民学校令」に教科目を規定していたことを代位させ、第二〇条に「第十八条の規定に従い」の文言をおくことで、「監督庁への委任」がフリーハンドではなく、八項目の目標に因るべきことを明示し(「八項目目標しばり」)、そのうえで、附則第一〇六条を置き、第二〇条「監督庁」について、「当分の間、これを文部大臣とする」と規定することにより(「監督庁の読み替え規定」)、国による教科目と教育課程構造の決定を継続させるものだったことである。それらの決定を具体化したのが省令「学校教育法施行規則」の第二四条だった。かつて「教育に関する重要の勅令」の改正には、枢密院における審査が不可欠だったが、省令の改正には省内の手続きがあればよい。教科目と教育課程構造の決定について、文部省は、戦前よりも大きな自由度を手に入れたともいえる。これが戦後教育改革の「抜け道」2の仕組みである。

「抜け道」2は、戦後教育改革においてCIE教育課が主導した「法律主義と地方分権」の理念（荻原一九九六）を、文部省が、一面においては受容しつつ、それを別の一面では「行政裁量と中央集権」の理念（同前）から退けるなかでつくられたものとみなすこともできる。荻原克男によれば、「法律主義と地方分権」の理念に共通して流れているのは「教育は国民のものであり、それゆえ教育は地方の事務・地方の責任であるという論理」であり、「行政裁量と中央集権」のそれは「教育が国の事務・国の責任であるという論理」であるとされる。あえて図式的に整理してみると、文部省は、教科目と教育課程構造の規定のあり方に関しては、かなりの程度まで、「行政裁量と中央集権」の理念を、その法規の実質において貫いたといえる。ただし、こうした図式的な整理だけでは、なぜ、CIE教育課が「法律主義と地方分権」の理念を骨抜きにする「抜け道」2の開通を許容しえたのか、あるいは、なぜ、文部省が、かなりの程度まで、「行政裁量と中央集権」の理念を貫くことができたのか。それらについては、明らかにしたことにはならない。

そこで以下では、「学校教育法」立法過程における文部省作成の諸法案を時系列で並べることにより、事実の整理を試みてみることにしたい。「抜け道」2は、いつ、いかなる経緯からつくりだされたのか。

一九四六年

八月二二日　学校教育法要綱案※

一〇月二七日　学校教育法要綱案※
一二月二四日　学校教育法要綱案※
一二月二八日　学校教育法案要綱※

一九四七年

一月一四日　学校教育法案※
一月一五日　学校教育法案※
一月一七日　学校教育法草案※※〔国立公文書館所蔵〕〔同日　閣議提出〕
二月一八日　学校教育法案※〔辻田力氏旧蔵文書〕
　学校教育法案※〔坂元彦太郎氏旧蔵文書〕
〔同日　総司令部との間に学校教育法要綱案が確定〕
二月二七日　学校教育法案〔閣議再提出〕
三月七日　学校教育法案〔三月七日　閣議決定〕
〔三月八日　法案帝国議会への提出の件、枢密院に諮詢《しじゅん》〕
〔三月一一～一二日　枢密院審査委員会〕
〔三月一三日　政府、枢密院諮詢中の法案を訂正〕
〔三月一五日　枢密院会議可決〕
三月一七日　学校教育法案〔第九二回帝国議会提出〕
〔三月二〇日　衆議院本会議、原案通り可決〕

〔三月二七日　貴族院本会議、原案通り可決〕
〔三月三一日　学校教育法公布〕
※　名古屋大学教育学部　教育行政及び制度研究室　技術教育学研究室『学校教育法成立史関係資料』一九八三年所収
※※　久保義三『新版　昭和教育史　天皇制と教育の史的展開』東信堂、二〇〇六年所収

右の諸法案を「教科目の規定のあり方」について整理すると四期に区分できる。第一期は、「学校教育法」に関する「最初のまとまった草稿であるとみられる」(佐々木　一九八三)一九四六年八月二二日案の段階。ここでは教科の規定がない。

第二期は、「命令への委任」が構想された一〇月二七日案の段階。第一五条として「小学校の教科、教科用図書に関する事項、教則及編成は命令の定めるところによること」がおかれる。「学校教育法」において教科目の規定はおこなわないが、別に文部大臣が発出する命令において教科目の決定をおこなおうとするものであり、「行政裁量と中央集権」の理念が、ストレートに出された段階である。

第三期は、「法律による規定」が主張された段階。まず、一二月二四日案では、第一二条として「小学校の教科は、国語、社会、算数、理科、音楽、美術、工作、家庭、体育及び自由研究とする」がおかれ、以後の案でも、教科を列挙することが続けられた。閣議に提出された一九四七年一月一七日案においても、第二四条に「小学校の教科は、国語科、社会科、算数科、理科、音楽科、美術科、家庭科、体育科及び自由研究とする」がおかれた。「法律による規定」は、形式的には、教科目と教育課程構造の決定を国会の

審議に委ねるものであったが、その法案の作成者は文部省であり、実質的には、教科目と教育課程構造の決定を、「行政裁量と中央集権」の理念の枠内でおこなおうとするものだった。

第四期は、「法律による規定」から「監督庁への委任」への転換が図られた段階。その起点が、二月一八日案であり、その関係条文はつぎのようだった。

学校教育法案（一九四七年二月一八日）〔辻田力氏旧蔵文書〕

第二章　小学校

第二十一条　小学校は、教育基本法の趣旨に則り、児童心身の発達に応じて、初等□な普通教育を施すことを目的とする。

第二十二条　小学校における教育は、右の目的を実現するために、左の諸目標の達成に努めなければならない。

一　学校の内外における社会生活の経験に基き、人々の相互の依存関係について正しい理解と態度とを養い協同と自律の態度を養う。

二　郷土及び国の伝統と現状について、正しい理解と態度とを養い、進んで国際協調の精神を養う。

三　人間の生存と社会の存立に欠くことのできない衣・食・住・交通・産業などについて、基礎的な理解と技能とを養□。

四　日常生活に必要な国語を正しく理解し使用する能力を養う。

五　日常生活における数量的な関係を、正しく理解し処理する能力を養う。

六　自然界並びに社会における諸現象を科学的に観察し処理する能力を養う。
七　心身の調和的な発展を助け、健康、安全、幸福のために必要な習慣を養う。
八　□□を明るく豊かにする音楽、美術、文芸、運動競技などについて基礎的な理解と技能とを養う。
〔中略〕
第二十四条　小学校の教科は第二十一条及び第二十二条の目的に応じ監督庁これを定める。
〔中略〕
附則
第百十二条　〔中略〕第二十四条〔中略〕の規定に定める監督庁は、当分の間、これを文部大臣とする。

右案には、「法律による規定」から「監督庁への委任」への転換がみられることとあわせて、それ以前の案にはみられなかった「八項目目標しばり」と「監督庁の読み替え規定」がすでにおかれている。右案により、つまり一九四七年二月一八日の段階において、「抜け道」2は、その形を整えたものとみなしてよいだろう。二月一八日案はどのようにしてつくられたのか。法案作成者と研究者による言及にはつぎのものがある。

内藤譽三郎は、「とにかく議会に提出すべき法律案は〔一九四七年〕一月一五日迄に内閣法制局に要綱を提出することになつていた。正月の休暇も殆ど休まず、とにかく要綱を予定の期日迄に内閣に提出した。かくて漸《ようや》く二月一八日総司令部との間に要綱案が確定した」と著書に記している〔内藤　一九四七〕。内藤によれば、二月一八日までに総司令部と文部省による「要綱案」の確定がなされたとされる。

久保義三は、「学校教育法案の起草過程で、CIE教育課が正式にその検討に入ったのは、一九四七(昭和二二)年一月一五日であった」と記しており、その一月一五日の会議では、CIE教育課から「トレイナー、オズボーン、ウイグルスワース、ボールズ女史、デル・レ、そして文部省から日高学校教育局長、稲田同次長、松井、米原、坂本および内藤の各事務官が出席」をして、「今後毎日、午後一時三〇分から一時間、この会議の開催」をおこなうことが決定したという。「CIE教育課は、一月一五日以降、二月一八日まで約一カ月間、文部省担当官と連日にわたって、学校教育法草案を検討」(久保 二〇〇六)したとされる。

内藤と久保の言及からは、二月一八日案がCIE教育課と文部省の協議をへたものだったことを確認できる[5]。では、その協議において、CIE教育課と文部省は、それぞれいかなる役割を果たしたのだろうか。第三五条に「中学校の教科は国語科、社会科、数学科、理科、体育科、音楽科、美術科及職業科とすること」をおいていた段階の案(一二月二八日案が相当)にたいして、「CIEの意見を直接にしめし」(佐々木 一九八三)ている資料として“Comments on Proposed School Education Low Chapted III”がある(名古屋大学教育学部 教育行政及び制度研究室 技術教育学研究室 一九八三)。同資料の第三五条へのコメントを手がかりに考えてみたい。

中学校の教科目についてその全てあるいはその一部を法律で規定すべきとすることには疑問の余地がある。合衆国のほとんどの州が教育課程基準の一部を法律で規定している。そのことは教育課程の編成者にとっておおきな障壁となることを証明してきた。国会に教育課程基準を提案する権限を文部省に与えたら、教育課程に関する実質的な統制を文部省に継続させることになるだろう。この意見は相当に一般的なものであるが、結論としていかなる特定の条文にもこれらの教科目の内容を統制する権限を与えるべきではない。

ＣＩＥ教育課は、すでに一二月二八日案の段階において、教科目については法律で規定すべきではないとの考えを持っていたことがわかる。もし教科目について規定した法案を用意する権限を文部省に与えたなら「教育課程に関する実質的な統制を文部省に継続させる」ことになる。ＣＩＥ教育課は、そうした観点から、協議に臨み、一月一七日案においてもまだ続けられていた「法律による規定」という方向性を否定し、それに終止符を打つ役割を果たしたのではないか。

では、「監督庁への委任」「八項目目標しばり」「監督庁の読み替え規定」は、ＣＩＥ教育課と文部省のどちらから提起されたものだったのか。このうち「八項目目標しばり」については、これを協議の場において提起してＣＩＥ教育課の合意をとりつけたのは、文部省側だったと私は推論している。[6] その推論の根拠は、法案策定にあたった内藤譽三郎が、第一七条、一八条、二〇条、一〇六条について、一九四七年八月刊行の『学校教育法解説』において、つぎのように論じていることにある（傍線は引用者）。

第一七条は小学校の目的を規定したものである。ここで先ず問題になるのは、普通教育とは何であるかということである。憲法第二六条は「すべて国民は、法律の定めるところにより、その保護する子女に普通教育を受けさせる義務を負ふ。」と規定し、教育基本法第四条は「国民は、その保護する子女に、九年の普通教育を受けさせる義務を負う。」と規定し、何《いず》れも普通教育が何であるかということについては何等触れるところがない。従つて普通教育とは何ぞやということは学校教育法においてはじめて明らかにされなければならない問題である。普通教育とは専門教育に対して、一般的な基礎的教育を意味するのである。更に普通教育は種々な程度を含んでいる。小学校における初等普通教育とは、児童の心身の発達に応じた初等程度のものということになる。しかし更に具体的な普通教育の内容は教科として規定されるのである(第二〇条参照)。

第一八条は、第一七条の目的を実現するためのより具体的な目標を規定したものである。小学校の教科は学校教育法施行規則で国語、社会、算数、理科、音楽、図画工作、体育及び自由研究を基準とすると規定されているのであつて、第一八条各号の目標は一応これらの教科の内容と対応しているが、正確に何号は社会科の目標を示しているものであるとはいえないので、各号の目標は相互に関連しているのである。大体のことをいえば、一号から三号までは社会科、四号は国語科、五号は算数科、六号は理科、七号は体育科、八号は音楽科及び図画工作に対応しているといえる。従来の国民学校令のように、教科を法律に一々列挙しなかつたのは、教育内容の画一化を避けて、如何なる教科を教えるかを都道府県監督庁に一任しようという立法の趣旨に基くものである。勿論第二〇条の規定によつて、小学校の教科は第一七条及び第一八条の基準に従わなければならないものである。かくて多彩な教科の中に一つの統一性が形成されることが予想せられるのである。単に多彩なものにとどまるならば、国民として受けなければならない初等普通教育としての意義を失うであろう。この第一八条は身辺の社会生活、自然現象等の中から教育の手掛りを見出して、高い教育理想にまで至ろうとする理念に満たされているが、教育基本法第一条とも関連して充分味読されなければならないであろう。最後に一言すると第二〇条の監督庁は第一〇六条の規定によつて当分の間文部大臣とされている。

内藤は右の文の中で、「監督庁への委任」については、一つ目の傍線を引いたところでしか論じていない。「監督庁の読み替え規定」についても、二つ目の傍線を引いたところでしか論じていない。だが、「八項目目標しばり」については、内藤は、なぜそれが必要で、それがどう機能するべきかについて、多くを論じている。

内藤の論は、①まず、憲法と教育基本法が普通教育について規定しながらその定義がないことを指摘することからはじまる。②そこから、「学校教育法」において小学校の普通教育について定義を与えることの必然を引き出し、「小学校の目的」規定を正当化する。③「更に具体的な普通教育の内容」については教科目として「規定されるのである」とする断定をおこなう。④ただし、CIE教育課側の判断により「学校教育法」に教科目の規定が許されないことをふまえ、それを代位するものとして八項目目標を位置づける。⑤この八項目目標により、監督庁による教科目の決定にしばりをかけて、⑥さらに、この八項目目標について、「高い教育理想にまで至ろうとする理念に満たされている」として、「教育基本法第一条とも関連して充分味読」することを教育界に求めるものだった。八項目目標による「人格の完成」である。

この八項目目標の意味については、「国民学校令」(一九四一年二月二八日勅令第一四八号)第四条が国民学校初等科の教科目をつぎのように規定していたことと比較することで見えてくるところがある。なぜ起草者は第一号から三号の三つの目標を社会科という一つの教科に対応させていたのか。

教科（科目）

国民科（修身、国語、国史、地理）、理数科（算数、理科）、体錬科（体操、武道）、芸能科（音楽、習字、図画、工作、裁縫）

「学校教育法」の起草者が念頭に置いていたのは、「国民学校令」における右の教科目規定だったと思われる。第一号に修身、第二号に国史、第三号に地理、第四号に国語、第五号に算数、第六号に理科、第七号に体操と武道、第八号に音楽・習字・図画・工作・裁縫を対応させておくことによって、「国民学校令」における教科目規定（その筆頭は修身だった）をその実質において継承することが意図されていたとみるべきではないか。「八項目目標しばり」については、ＣＩＥ教育課があみだした規定というより、国による教科目の決定を継続させることを意図していた文部省がひねりだした規定ととらえるのが妥当だろう。

占領が終わってからは、内藤は、「監督庁への委任」と「監督庁の読み替え規定」についても、多くを語るようになる。(7)

ともかく彼等〔ＣＩＥ教育課〕の徹底した地方分権で、権限を全部教育委員会へおろせというのです。そうしたら教育行政はバラバラになってしまう。そこで学校教育法では、監督庁という言葉で司令部をだました。そして後になって、文部大臣がやらなければならないことは全部文部大臣とし、地方に任せてよいものだけ府県におろした。ともかく当分の間コレとコレは文部大臣の権限であると附則に書いた。

その辺までは司令部も応じてくれた。さもなければ文部省の権限など吹きとんでしまった。

この述懐には注目すべき点が四つある。一つは、両者の協議がCIE教育課による「権限を全部教育委員会へおろせ」という基本方針のもとでおこなわれていたと述べていることだ。

二つは、もし右の基本方針が貫かれたときには「教育行政はバラバラになってしまう」「さもなければ文部省の権限など吹きとんでしまった」と述べていることだ。文部省による法案作成の意図を、実務担当者の言葉で明らかにしたものといえる。

三つは、「監督庁という言葉」と、「当分の間コレとコレは文部大臣の権限であると附則に書いた」ことが、文部省側の提案だったと述べていることだ。内藤によれば、「監督庁への委任」と「監督庁の読み替え規定」は、そのいずれもが、文部省側の提案によるものだったことになる。

四つは、「その辺までは司令部も応じてくれた」と述べていることだ。なぜ、司令部は、「監督庁への委任」と「監督庁の読み替え規定」に「応じてくれた」のか。これには、司令部と文部省による協議の合意がおこなわれた日付の前日、二月一七日の段階で、「地方教育行政法案」が、第九二回帝国議会提出予定法案の中で成立の見込みのないCクラスの法案に位置づけられたことによる影響が考えられる。(8) 文部省が同議会で成立を目指していた「教育基本法」「学校教育法」「地方教育行政法」からなる教育三法は、「地方教育行政法」を欠落させた教育二法として成立することになり、「地方教育行政法」により規定されるはずだった「都道府県教育委員会」(=「監督庁」)の発足は先送りとなったからである(「地方教育行政法案」は一九四八年に「教育委員会法」として制定される)。発足していない「監督庁」に教科目の決定を「委任」することはできない。「監督庁の読み替え規定」は、少なくとも翌一九四八年に「教育委員会法」が成立するまでの期間、CIE教育課にあっても現実的な対応策の一つと考えられたはずである。

二月一七日の段階で「地方教育行政法案」がCクラスに位置づけられた理由について、井深雄二は二点を指摘している。まず、内務省が「教育委員会は望ましくない」という基本的立場を表明して反対していた。「四月選挙」を控えて第九二帝国議会の法案の数を切り下げ国会の早期終了を目指していた閣内の圧力と相まって、文部省に法案の提出を断念させる力となった。つぎに、GHQ／SCAP内部の意見の不統一もあった。「CIEが法案作成のための示唆を文部省に与えるに当っては、GS（民政局）とESS（経済科学局）との同意を不可欠としていた。そして、当時、地方自治法案の立案に関与していたGSは、教育委員会制度の確立に消極的態度をとって」（井深 一九八一）いた。

ここまで、「抜け道」2について、それが二月一八日案により形を整えたものであること、そこには、CIE教育課と文部省の両者の意向が反映されていたこと、そのほかいくつかの点についても推論も交えて論じてきた。まだわからないことも多い。はっきりとしているのは、教科目と教育課程構造の決定をめぐる「抜け道」2が、その後の歴史の歩みのなかでフル稼働したことだ。

4　教育課程の内容と授業時数をめぐって――「抜け道」3

第三は、文部省が、「国民学校令施行規則」にかえて、「学習指導要領 一般編（試案）」（一九四七年三月二〇日翻刻発行）により、教育課程の内容と授業時数のあり方をあらためて示したことだった。「学習指導要

領　一般編(試案)」が発行されたことについて、平原春好はつぎのように述べている(平原春好「学習指導要領　総説」久保ほか 二〇〇一)。

学習指導要領が発行されるようになったのは、第二次世界大戦後の一九四七年からであり、アメリカのコース・オブ・スタディがモデルである。

「学習指導要領　一般編(試案)」については、右の指摘のほかにも、「社会科の新設、家庭科の誕生、自由研究時間の設置」により注目されるものだったこと(加藤地三「学習指導要領」日本近代教育史事典編集委員会 一九七一)、「教師が教科課程を自ら研究していく『手びき』として刊行され」たこと(平原「学習指導要領　総説」)、その発行が「各地方、各学校で積極的に教育課程の構成をはかろうとする動き」を活発化させ「全国にいわゆるカリキュラム・ブームをまき起こ」したことが指摘されており(岡津守彦「教育課程　第二次大戦後」日本近代教育史事典編集委員会 一九七一)、総じて、戦後教育改革の諸理念を具体化させてきた文書であることが論じられてきた。

だが、いま「米政府とSCAP・CIEと文部省による戦前道徳教育の再編」という視点から「学習指導要領　一般編(試案)」が発行されたことの意味を整理してみると、二つの側面が浮かび上がってくる。

修身の内容の継承と「社会科による道徳教育」

第一の側面とは、修身の内容の継承と「社会科による道徳教育」のはじまりである。「学習指導要領一般編（試案）」は、一九四七年度から実施される小学校の「国語、社会、算数、理科、音楽、図画工作、家庭科、体育及び自由研究」について、「これまでと違っているのは（中略）従来の修身・公民・地理・歴史がなくなって、新しく社会科が設けられたこと」であることをまず指摘し、そのうえで従前の修身と新設の社会科の関係をつぎのように記している。

この社会科は、従来の修身・公民・地理・歴史を、ただ一括して社会科という名をつけたというのではない。社会科は、今日のわが国民の生活から見て、社会生活についての良識と性格とを養うことが極めて必要であるので、そういうことを目的として、新たに設けられたのである。ただ、この目的を達成するには、これまでの修身・公民・地理・歴史などの教科の内容を融合して、一体として学ばれなくてはならないので（学習指導要領社会科編参照）それらの教科に代わって、社会科が設けられたわけである。

右文は、社会科の目的を「社会生活についての良識と性格とを養うこと」と押さえて、この目的を達成するには、従前の修身の内容を「公民・地理・歴史などの教科の内容」と融合・一体化させて学ぶべきとしていた。修身にかえて、社会科を通じて道徳教育を進める構想である（「社会科による道徳教育」）。

では、「社会科による道徳教育」とはいかなるものだったのか。一般編につづいて同年五月五日に発行された「学習指導要領　社会科編（一）（試案）」の記述を引いておこう。まず、戦前の生活においては、「各個人の人間としての自覚、あるいは人間らしい生活を営もうとするのぞみ」が「国家とか家庭とかの外面的な要求」に圧迫されたために、かえって「さまざまな不自然なこと、不道徳なことが生じて」いたという。つぎに、「修身や歴史、地理などの教授において見られた大きな欠点」について、「事実やまた事実と事実とのつながりなどを、正しくとらえようとする青少年自身の考え方あるいは考える力を尊重せず、他人の見解をそのままに受けとらせようとしたこと」だったと指摘している。「これはいま、十分に反省されなくてはならない」。なぜなら、「そのわざわいの結果は、今回の戦争となって現われたといってもさしつかえない」からだった。そのうえで、「社会生活がいかなるものかを理解させ、これに参与し、その進展に貢献する能力態度を養う」ことを「教育全体の仕事」と押さえて、その中心に社会科を位置づけている。注目すべきは、戦前の「修身・公民・地理・歴史・実業等の科目」についても、こうした「教育全体の仕事」に直接「携わって来た」とする認識を示しており、それら旧科目を必ずしも全面的に否定はしていなかったことだ。それら旧科目が「青少年の社会的経験そのものを発展させることに重点をおかない」で、ともすれば、「知識を青少年にのみこませること」に終始したことを改めて、「青少年の現実生活の問題を中心として、青少年の社会的経験を広め、また深めようとする」ことが目指されていた。

これらは、米政府とＳＣＡＰ・ＣＩＥと文部省による修身への対応を、二つの点から「決着」させることになる重要な意味をもつ記述だった。

一つは、修身を独立教科として再開させる動き、すなわち「修身による道徳教育再開」を目指す動きを終結させたことである。修身の廃止を法令措置として確定させたのは一九四七年三月三一日の「学校教育法」附則第九四条と五月二三日の「学校教育法施行規則」第二四条だったが、「学習指導要領」はそれらに先だって出されていた。

二つは、修身を新たな「公民教育」の一部として再開させる動き、すなわち「公民教育による道徳教育」を目指す動きを「社会科による道徳教育」に帰結させたことである。

両者の経過を略述しておこう。「修身による道徳教育再開」を目指す動きの起点は、一九四五年一二月三一日にSCAPが日本政府に発した「修身、日本歴史及び地理停止に関する件」と、同指令にもとづき一九四六年一月一一日に発された文部次官通牒「修身、国史、地理科授業停止に関する件」(発学八号)だった(石川 一九五七)。同通牒は、三教科の即時停止を指示することとあわせて、「代行教育計画に資する」ために、文部省作成の「教師用指導書」を供給することと、「修身、国史、地理に関する暫定的教科書」を一九四六年度から「使用せしむる」ことを予定として示していた(9)。

修身、国史、地理科授業停止に関する件(一九四六年一月一一日　発学八号)

一　左記諸学科に関しては代行計画に付き何分《なにぶん》の指示ある迄夫々《それぞれ》授業を即時停止すること

1　国民学校に於ける　国民科修身、国史、地理〔2〜7と二〜六は略〕

七　停止せられたる課程の代行教育計画に資するため本省に於て目下教師用指導書を可及速かに供給の見込を以て準備中にして又修身、国史、地理に関する暫定的教科書は今年の新学期より使用せしむる予定を以て進捗中なるに付《つき》御了知置相成度《あいなりたき》こと

戦後における「公民教育による道徳教育」を目指す動きの起点は、一九四五年一〇月一日の文部省による公民教育刷新委員会(委員長 戸田貞三・東京帝国大学教授)の設置だった。一二月、同委員会は「公民教育刷新に関する答申」第一号を提出し、従来の修身と公民科を結合して新たな「公民科」を設けることを提

起している。

やがて、右二つの動きは合流することになる。修身についての代行教育計画が、①まず『国民学校　公民教師用書』と『中等学校青年学校　公民教師用書』の編纂による「公民教育」の実施を暫定措置としておこなうことを目指すようになり、②そのうえで修身を再開することが文部省により考えられるにいたった。その事実を、文部省が一九四六年夏に作成した『中等学校青年学校　公民教師用書』の草稿におけるつぎの記述から知ることができる（草稿の執筆にあたったのは勝田守一図書監修官だった）。「もちろん修身の授業の停止は、新しい計画に従って、授業再開の準備が完成するまでの、暫定的な方策である」。

だが、こうした文部省の考えは、ＣＩＥ教育課によって否定され、「社会科による道徳教育」が頭をもたげてくる。同年八月一三日、ＣＩＥ教育課の少佐Ｗ・オズボーンは、右の草稿の記述にたいして修正指示をおこなった。「この全段落は、誤って説明されている。そのような特別教科としての修身教授が再開されるということはありえないことである」。オズボーンは、修身が再開されることを強く否定し、その上で、草稿の書き換え案をつぎのように示した（久保 二〇〇六）。

> 独立教科としての修身教育は、恐らく再開されないであろう。個人の行為は、社会集団の一員としての生活に密接に関係しているので、行為の発達に関係するすべての諸経験は、社会科教育課程の一部として考えることが出来る。

この書き換え案を受けて一九四六年一〇月五日に刊行された文部省『中等学校青年学校　公民教師用

書』の文言はつぎのようになった。

個人は共同社会の一員であり、その行為は社会生活と切り離すことができないのであるから、道徳教育は、すなはち社会生活における行為の発展を目ざすものと考へられる。そこで、今後は道徳教育は公民科をも含む「社会科」といふやうな学科の一部分となるやうに研究されるであらう。そのやうに見るならば、将来は独立の教科目としての「修身」は恐らく再開されないで、新たに「社会科」といふ学科が設けられ、新しい方向に道徳教育が改革されるであらうと予想することができる。

修身の廃止と社会科の新設を方向づけた文部省の公文書として、右の文言のもつ意味は大きい。その後、右文にあった修身の廃止と社会科の新設という方向性を、戦後教育課程において具体化し、かつ確定したのが「学習指導要領　一般編(試案)」だった。

国による教育課程の内容と授業時数の決定の継続

第二の側面とは、教育課程の内容と授業時数について、文部省による決定を実質的に継続させたことである。これが戦後教育改革の「抜け道」3となる。その事実は、「学校教育法」「学校教育法施行規則」「学習指導要領　一般編(試案)」の関係規定から明らかにできる。

学校教育法(一九四七年三月三一日　法律第二六号)

第二十条　小学校の教科に関する事項は、第十七条及び第十八条の規定に従い、監督庁が、これを定める。

附則

第百六条　〔中略〕第二十条〔中略〕の監督庁〔中略〕は、当分の間、これを文部大臣とする。〔後略〕

学校教育法施行規則（一九四七年五月二三日　文部省令第一一号）

第二十五条　小学校の教科課程、教科内容及びその取扱いについては学習指導要領の基準による。

学習指導要領　一般編（試案）（一九四七年三月二〇日　翻刻発行）

第3章　教科課程

二　小学校の教科課程と時間数

このような必要から昭和二十二年度から実施されることになった小学校の教科と、その時間の配当はつぎのようである。〔後略〕

まず確認しておきたいのは、かつて「国民学校令施行規則」が「第1章　教則及編成」と「第一号表」ほかにより教育課程の内容と授業時数を規定したのにたいして、その後継の省令である「学校教育法施行規則」では教育課程の内容と授業時数についての直接の規定がなくなっていることだ。ただし、「学校教育法施行規則」には第二五条がおかれて「小学校の教科課程、教科内容及びその取扱い」を「学習指導要領の基準」に委ねており、「学習指導要領　一般編（試案）」には案として教育課程の内容と授業時数が記載された（同要領では教科課程の語が使われているが、実質的には教育課程の内容と授業時数が記載されていた）。これらによって、教育課程の内容と授業時数について、省令による規定から文部省発行の「学習指導要領（試案）」による案の提示への転換がはかられている。

ここで問題にしなければならないことが三つある。一つは、この一九四七年の段階では、「小学校の教科課程、教科内容及びその取扱い」の基準となるべき「学習指導要領」の作成者は、原則的には教育委員会と考えられていたことだ（「教育委員会による教育課程基準としての学習指導要領作成の原則」）。このため文部省による「学習指導要領　一般編」は、あくまでも試案として発行されて、そこに記載された教育課程の内容と授業時数についても確定事項ではないことが明確にされていた。

二つは、右のことにもかかわらず「教育委員会による教育課程基準としての学習指導要領作成の原則」は十分には具体化されなかったことだ。「教育課程の基準を各県の教育委員会において作成するという方針に対して、各県教委は、当時、十分にそれに対応して、その指導をすすめる条件」（稲垣　一九七二）をもたなかった。その間、文部省による「学習指導要領（試案）」の発行が重ねられた。一九四七年度に文部省が発行した小・中・高各教科の「学習指導要領（試案）」は二〇篇に及んでいる。全国の学校は、概ねのところ、それらの「学習指導要領（試案）」に記載された教育課程の内容と授業時数そのままに教育課程を組むことが多く、実態的には「文部省による教育課程基準としての学習指導要領作成の原則」の下地がつくられつつあった。「抜け道」3は、文部省による「学習指導要領（試案）」の発行と全国における学校のその受容によって、いわばなし崩しにつくられた側面がある。だが、この段階においては、まだ当初の原則は掲げられ続けていた。

三つは、これより後の段階では、文部省は当初の原則を放棄して一九五八年には「文部省による教育課程基準としての学習指導要領作成の原則」に転換するのであるが、そうした方向転換を可能にする規定がすでにこの一九四七年の段階で用意されていたことだ。それが「学校教育法」第二〇条である。先述したように同条は、教科目と教育課程構造の決定を監督庁に委任したうえで、附則第一〇六条の「監督庁の読み替え規定」によって国による教科目と教育課程構造の決定を継続させた規定である（「抜け道」2の構成要素）。だが、それと同時に第二〇条の条文は、「小学校の教科に関する事項」を「教科目と教育課程構造」に局限することなく「教育課程の内容と授業時数」（「国民学校令施行規則」の教則の規定が対応）にまで拡大解釈する余地を含ませることによって、後者の決定についても監督庁への委任を可能にする規定になっていた。つまり、第二〇条は、「教育課程の内容と授業時数」の決定をまずは監督庁に委任したうえで、つぎに附則第一〇六条の「監督庁の読み替え規定」によって国に移譲していく規定でもあったのである。「抜け道」3は、「学校教育法」第二〇条によって、きわめてわかりづらい形でその「開通」がはかられていたことになる。

この「抜け道」3は、「米国の州政府による学習指導要領の作成」をモデルにした「教育委員会による教育課程基準としての学習指導要領作成の原則」という理念を、文部省が、一面においては受容しつつ、それを別の一面では「行政裁量と中央集権」の理念から退けるなかでつくられたものとみなすこともできる。

「抜け道」3は、いつ、いかなる経緯からつくりだされたのか。この謎に迫るためには、いま一度「学校教育法」の立法過程をたどり直す必要がある。先に掲げた諸法案（九一〜九三頁参照）を小学校の教則の規定のあり方について整理すると、五期に区分できる。

第一期は、一九四六年八月二二日案の段階。ここでは小学校の教則についての規定がない。

第二期は、一〇月二七日案の段階。ここでは第一五条に「小学校の教科、教科用図書に関する事項、教則及編成は命令の定めるところによること」がおかれた。条文中の「教則及編成」は、「国民学校令施行規則」の「第1章　教則及編成」（その「第2節　教科及科目」「第三条」には「国民科修身は教育に関する旨趣に基きて国民道徳の実践を指導し児童の徳性を養ひ皇国の道義的使命を自覚せしむるものとす」の規定がおかれていた）が教育課程の内容と授業時数および複式学級の編成を規定していたことを念頭に置いたものとみてよいだろう。この段階では、小学校の教則を、教科、教科用図書に関する事項、編成とあわせて「命令への委任」により定めることが構想されていた。「行政裁量と中央集権」の理念が、ストレートに出された段階である。

第三期は、一二月二四日案以降の段階。ここでは第一二条に「小学校の教則、編成及び設備は、命令の定めるところによる」がおかれた。この段階では、小学校の教則を、編成、設備とあわせて「命令への委任」により定めることが構想されていた（教科、教科用図書に関する事項は「法律による規定」に変更された）。この段階でも、「行政裁量と中央集権」の理念が、まだストレートに出されている。

第四期は、「命令への委任」から「監督庁への委任」への転換が図られた二月一八日案の段階（「辻田力氏旧蔵文書」）。その関係条文はつぎのようなものだった。第二六条「小学校の教則・編成及び設備は、監督庁がこれを定める」。この段階では、附則においた「監督庁の読み替え規定」とあわせて、小学校の教則を、編成、設備とともにそれらの決定権を「文部省に委任」することが明示されていた。

第五期は、右の二月一八日案から第二六条が削除され、これにともない第二四条への加筆がおこなわれ、「監督庁への委任」から「監督庁へのわかりづらい委任」への修正が施された段階である。前掲した『学校教育法成立史関係資料』に「学校教育法案（昭二、二、一八）」の一つとして収録された案（「坂元彦太郎氏旧蔵文書」）における削除と加筆の書き込みが、この修正の過程を生々しく伝えている。

第二十四条　小学校の教科は〔に□する事□□〕第~~廿~~十八条及び第~~廿~~十九条の目的に応じ監督庁これを定める。

~~第二十六条　小学校の教則・編成及び設備は、監督庁がこれを定める。~~

注目されるのは、第二六条の削除と第二四条への加筆が同時におこなわれたことである。加筆がおこなわれる前の第二四条は、「小学校の教科」についての「監督庁への委任」規定だったが、これに、「に□する事□□」（に関する事項）を加筆することにより、小学校の教則、編成、設備についての「監督庁への委任」規定としても読めるようにしたのではないか。「監督庁へのわかりづらい委任」の構想である。附則においた「監督庁の読み替え規定」とあわせて、小学校の教則を、編成、設備とともにそれらの決定をわかりづらい形で「文部省に委任」することが目されたのではないか(10)。

第四段階における「監督庁への委任」への転換と、第五段階における「監督庁へのわかりづらい委任」への修正は、ＳＣＡＰと文部省による、連日に及んだ協議がもたらしたものだったと考えてよいだろう。

この協議において、ＳＣＡＰ・ＣＩＥ教育課は、小学校の教則のあり方に関して、いかなる役割を果たしたのだろうか。第三七条に「中学校の教則、編成及設備は命令の定めるところによること」をおいていた段階の案（一二月二八日案が相当）にたいして、ＣＩＥの意見を示している資料として、先に引いた“Comments on Proposed School Education Low Chapted III”がある。同資料の第三七条へのコメントを手がかりに考えてみたい。

これはきわめて曖昧であらゆる種類の解釈のもとにおくものだ。行政上の統制を文部省に残す試みに思われる。

ＣＩＥは、学校教育法案の協議に先立って、すでに一二月二八日案の段階において、教則、編成、設備について「命令による委任」の規定を置くべきではないとの考えを持っていたことがわかる。もしそれを法案に残したならば「行政上の統制を文部省に残す試み」を許すことになる。ＣＩＥは、そうした観点から、協議に臨み、一月一五日案においても続けられていた法案における「命令への委任」という方向性を否定し、それに終止符を打つ役割を果たしたのではないか。

では、第四段階における「監督庁への委任」への転換（これには「監督庁の読み替え規定」が伴う）と、第五段階における「監督庁へのわかりづらい委任」への修正（これにも「監督庁の読み替え規定」が伴う）は、ＣＩＥと文部省のどちらから提起されたものだったのか。

先に引いた内藤譽三郎の述懐によれば、「監督庁への委任」と「監督庁の読み替え規定」も文部省側からの提起となる。「監督庁へのわかりづらい委任」への修正についてはわからない。

いずれにせよ、制定された「学校教育法」においては、小学校の教則(すなわち教育課程の内容と授業時数)のあり方は「監督庁へのわかりづらい委任」となって決着する。「監督庁の読み替え規定」によりこの「わかりづらい委任」を受けた文部省では、「学校教育法施行規則」に第二五条の規定をおいた。第二五条の規定を置くこととあわせて、実際に「学習指導要領(試案)」の発行を重ねることで、文部省は教育課程の内容と授業時数に関する決定を実質的に続けたのだった。

5　継続された学籍簿――「抜け道」4

第四は、文部省が、「国民学校令施行規則」にかえて、「学校教育法施行規則」と学校教育局長通達「小学校学籍簿について」により小学校学籍簿の様式案を示したことだった。

右によって、学籍簿から修身の評定欄が消える。しかし、それは同時に、文部省に子どもの評価のあり方についての決定を実質的に継続させて、その後の指導要録に愛国心や道徳の評価の再開を許すことになる「抜け道」4を用意するものでもあった。その事実は、「学校教育法施行規則」、学校教育局長通達「小学校学籍簿について」と、そこに添付された小学校学籍簿(様式案)から明らかにできる。

学校教育法施行規則(一九四七年五月二三日　文部省令第一一号)

第三十六条　校長は、別に定める様式によつて、児童の学籍簿を編製しなければならない。

小学校学籍簿について(一九四八年一一月一二日　発学五一〇号　学校教育局長通達)

〔略〕

小学校学籍簿(様式案)

〔略〕

まず確認しておきたいのは、小学校学籍簿(様式案)の「学習の記録」欄に、教科として国語、社会、算数や自由研究がおかれることによって、ながく学業成績の評定欄の筆頭におかれていた修身の廃止を決定づけたことだ。学籍簿による修身の評価は敗戦後の一九四五年度末にも文部省が実施を求めていたことが知られている(文部省学校教育局長「国民学校及中等学校学籍簿の取扱に関する件」一九四六年二月二〇日　発学第八五号)。ＳＣＡＰによる修身停止の指令は一九四五年の第二学期末だったため、文部省は修身ほかの学籍簿上の取り扱いについて、一九四五年度に限り「第一学期及第二学期の成績を勘案し評定記入すること」を全国の学校に求めたのである。一九四六年度以降は学籍簿による修身の評価も停止されたものと思われるが、一九四八年度に入りようやく出されたのが右の小学校学籍簿(様式案)だった。あわせて確認しておくべきなのは、学校教育局長通達「小学校学籍簿について」につぎの文言がおかれたことだ。

今般かねて研究中の小学校の学籍簿の案ができたので、これを送付する。これにもとづき、地方ならびに学校の特殊性に応じて、適宜記入事項を変更もしくは附加されても差支えない。

かつて学籍簿は、省令にその様式が明記されることにより、その内容に修正を及ぼすことは許されなかった。右の通達が、「小学校の学籍簿の案」を示して「地方ならびに学校の特殊性」をみとめて「適宜記入事項を変更もしくは附加されても差支えない」と明記したことの意味は大きかった。

だが、いま、誰が子どもの評価のあり方についての決定を実質的に続けたのかという視点から、「国民学校令施行規則」と、「学校教育法施行規則」・学校教育局長通達・小学校学籍簿（様式案）を比較してみると、前者が省令により学籍簿の様式を確定し、後者が通達により様式案を示して地方ならびに学校に様式の確定を委ねたという明確な差異がみとめられることとあわせて、つぎのことを指摘できる。

一つは、「学校教育法施行規則」第二六条の文言は、「国民学校令施行規則」第七八条の文言「国民学校長は第四号表の様式に依り児童の学籍簿を編成すべし」と近似しており、省令の規定にもとづき、文部省が校長に学籍簿の編成を義務付けることが続けられたことである。

二つは、小学校学籍簿（様式案）では、「学校教育法施行規則」第二四条が規定した教科目に対応させて「学習の記録」欄を定めるものとなったことである。勅令「国民学校令」から省令への変更はあるが、国が行政命令により規定した教科目に学籍簿を対応させようとした点は戦前と同じだった。

三つは、小学校学籍簿（様式案）には、「行動の記録」欄がおかれたことである。「国民学校令施行規則」第四号表の「性行概評」欄は学年ごとに一欄だったのにたいして、「行動の記録」欄は学年ごとに二三項目からなるＡ欄、三項目からなるＢ欄、二項目からなるＣ欄および所見欄からなった。Ａ欄の項目には

表 7　戦後教育改革の「抜け道」とその再編(小学校)

「抜け道」	1947〜1948 年	1958 年	2006〜2007 年
1　国による教育目的の決定の継続	1947 教育基本法第 1 条		2006 教育基本法第 1・2 条(「抜け道」1′)
2　国による教科目と教育課程構造の決定の継続	1947 学校教育法第 17・18・20・106 条 ※ 1947 学校教育法施行規則第 24 条		2007 学校教育法第 21・29・30・33 条 2007 学校教育法施行規則第 50 条(「抜け道」2′)
3　国による教育課程の内容と授業時数の決定の継続	1947 学校教育法第 20・106 条 ※ 1947 学校教育法施行規則第 25 条 1947 学習指導要領(試案)	(左同) 1958 学校教育法施行規則第 24 条の 2・25 条 1958 学習指導要領(告示)(「抜け道」3′)	(旧法第 20 条は第 33 条に) (旧規則第 24 条の 2・25 条は第 51・52 条に)
4　国による評価のあり方の決定の継続	1947 学校教育法施行規則第 36 条 ※※ 1948 小学校学籍簿について(通達)		(旧規則第 12 条の 3 は第 24 条に)

※ 学校教育法第 106 条は 1999 年地方分権一括法により廃止
※※ 学校教育法施行規則第 36 条は 1953 年省令改正により第 12 条の 3 になる

「ひとを尊敬する」「責任を重んずる」「きまりを理解して守る」「勤労を喜ぶ」など、道徳基準に関わる項目が多数みられた。

「学校教育法施行規則」第三六条をふまえて小学校学籍簿(様式案)の作成をおこなったのは、一九四七年九月に文部省におかれた学籍簿改正委員会だった。この委員会では、「占領軍司令部の指導のもとに」研究を続けて、「学籍簿の教育的意義を明らかにして、学籍簿の様式案、その取扱いなどを改善するとともに、児童生徒の指導法に関する研究を進めて、児童生徒の指導のための手引書をも編集」して、翌年の「小学校学籍簿について」と小学校学籍簿（様式案）の発出にいたった（近藤・福島 一九九二）。管見のかぎり、かつて学籍簿が一九〇〇〜四六年の時期に果たした役割を事実にもとづいて検証し、そこから教訓を汲むことはおこなわれていない。

戦前教育の検証を欠落させたまま、「国民学校令施行規則」の流れを汲む「学校教育法施行規則」を法的根拠として、修身の評定欄の撤廃と国による様式決定の廃止をおこないつつも、様式案の発出を通じて評価のあり方についての決定を文部省が継続する。この基本構図は、一九四九年に文部省が「学籍簿の名称並びにその取扱について」（九月二二日文初初第一号初等中等教育局長通達）を発して小学校学籍簿の名称が児童指導要録に変更されても変わらなかった。

なお、右に遅れて一九五〇年一〇月九日に「学校教育法施行規則」の一部改正がおこなわれ（省令第二八号）、第三六条における「別に定める様式によつて、」を削り「学籍簿」を「指導要録」に改めることもおこなわれた。

6　現場における社会科と生活のなかの道徳

ここでふたたび教育現場に目を転じておきたい。修身のなくなった新学制下における教育を、教員たちはどのように受け止めて、どのように担ったのか。戦時下に生まれて戦後に育った子どもたちにとって、道徳はいかなる意味をもつようになったのか。

新学制二年目の一九四八年四月、山形県の山元村の山元中学校に新卒の教員として無着成恭《むちゃくせいきょう》が着任した。

無着は、山形県南村山郡本沢《もとさわ》村菅沢《すげさわ》で一九二七年三月三一日に生まれたが、内田宜人より一年おそく生まれたことにより、軍への召集を免れた世代の頭に位置していた。山形県立山形中学校を卒業して山形師範学校に進み、敗戦時は一八歳だった。無着もはじめは「虚脱状態」のなかにあった。後年にふりかえって無着はつぎのように述べている(「岩波文庫版あとがき」無着 一九九五)。

「天皇陛下のために死ぬことが、悠久の大義に生きることだ」この言葉が旧制中学を卒業するまでの一八年間、ことあるごとに聞かされたのです。ところが突然、「死ななくともよい」ということになったのです。それが敗戦です。「えっ」と思いました。死ぬことが生きることだという考え方しかたたきこまれていませんから、「死ななくともよい」と急に言われても、生き方がわからなくなったのです。日本人のほとんどがそうでした。

だが、無着は、多くの人たちとくらべて「一瞬」だけ「早く」、「天皇のために死ななくともよくなったということは、自分のために死んでもよいという時代になったのだ」と気がついていく。

それは私が禅寺に生まれ育ったことと無縁ではないと思います。学校で「わたしたちは天皇陛下の赤子です」とならって、それを父に言うと「いや、ほとけさまの子だ」というのです。学校の軍国主義教育に対して家庭の仏教主義教育のようなものが私に作用していました。だから虚脱状態の中で、「今からは自分の生き方は自分で考える時代になったのだ。学力とは、自分を生かすための選択力であり、判断力なのだ。その力を子どもにつけてやるのが教育なのだ。テストの点数ではないのだ」――そんなふうに気がついたのです。

山元中学校において、無着が担任した生徒たちは、一九三五年度に生まれた四三人だった。はじめ生徒たちは、教員や世のなかにたいする不信の念にとらわれていた。生徒の一人である佐藤藤三郎が記している（佐藤藤三郎「答辞」無着　一九九五所収、以下の生徒の作文の出典も同じ）。

私たちが中学校にはいるころは、先生というものを殆ど信用しないようになっていました。私たちは昭和一七年（一九四二）の四月、小学校の一年生にはいったのです。戦争が終わったのは昭和二〇年（一九四五）の八月です。私たちは小学校の四年生でした。先生というのはぶんなぐるからおそろしいものだと思っていたのが、急にやさしくなったので、変に思いました。そのころから急に、「勝手だべ。勝手だべ。」という言葉がはやり出しました。お父さんの煙草入れなどいじくりプカプカ煙草などふかしたりしました。お父さんなどに見付けられてしかられると、「勝手だべ。」といって逃げて行く子になってしまったのでした。先生から「掃除をしろ。」などといわれても、「勝手だべ。」といって逃げていくのでした。〔中略〕私たちが中学校にはいったのは昭和二三年（一九四八）です。そのころは、すこし落付いていましたが、それでも、「勝手だべ。」などという言葉は、なおっていませんでした。

こうした生徒をまえにして、無着は、「ほ、ん、も、の、の教育をしたいという願い」をもった。気をつけていないと、戦後の教室でも、ただ教科書をつかって授業をするだけでは、生徒たちに「ウソ」を教えることになりかねないからだった。たとえば、無着と生徒が手にした戦後の国定教科書『社会科四　日本のいなかの生活』(文部省)には、「村にはふつうには小学校と中学校がある。この九年間は義務教育であるから、村で学校を建てて、村に住む子供たちをりっぱに教育するための施設がととのえられている」と書かれていた。だが、「現実には、地図一枚もなく、理科の実験道具一かけらもなく、かやぶきの校舎で、教室は暗く、おまけに敗れた障子から吹雪がぴゅうぴゅうはいって来る教室で、先生のチョーク一本をたよりに教育がいとなまれているのであり、村当局は(中略)学校が教科書の条件をみたす何十分の一の資力も」なかった(「あとがき――子どもと共に生活して」無着　一九九五)。

ここで無着は、同じ教科書の「まえがき」に書かれていたつぎの言葉に着目をする。「この教科書は、わが国のいなかの生活がどのように営まれてきたか、その生活に改善を要する方面としてはどんなことがあるかを、学習するに役立つように書かれたものである」「いなかに住む生徒は、改めて自分たちの村の生活をふりかえって見てその欠点を除き、新しいいなかの社会をつくりあげるよう努力することがたいせつである」。これらの言葉について、無着は、それを鵜呑みにするのではなく、これらの言葉の意味と眼前の子どもたちの現実をくらべて、「ずいぶん悩み、考え」ることを続けた。やがて無着は、村山俊太郎や国分一太郎らによる山形における教育実践の歴史についても学び直し、これからの教育のやり方として、「綴方《つづりかた》を利用」していくことを決めていく。綴方とは、「子どもたちのまわりをとりまいている自然や社会や人間のすがたを、つぶさに観察させ、そこから、さまざまな事物についての見方や考え方を、次第に育てていく」(国分一太郎「解説」無着　一九九五)教育のやり方だったが、無着はそれを利用することで、「現実の生活について討議し、考え、行動までも推し進めるための綴方指導」(「あとがき――子どもと共に生活して」無着 一九九五)へと進んだ。「生活を勉強するための、ほんものの社会科をするための綴方」への開眼であり、それは実際に教室で取り組まれていった。ひとりの生徒は、学校に通うことができない生活の現実を作文にした(石井敏雄「すみ山」)。

私はまいにち学校にもゆかず、すみ山にゆきました。私は「みんなのように学校にゆけたらな」とおもっているときがたびたびあるのです。

別の生徒も「炭やき」の仕事を見つめて作文を書いたが、そこには、戦後の生活にも戦争が影を落としている現実が書きとめられた(江口江一「木きり」)。

炭を焼くには、まず原木が必要である。原木は三〇年ぐらいのが一番よいといわれている。墨釜は、毎年、毎年原木を追って山奥へ山奥へとはいって行く(中略)この間裏のおじさんと、隣の人が語っていた。

「おい。来年はどの山を切るかな?」

「もう切る山がないなあ。困ったもんだ。三〇年輪ばつが戦争でめちゃくちゃになってしまったからだ」

「そうだそうだ。なんぼ若くとも、一五年ぐらいの山でも切らんなねな」

「切れば下流では洪水おきるというし、切らねば俺たちが死んでしまうしな」
「全くだ、全くだ」

子どもが山村の生活の現実を見つめると、そこに矛盾が見えてくる。その矛盾をまえにして、教室では討議が重ねられた。そこでは、安直に結論に飛びついたり、民主主義、あるいは、封建遺制の克服といった価値観を(それ自体は重要な意味をもつにしても)教員が「上から」教え込んで終わりにすることは抑制されていた。生徒が書きとめている(門間きみ江・門間きり子「なんでも聞く子供」)。

〔前略〕先生が、「今まで集まったの、どんなぐあいだ。」ときいた。そしたら義憲が、「あだな(あんなの)、先生教えていたのと反対なのが多いや。」といった。先生がまた、「なにが反対や。」ときいた。「先生が『なんでもハイハイということを聞く子供は、封建的な子供でわるい子供だ。』とおしえていたべ(いたでしょう)。あいつ、『なんでもハイハイということをきく子供はよい子供だ』というところへいっぱい○をつけているぜ。」といった。「それから『百姓は、本なんかよむひまがないのはあたりまえだ。』というのにも○をつけているぜ。」といった。このことでみながやがやになり、「ほんてん、ンだべか(ほんとに、そうだろうか)。」などと議論して、次のようなことが、黒板にかかれた。
(1)ラジオなんか聞いていたり、本なんか読んでいたりすると「わらじでもつくれ」とごしゃかれる(しかられる)。〔(2)〜(4)は略〕
(5)ハイハイとなんでもきく子供は封建的な子供だというけれども、ハイハイときかねば生活がますます苦しくなるから、ぜひともきかんなねんだ(きかねばならない)。

この五つだった。先生はだまって黒板を見ていた。

このとき無着にとっては、「なんでもハイハイということをきく子供」を育ててはいけないということが、教育にかける信条の一つになっていた。この信条は、無着が、敗戦の「虚脱状態」から抜け出すなかでつかみ取った生活のなかの道徳の萌芽ともいうべきものだった。だから、無着は、生徒の言葉「ハイハイときかねば生活がますます苦しくなる」に直面したときにも、それに反対する自身の考えを頭から生徒に押しつけるのではなくて、その生徒の言葉が書きとめられた黒板の文字を、まずだまって見ていたのではないだろうか。

このとき教室では、無着がつかみ取りつつあった生活のなかの道徳と、子どもたちが直面していた生活のなかの現実がぶつかりあっていた。そこでは、教員と子どもが、生活のなかの現実を無視するのではなくて、そこから、あらためて生活のなかの道徳をつかみ取っていく取り組みにも、手がかけられていた。教育勅語に書かれた国定の道徳基準を子どもたちに教え込もうとしていた戦前教育を、教育基本法の教育目的や戦後教科書の教育内容を子どもたちに教え込むことにより置き換えていくというような、多くの教員が陥りがちで、かつ、多くの子どもたちから不信を招くことになったやり方とは、一線を画した取り組みが着手されていた。

国分一太郎は、「無着のしごとの教育的意義」を論じた文の冒頭で、「現実の事物のこまかい観察と凝視、それにもとづいてだけ、『ある考え』や『感じ』をつくり出していく下からの思考方法、認識の発達のための初歩の方法」が「うまく使いこなされている」ことを指摘している。「戦後日本の教育では、ともすれば空虚な言辞をろうする子どもをつくった（特に社会科などで）のであるが、無着の学級で、それがあまりみられないのは、ここに根拠があるのである」（国分一太郎「解説」無着 一九九五）とも述べている。こうした国分の言葉は、戦前の修身であれ、戦後の社会科であれ、国定の目的や内容を教え込むことによる子どもへの弊害の指摘として、また、そうした弊害を克服していくための鍵を生活の現実の直視が握っていることへの示唆として、今日あらためて参照されるべきだと思う。

無着の学級では、「天皇陛下は戦争犯罪人であるとか、いやそうではないなどと新聞に出」たときに、「戦死した父のことが思い出されてき」た生徒がいた。その生徒が書いた作文はつぎの内容だった（江口俊一「父の思い出」）。

〔父が戦争にいった〕昭和一九年、私は一〇歳だった。そのころは、兵隊に行くことなんかあたりまえなことで、「名誉の出征」などといってお祝いさえしたのだった。〔中略〕いよいよわかれるというとき、「家を何分よろしくたのむ。」〔中略〕などといったのが頭のどこかに残っているような気がする。考えてみると、家に、としとった、ずんつぁ（おじいさん）、ばんちゃん（おばあちゃん）のほかに、働き手としては、お母さんだけを残してゆくわけだったから、心配だったのではないだろうか。

翌年、日本は戦争に負けるが父は帰ってこない。さらに二年が過ぎたときのことを作文は記している。

みんな父のかえりを待っているところへ舞いこんだものは、昭和二二年〔一九四七〕の秋、「戦死をした」という一片の電報だけだった。〔中略〕家内中みんなが「ちきしょう」と思った。しかし、誰に「ちきしょう」といえばよいのかわからなかった。

その後に「一月一三日、一〇時までに山形の専称寺まで骨をとりにこい」という通知がきたこと、「しっかり持っていなくちゃいけない」と思いながら骨箱をかかえて雪道をかえってきたことが綴られる。家で骨箱をあけてみると、「骨なんか、かけらもはいっていなくて」、位牌が一つはいっていたきりだったこと、一九四八年春に葬式をあげたことへと記述が続く。

そのころ「天皇陛下からきたんだ。」といって、役場で盃を持って来て仏壇にあげた。そのとき、弟が「とうちゃんば（を）ころして、さかずきなのよこしてたて（ても）だめだ。」といって泣いた。それをきいて、お母さんは、あわてたようにして「これこれ、そんなことといってはだめだ。」などといって一生懸命なだめていたことが私の頭にこびりついている。〔中略〕じっさい、弟や妹は父の顔さえ知らない。弟は三歳のとき、妹は六歳のとき、私は一〇歳のとき父にわかれたのだ。だから、父の思い出といっても、私さえよっく（十分に）かけない。私たち兄弟は、「お父さんがいてほんとによかった。」というよろこびをしらないのだ。

最後にこの作文はつぎの言葉で結ばれる。

しかし、そんなことをいつまでもぐたぐたいっていてもしかたのないことだ。それに私のような立場におかれている人が日本にはうんとたくさんいることを思うと、もっとべつなこと、それは、私たちが、私たちのお父さんのような目にあって私たちの家族を不幸な目にあわせてならないのではないかということが考えられてくる。ほんとうは、お父さんは、戦争になんか行きたくなかったんだと思う。自分の生活や、家のことをほんきで考える人は、だれも戦争に行くのなんかいやなことはあたりまえだと思っている。

この作文を書いた江口俊一は一九三六年二月二二日に生まれた。作文の末尾には一九五〇年二月一〇日の日付があるから、一四歳の誕生日を前にして書かれた作文だったことがわかる。この作文は、子どもの立場から、自らの生活の事実を整理することを起点にして、戦前の道徳基準「天皇崇拝の愛国心による従軍」を検証する課題にも、その手前までせまるものだった(本書第5章第4節参照)。

一九五〇年一一月、無着とふたりの生徒、江口江一と佐藤藤三郎が東京にでかけた。江口の作文「母の死とその後」が日本教職員組合と教科書研究協議会主催の全国作文コンクールで中学生作文の全国一となり、文部大臣賞をもらうためであり、級長の佐藤もそれに同行した。このときの文部大臣は天野貞祐《ていゆう》である。三日の授賞式の会場は千代田区一ツ橋の日本教育会館だった。会場で無着が感じたことが二つあった(「あとがき――子どもと共に生活して」無着 一九九五)。

一つは小学生作文の全国一となった愛知県の児童とくらべて、江口の背が五センチほども小さかったことだ。そのとき無着は、「背中に重い物をのせて働いているということが、これ程人間の成長に影響するものなのかと、びっくりして、涙がにじみ出て」きた。山元村の子どもは「中学一年ぐらいから、殆ど大人と同じくらいの肥料を背負って一里もある山道を登りおり」しているのだった。

もう一つは、授賞式でおこなわれた講演のなかで講師の柳田謙十郎が、「近代の道徳は温順でも忍耐でもない。抵抗である。抵抗である」と叫んだとき、万雷のような拍手が湧き起こったことだった。日本の教育界の片隅では、道徳という言葉が、かつての国による道徳とは異なった響きをもつ言葉として受け取られつつあった。このとき柳田が「近代の道徳」や「抵抗」という言葉に何を込めようとしていたのかについては後述することにしたい。

第４章　復活した国定の道徳教育
――一九五八年「道徳の時間」特設

1　「道徳の時間」特設

一九五八年三月一八日、文部省は、一片の文部事務次官通達「小学校・中学校における『道徳』の実施要領について」(文初初第一八〇号)を発して、「道徳の時間」の特設を唐突にすすめようとした(現代日本教育制度史料編集委員会　一九八六②)。この通達は小中学校につぎのことを求めるものだった。二週間後にはじまる新年度の教育課程において毎週一時間の「道徳の時間」を特設すること。その授業を学級担任の教員に担当させること。通達別紙「小学校『道徳』実施要綱」に記された「指導内容」三六項目と同別紙「中学校『道徳』実施要綱」に記された「内容」二一項目を子どもに教えることである。小学校の第三五項目はつぎのようだった。

　日本人としての自覚をもつて国を愛し、国際社会の一環としての国家の発展に尽す。

これらは戦後における道徳教育のあり方に、根本的な変更をもたらそうとする施策だった。

第一に、戦後の道徳教育においては、道徳基準の国定とそれに依拠した教育は廃止されてきたが、「小学校『道徳』実施要綱」と「中学校『道徳』実施要綱」の策定と公表は、それらを明示的に復活させるものだったこと。

第二に、戦後の道徳教育においては、国定の道徳基準の一つに愛国心を位置づけそれを教育することも廃止されてきたが、「小学校『道徳』実施要綱」はそれを復活させるものだったこと（一九五一年「学習指導要領　一般編（試案）」に愛国心が盛られていたが、それは道徳基準としてではなく「教育の一般目標」としての位置づけだった。本書一六五〜一六六頁参照）。

第三に、戦後の道徳教育においては、独立教科による道徳教育は廃止され、一九四七年からは「社会科による道徳教育」が中心とされ、一九五一年からは「全教育課程による道徳教育」の導入がはかられてきたが（本書一六四〜一六五頁参照）、ここに「道徳の時間」を中心とした道徳教育への転換が図られたことである。

これらの施策について、文部省はつぎのように主張した。「学校教育の目的を達成するためにどのような教科を設け、どのような目標・内容を設定して指導するかは、学校教育法によって、文部大臣に任された行政権である。（中略）『道徳』の学習指導要領ができるまでの間、この通達によって実施していただきたいのである。あくまでもこの通達に準拠していただきたい（1）」。たしかに「学校教育法」は、第二〇条（小学校の教科に関する事項の監督庁への委任）、第三八条（中学校の教科に関する事項の監督庁への委任）と、第一〇六条（監督庁の読み替え）により、文部省にたいして「教科に関する事項」を定めることを委任していた。だが、

「どのような教科を設け」るかについては「学校教育法」の委任にもとづき「学校教育法施行規則」が定めていたのであり、「どのような目標・内容を設定」するかについては「学校教育法」による「わかりづらい委任」にもとづき「学習指導要領」が定めていた。文部省は、自らがつくった「抜け道」2(「学校教育法」＋「学校教育法施行規則」)と「抜け道」3(「学校教育法」＋「学校教育法施行規則」＋「学習指導要領(試案)」)をたどることすら省略して、「道徳の時間」の特設を強行したのだった。

八月から一〇月にかけて、右の通達による「道徳の時間」の特設については、それを制度的に確実なものとするため、文部省は、「抜け道」2に補修をおこない、「抜け道」3に再編をくわえたうえで、それらをたどりなおしていく。その第一弾は、八月二八日における「学校教育法施行規則」の一部改正だった(現代日本教育制度史料編集委員会 一九八六①)。施行日はその四日後の九月一日である(**表8**)。

学校教育法施行規則(一九五八年八月二八日 文部省令第二五号による一部改正)(傍線は改正箇所)

第二十四条　小学校の教育課程は、国語、社会(中略)の各教科(以下本節中「各教科」という。)並びに道徳、特別教育活動及び学校行事等によつて編成するものとする。

私立の小学校の教育課程を編成する場合は、前項の規定にかかわらず、宗教を加えることができる。この場合においては、宗教をもつて前項の道徳に代えることができる。

第二十四条の二　小学校の各学年における各教科及び道徳の授業時数は、別表第一に定める授業時数を下つてはならない。(後略)

第二十五条　小学校の教育課程については、この節に定めるものの外、教育課程の基準として文部大臣

表 8　「道徳の時間」の実施

発出日	内　容	施行日
1958 年 3 月 18 日	通達と別紙が「道徳の時間」特設を求める(小中)	1958 年度
同年 8 月 28 日	省令第 25 号による「道徳の時間」特設(小中) 告示第 71・72 号による「道徳の時間」特設(小中)	同年 9 月 1 日 同年 10 月 1 日
同年 10 月 1 日	告示第 80・81 号による「道徳の時間」特設(小中)(告示第 71・72 号は廃止)	同年 10 月 1 日

が別に公示する小学校学習指導要領によるものとする。

　第二四条の改正のもつ意味は大きい。①まず、「教科は」を「教育課程は」に改めることがおこなわれた。「学校教育法」は文部省にたいして「教科に関する事項」を定めることを委任し、この委任に応じて「学校教育法施行規則」第二四条に「教科は」の語がおかれていたが、これを「教科」より範囲の広い「教育課程は」に改めることにより委任の範囲の拡大解釈を条文化した(「抜け道」2の補修その1)。②そのことをふまえて、一九四七年より教科と自由研究の二領域で構成され、一九五〇年より教科と特別教育活動の二領域で構成されていた教育課程構造を、[2]教科・道徳・特別教育活動・学校行事等の四領域からなるものに改めている(補修した「抜け道」2のたどりなおし。中学校の教育課程構造は**表 9** 参照)。文部省は、教育界の反対の強さをふまえ、道徳を教科とすることは断念したものの、ここに教育課程の第二の領域として道徳を特立させた。③あわせて、「を基準とする」という表現を「によって編成するものとする」と改めることにより、「学校教育法施行規則」を通じた教育内容への統制を強めている(「抜け道」2の補修その2)。

　第二四条の二が新設されたことの意味も大きかった。一九四七年度より

表 9　教育課程構造の変遷（小学校・中学校）

教育課程構造を定めた省令ほか	公布改正年月日・番号	教育課程構造（小学校）	教育課程構造（中学校）
学校教育法施行規則	1947 年 5 月 23 日文部省令第 11 号	教科 自由研究　※	必修教科 選択教科 自由研究　※
小学校の教科と時間配当 学校教育法施行規則 学校教育法施行規則	1950 年 10 月 28 日文初初第 558 号 1950 年 10 月 9 日文部省令第 28 号（中学校） 1953 年 11 月 27 日文部省令第 25 号（小学校）	教科 特別教育活動	必修教科 選択教科 特別教育活動
学校教育法施行規則	1958 年 8 月 28 日文部省令第 25 号	教科 道徳 特別教育活動 学校行事等	必修教科 選択教科 道徳 特別教育活動 学校行事等
学校教育法施行規則 学校教育法施行規則	1968 年 7 月 11 日文部省令第 25 号（小学校） 1969 年 4 月 11 日文部省令第 11 号（中学校）	教科 道徳 特別活動	必修教科 選択教科 道徳 特別活動
学校教育法施行規則	1998 年 12 月 14 日文部省令第 44 号	教科 道徳 総合的な学習の時間 特別活動	必修教科 選択教科 道徳 総合的な学習の時間 特別活動
学校教育法施行規則	2008 年 3 月 28 日文部省令第 5 号	教科 道徳 外国語活動 総合的な学習の時間 特別活動	教科 道徳 総合的な学習の時間 特別活動
学校教育法施行規則	2015 年 3 月 27 日文部科学省令第 11 号	教科 特別の教科道徳 外国語活動 総合的な学習の時間 特別活動	教科 特別の教科道徳 総合的な学習の時間 特別活動

※ 省令文言上は自由研究も教科

授業時数は「学習指導要領　一般編(試案)」により示され、省令により授業時数を定める戦前以来の制度は撤廃されていた。一九五〇年一〇月二八日に初等中等教育局長が発した「小学校の教科と時間配当」(文初初第五五八号)においても、「教科についての時間配当」は「例」として示され、「命令的なものでなく参考資料であること」が申し添えられていた。ここに省令により授業時数を定める制度が復活することになり、年に三五時間(小学一年は年三四時間)の「道徳の時間」が定められた(「抜け道」3の授業時数にかかわる再編)。

第二五条は、これまでも「小学校の教育課程」を「学習指導要領の基準による」ことを定めてきたが[3]、その「学習指導要領」の作成者については明記するものではなかった。一九四九年に「文部省設置法」が公布された段階において、「学習指導要領」の作成者は「当分の間」文部省初等中等局とされ、あわせて教育委員会が作成者となることを妨げていなかったが、一九五二年の「文部省設置法」改正により、その作成者は文部省に一本化されていた(附則六項の削除)。そのことを受けて、ここでは第二五条においても、その作成者が文部大臣であることが明記された。

第二弾は、同日八月二八日における文部省告示第七一号「小学校学習指導要領　道徳編」と同第七二号「中学校学習指導要領　道徳編」の発出だった。

これらの「学習指導要領」は、三月一八日に通達別紙として示していた「小学校『道徳』実施要綱」と「中学校『道徳』実施要綱」のなかから、「二　目標」「三　指導内容」(中学校は「三　内容」)「四　指導方法」「五　指導計画の作成」(中学校は「五　指導計画の作成と展開」)をとりあげ、それらを「第一　目標」「第二　内容」「第三　指導計画作成および指導上の留意事項」にくみかえたもので、とくにその「第二　内容」は「三　指導内容（内容）」にあった三六項目の道徳基準（中学校は二一項目）をそのまま書き写したものだった。その施行期日は一〇月一日とされた。

この新たな「学習指導要領」は、右にみた「学校教育法施行規則」第二四・第二五条の改正により「道徳の時間」の制度的正当性の補強につとめたうえで発出されたものであり、あわせて、新たに「学習指導要領」を「国家行政組織法」第一四条にもとづき告示の形式で発出することにより、そこに法的な権威をもたせることを目指すものだった（「抜け道」3の教育課程の内容にかかわる再編）。

ただし、省令が法規命令の一形式であるのにたいして、「告示」は行政機関のいろいろな行為を一般に知らせる「公示の形式」として官報の告示欄に掲載されるものであり、「すべて当然に法規・法源の性質をもつとはいえず、法規命令であるか否かは告示の内容によって決まる」[4]とされるものだった。だが、文部省は、「これは、国家行政組織法第一四条に示す公示のしかたであつて、ここにはつきりした法形式をとることとなつたのである。こうして教育課程の国家基準が明確にされたのである」[5]という解説をおこない、告示という形式について、基準性の強化、法的規範力の強調と結びつけてとらえる主張を重ねた。

補修と再編の総仕上げとなった第三弾は、一〇月一日における文部省告示第八〇号「小学校学習指導要領」と同第八一号「中学校学習指導要領」の発出だった。ここで文部省は、八月二八日における小中「学習指導要領　道徳編」の発出を告示によりおこなったことを踏襲して、「学習指導要領」の全面改訂についても告示により発出することをおこない、あわせて、すでに発出していた小中「学習指導要領　道徳編」を、「小学校学習指導要領」と「中学校学習指導要領」のそれぞれの第3章第1節に位置づけた。その施行日の定め方に、この施策の性格がよく表れている。

この小学校学習指導要領は、昭和三三年(一九五八)一〇月一日から施行する。但し、道徳に係る部分を除き、各教科、特別教育活動および学校行事等に係る部分については、昭和三六年(一九六一)三月三一日まで、別に定めるもののほか、なお従前の例による。なお、小学校学習指導要領道徳編(昭和三三年文部省告示第七一号)は、これを廃止する。

まず基本的には一九五八年一〇月一日からの施行をうたっている。だが、そこには但し書きがあり、各教科・特別教育活動・学校行事等については、一九六一年三月三一日まで「なお従前の例」すなわち「従前の学習指導要領」によることを定めていた。つまり、道徳だけを特別扱いして、遮二無二にその実施を学校に求めることを文部省はおこなったのだった(表8)。

「道徳の時間」の特設を焦点としたこの教育課程改正について、山崎政人は、「この政策は自民党と、その意に忠実な文部省によってまるで闇討ちのような形で遂行された」(山崎 一九八六)と述べている。一体何を目的として、右の施策は、一九五八年における右の日付によって強行されたのか。その背景には、米政府・吉田茂・天野貞祐・長田新・日教組・保守政党・内藤譽三郎らによりつくられた、質と方向性の異なる以下六つの動向があった。

2 反共のための民主主義

第一は、一九四八年以降、米政府の対日占領政策の力点が「反共防波堤のための経済自立化」に転換したことをうけて、道徳教育を反共政策の手段とする動きが重ねられ、道徳教育を国によるイデオロギー政策の手段とするための突破口がひらかれたことだった。

米政府の対日占領政策の転換を明確にしたのが、一九四八年一月六日に米陸軍長官ケネス・クレイボーン・ロイヤルがサンフランシスコ・コモンウェルズ・クラブでおこなった演説だった。ロイヤルは、初期における「非軍事化のための民主化」から、「反共防波堤のための経済自立化」へと対日占領政策を転換しなければならないことを強調した。占領下で実施された財閥の解体についても、産業の集中排除が戦争遂行能力を破壊するだけでなく、同時に工業の能率を下げ日本の経済的自立を遅延させるおそれがあることを指摘し、財閥の解体や産業の集中排除を過度に進めてきた政策を改めることを提起した。この演説は、つぎの言葉で締めくくられたことにより、これ以降の日本の道徳教育にたいする米政府とＳＣＡＰによる関与の方向性を示すものともなった。「日本自身を自立させるために、それと同時に、今後極東におこるかもしれない全体主義戦争の脅威にたいしてその防波堤の役目を果たすために、十分なほど強力、かつ安定した民主主義を日本にきずきあげるという明確な目的を、我々は堅持するものである」(『日米関係資料集一九四五―一九六〇』データベース『世界と日本』東京大学東洋文化研究所田中明彦研究室)。この言葉通りに、米政府とＳＣＡＰによる対日イデオロギー政策は、「反共のための民主主義」へと力点を移していくことになる。その事実を二つの施策からたしかめておきたい。

一つは、同年一〇月二六日に文部省がＣＩＥの助言と提案を容れながら国定一般社会科教科書『民主主義　上』を発行したことだった。その判型は無着成恭たちが手にした国定教科書『社会科四　日本のいなかの生活』と同一だったが、その装丁について大江健三郎のエッセイ「戦後世代と憲法」につぎの記述がある(大江 一九六五所収)。

終戦直後に配給された、新聞用紙をいくつかに折ってとじただけの国語教科書を、ぼくらはにせの本と呼んでいたものだったが、それほどひどくはないにしても、新制中学で、ぼくらに与えられた教科書は、やはり、ひとつの物として愛着を感じさせる、という対象ではなかった。ところが、この『民主主義』だけは、分厚く、がっしりした、素晴しい本で、滑稽なさし絵まで入っていたのである。だれもが夢中になった。

この教科書の末尾におかれた第一二章「第六節 共産主義と民主主義」には、米政府の新たな対日イデオロギー政策がストレートに反映している部分がある。その記述は、「共産党の独裁によって実行されつつある共産主義」が「経済上の平等ということに最も重きをおいている」ことをまず指摘する。それに続けて、「もとより経済上のはなはだしい不平等は是正されるべきである」としたうえで、「しかし、経済上の平等がいかに重んぜられるべきであるからといって、そのために個人の政治的自由を放棄することは、許されない」とする見解が述べられた。あわせて、「共産主義のこれまでの動向」には、「世界じゅうが、いずれはそれと同じ経済組織になるという目標が含まれている」とする見解、各国の共産党が「いろいろな策略をおこなっている」とする見解が記され、それらに民主主義を対置することがおこなわれ、つぎの文で同書が締めくくられていた。「少数の特権を持つ人々のためではなく、生きとし生けるすべての人々にとっての幸福な社会を打ち立てて行こうというのが、民主主義の理想である。この理想は星の世界に描かれているのではなく、われわれの現に住むこの地球の上に輝いている。それをしっかりと見つめながら、現実の生活の上に絶えざる努力をつづけて行けば、理想はいつまでも単なる理想として輝いているだけではなくて、必ずや生きた現実となり、世界に住むすべての人々、すべての国々の生活を高め、豊かなものとする日がおとずれるであろう」。こうしたイデオロギーの表明について、海老原治善はつぎのように述べている(海老原 一九六七)。

個人の尊厳を守るために共産主義と闘わなくてはならぬ、そのために民主主義をもとに豊かな福祉国家をつくって共産主義の脅威から、日本の国家を守らねばならぬという、反共福祉国家論が登場してきたのであった。市民主義の論理的延長のうえに、国家意識を結合させようとする論理であった。しかしながら、守るべき個人の尊厳は、占領軍の権力行使や激しい独占の資本蓄積のための収奪のなかで、いためつけられている。したがって国民生活の現実は、こうした理念を受ける基盤は、この段階では、きわめて弱かった。

海老原によれば、こうした「現代型の反共イデオロギー」を受け入れる経済的基盤は日本にはまだなかったとされる。だが、「CIEはこの教科書の普及に特別の熱意を示し、高校一年の単元を中学校三年におろし、中学校でもこの教科書を使用するよう文部省に指示」(小林信郎「民主主義」日本近代教育史事典編集委員会 一九七一)をおこなった(大江健三郎がこの教科書をつかったのは一九四七年に入学した中学校においてだった)。『民主主義　上』は、翌年発行の『民主主義　下』とあわせて、文部省「学習指導要領　社会科Ⅱ(試案)」(一九四七年)の高校一年に「日本国民は民主主義をどのように発展させつつあるか」という単元が設定されたことを受けて編集されたものだったが、一九五一年改訂の「中学校・高等学校　学習指導要領Ⅱ　一般社会科(試案)」では、中学三年に「われわれは民主主義を、どのように発展させてきたか」という単元がおかれるようにもなった。

ちなみに、『民主主義　下』については、一九四八年に香川県立小豆島女子高等学校に進学した吉岡数子(第2~3章参照)もその著書のなかで述懐をしている。「文部省著作教科書『民主主義』下の一部を高校二年か三年で読んだ記憶がある。高校の通知表を見ても日本史の時間だったのかホームルームの時間だったのかはっきりしないが、『これからの女子教育』の内容の一部を今でも衝撃的な出会いとしてはっきり覚えている」。『民主主義　下』には男女の教育上の差別を撤廃することの意義が説かれており、その記述は、母親の反対を押しきって教員になることを志望していた吉岡を勇気づけることになった。

二つは、一九五〇年九月二二日にSCAPに提出された第二次米国教育使節団報告書だった。SCAPは、対日占領政策の転換後にあらためて教育使節団を招請し、日本の教育のあり方について、その勧告のもとに指導をおこなった。この報告書にも、占領政策転換後の対日イデオロギー政策をストレートに反映した記述があった。「極東において共産主義に対抗する最大の武器の一つは、日本の啓発された選挙民である」「かれらのこどもたちがいかなる教育を受けるべきかを決定するのも国民である」。報告書はその全体の結論として、「四つの重要な教育問題」を掲げたが、その最後尾におかれたのが「道徳および精神教育」だった。その内容は、新教育と道徳教育の関連について再認識を促し、「よい社会」「自由」「調和」

「相愛」「協力」を鍵概念として、「全教育課程による道徳教育」を提言するものだった。

われわれは日本に来てから、新しい日本における新教育は、国民に対して、その円満な発達に肝要な道徳的および精神的支柱を与えることができなかったということをたびたび聞かされた。〔中略〕どの国の青年も、よい社会とは、人が自由で、しかも調和ある生活をし、互に相愛し、互に協力し、社会道徳を実践して、これを身につけるところであることを、家庭から、学校から、またはその他の団体から学ばなければならない。道徳教育は、ただ社会科だけからくるものだと考えるのはまったく無意味である。道徳教育は、全教育課程を通じて、力説されなければならない。

文部省では、この提言を受け止め、道徳教育についての施策が具体化される。だが、その施策は、これまでのようにＣＩＥ教育課と文部省の二者の手で進められるのではなく、次節で述べるように内閣総理大臣・吉田茂の関与も交えて進められるものだった。

3　吉田茂による「道義の高揚」と「教育宣言」

第二は、内閣総理大臣・吉田茂が施政演説において「道義の高揚」をうたい「教育宣言」の作成を試みることにより、道徳基準をあらためて国定することが占領下において模索されたことだった。吉田は一八七八年生まれ、外務官僚から戦後に外務大臣をへて内閣総理大臣に就任した。吉田政権は、一九四六年五月から一九四七年五月が第一次、一九四八年一〇月から一九五四年一二月までが第二・三・四・五次である。

道義とは「人の行うべき正しい道。道徳のすじみち」(『広辞苑 第七版』)という意味をもつ語だが、吉田は第三次政権下で一九四九年に「道義の高揚」を施策として打ち出すことに先立ち、第一次政権下の衆議院施政演説(計三回)において「道義の頽廃」についての言及を二度おこなっていた。

まず一九四六年六月二一日の第九〇帝国議会の施政演説では、戦後における「国民道義の頽廃」の元凶を戦前教育に求める見解を述べている。このときの吉田は、「永年に亘る教育の積弊」と「教育をその時々の国策の手段とするような傾向」を批判していた(本節で引用する施政演説はいずれも衆議院であり、吉田 一九五八から引用)。

つぎに一九四七年二月一四日の第九二帝国議会では、「道義頽廃」を労働争議と結びつけて論じている。同月一日、官公庁労組によるゼネスト(二・一ゼネスト)がマッカーサーの命令により中止されてから一三日後のことである。吉田によれば、このときの日本の生活水準は連合国の負担による輸入物資に支えられている状況であり、「国民の一致団結」による「国家再建」が急務であった。それにもかかわらず、「労働争議の続発により、ひいて各方面に一致を欠き、民主政治の円満なる発達を妨げつつあるがごとき外観を呈」していることが、吉田によれば国民における「道義の頽廃」としてとらえられた。これでは、「連合国の同情も離れ、遂に物資の輸入も減退」して、「国家経済再建」が遅れるばかりか「講和条約の時期」も遅延してしまうと吉田は考えた。

この施政演説において吉田は、「道義的勇気」の語を鍵概念として、労働政策の一環としての教育政策理が述べられている箇所を引用しておきたい。

の構想についても言及している。吉田の労働組合観と国民教育観、とくに労働政策と教育政策の結合の論理が述べられている箇所を引用しておきたい。

労働組合が、その内部における民主化を徹底いたしまして、かりにも少数者の独裁的指導により、組合員大衆の意思と遊離した活動をなすがごときことがないよう、正常かつ健全なる発達をなすことを政府は希望してやまないのであります。すなわち政府は、個々の組合員の人格が十分に尊重され、その自由に表示された意思が正しく反映されるように、組合内部の民主化が徹底することを期待するのであります。それがためには単に労使関係者のみならず、一般国民大衆が民主主義の真の精神を理解し、自己の良心に従って、率直に自己の意思と見解とを表明し得る、道義的勇気をもった自主の人たることが何よりも必要であり、これこそは民主主義の基礎であり、国民の教育の要諦もまたここにあると確信しておるのであります。政府は右の趣旨に則り、必要な啓発活動を実施するとともに、教育の刷新を企図いたしておるのであります。

吉田の労働組合観は、「少数者の独裁的指導により、組合員大衆の意思と遊離した活動」がおこなわれうることを前提とするものだった。吉田は、スト闘争を主導する組合執行部を「少数者の独裁的指導」によるものととらえて、その対極に、「人格の尊重」「自由の意思」「民主化の徹底」の理念をおき、そうした理念を具体化した人間像を「自己の意思と見解とを表明し得る、道義的勇気をもった自主の人」として示すことによって、こうした人間の形成を「国民の教育の要諦」として主張した。吉田は、労働政策（労働者への思想対策)の一環としての教育政策(未来の労働者への思想対策)を具体化するために、「啓発活動」(労働者への思想対策)とあわせて「教育の刷新」(未来の労働者への思想対策)を企図したのだった。

一九四九年二月に第三次政権が発足すると、吉田は四月四日の第五国会の施政演説において、「道義の高揚」をはじめて施策の一つとして位置づけるようになる。「輸出産業の刷新とか、農業の振興改良とか、失業対策、災害対策、文教の刷新、科学技術の振興、道義の高揚等、これことごとくみな重要な問題」であるとして、それらを「施策」として進めるものとした。その具体化を期して、同年六月、吉田は、内閣総理大臣の私的な諮問機関として設置した文教審議会の初会合において「教育宣言」作成についての提起をおこなった。初会合を前にした六月七日の『朝日新聞』は、「とくにいままでの教育勅語に代つて民主主義国民の道義的指針ともなるべき教育綱領または教育宣言の作成を第一着手としてとりあげる模様」(『朝日新聞』一九四九年六月七日)と報じている。

吉田の肝いりで設置された文教審議会には、「総司令部とべったりの教育刷新委員会」(内藤 一九八二)とは別個に、「戦後教育改革」への「見直し」を迫る意図があった。審議会メンバーには、安倍能成、天野貞祐、和辻哲郎、長谷川如是閑《にょぜかん》、高橋誠一郎ほかが参加した。だが、文教審議会における審議の末に「教育宣言」の作成は見送られることになる。その経緯を吉田はつぎのように述懐している(吉田 一九五七①)。

この会(文教審議会)で、国民全体に通じる具体的な教育信条のようなもの、いわば「教育宣言」というようなものを作ることについて、私が意見を求めたことがある。これは、政府の名で作るか、国会で作るかとかいった発表の方法や技術の上で、いろいろ考えなければならぬ、拙劣な発表のしかたをすると、かえって逆効果にもなるおそれがあるといった点で、すぐには実行できぬというのが話し合いの結論であったが、こうしたものが、何かの形であっていいということは、同感の人も多かった。

右によれば、①「教育宣言」は国民全体に通じる具体的な教育信条のようなものとして吉田により提起され、②すぐには実現できないことが結論となったが、③「こうしたもの」を「何かの形で」実現することにはメンバーの同感も得たことになる。ここでは①に焦点を当てて、なぜ、吉田が「教育宣言」の作成を提起したのかを論じておきたい。吉田による「教育宣言」提起には、五つの前提があった（吉田　一九五七①）。

一つは「敗戦直後の日本人」についての吉田の戦後実感だった。吉田には、「敗戦直後のわが世相」に接して、「つくづく感じ」ていたことがあった。「それは、戦争に敗れて、一等国民だというメッキが剝げたら、日本人は、何んと情けない醜態をさらけ出していることか、自分も日本人である故に恥かしくてたまらぬ」ということだった。「国家とか、軍部の力とかを笠に着て、大した内容もないのに、威張りちらすくせが、日本人の間に前からあり、戦前も戦時中も、私はそれを苦々しく、恥かしく思っていたが、今度は国家が負けたとなると、まったく意気地なくなり、すっかり卑屈になって、外国人の言うことだとなると、何でも彼でも御無理御尤《もっと》も、事あれば、アメリカ人に哀訴嘆願するという体たらくの日本人が、続々と巷にあふれた。巷ばかりではない、指導的立場に立っている人々の中にも、政界や実業界や学界や、どこでもかしこでもそういう類いがすくなくなかった」と吉田は慨嘆している。こうした見解は、戦前戦後の日本人の道徳性と行動、および、それらの背景や教育政策の影響について、事実の解明と検証の末に導かれたものではなく、外務官僚そして政治家としての経歴のなかから感得された、いわば吉田における戦後実感ともいうべきものだった。吉田は、こうした戦後実感から、戦争と戦前教育の検証に進むのではなく、戦後の教育と教養を新たなものとすることへと一足飛びに論を進めていく。教育については、「夜郎自大〔自らの力量を知らず尊大〕のくせを直し、外国のだれからも信頼され、敬愛されるような人間に、日本人めいめいをしあげ」ていくことを期待し、「とにかく、教養をやりかえて、りっぱな、世界に通じる日本人を作るということに、有識者の力を集中して」もらうことを期待した。

二つは「教育信条の不足」への憂慮であり戦後教育改革への修正要求だった。吉田によれば、教育基本法は、「新しい教育の根本となることを、法律化して国民に示すことにはなった」のであるが、その内容は「民主主義国家ならば、どこの国にも通じる常識的な文句」であり、「日本人全体が、等しく教育のよりどころとして、常に心の中で生きて働くような、血の通った信条には、とてもなれるものでは」なかった。「だから、大学の先生も小学校の先生も、父兄たちも、教育する立場の人々が、確たる自信がなく、フラフラしながら、若い者たちに講釈していることになっている。先生を尊敬せず、親を軽んずるのが民主的だなどと履き違えをする風潮が若い者の間に出て来たりする」と吉田は考えた。そこから吉田は「日本国民全体に通じる生きた教育信条というようなものを、はっきりと打ち出す必要があると、ますます思うようになった」。吉田は、教育基本法が「新しい教育の根本」を決定したことについては是認し、つまり国による教育目的の再決定を認めたうえで、その内容には不備があることを、孝行の欠落をはじめとする道徳基準の問題に集中させて指摘し、それを「教育信条」の提起に結びつけている。

三つは教育勅語への再評価だった。「戦争に負ける前には、そういうもの〔教育信条というようなもの〕として、『教育勅語』が働いていた。『教育勅語』が一から十まで、今の教育信条として妥当するものとは、私といえども思わないが、さればといって、中外に施して悖らず、古今に通じて謬らざる立派な精神もそこには示されており、また国民全体によい影響を与えていた節もあったのである。すくなくとも、『教育勅語』のあったほうが、生きた道標の何もないよりまさっているとも思う」。吉田は、一九四六年の施政演説では「永年に亘る教育の積弊」と「教育をその時々の国策の手段とするような傾向」を批判していたが、ここでは教育勅語について確定的な言い回しを避けながらも、総じては積極的な評価をおこなっている。ちなみに吉田は一八七八年九月生まれで教育勅語発布前年の一八八九年には小学教育を終えていた。国定修身教科書の使用がはじまった一九〇四年には東京帝国大学法科大学に在籍し、一九〇六年に外務省に入省している。吉田は学校で教育勅語を教えられた世代ではない。

四つは教員への不満だった。「大学の先生も小学校の先生も、どうも教育上の見識がない人が多いように思われる。はっきりとした態度で若い者を指導し、みだりに世の中の流行的な風潮に動かされず、民主的に物事を判断する習慣や能力を育てるべきであり、また基礎的な知識がしっかりと身につくように指導すべきであるのに、進歩的の名の下に、むしろ若い者の意を迎え、子供たちをただ甘やかしているような傾きが強くなった」。ここには吉田の戦後実感が戦後の教員のうえに反復して述べられている。

五つは教員組合への不満だった。「純然たる産業界の、しかも本来の使命を逸脱した労働組合をまねた動き方をし、青少年の教育の事はほったらかしにしておいて、柄の悪い政治家や職業的アジテーターのようなことばかりして」いる。「一体民主主義の信条は、Understanding, Generosity, Magnamity《〔ママ〕》〔理解、寛大、雅量〕である。ところが戦後の日本では、自由の履き違えをして、自分の権利ばかり主張し、他の立場を理解しようとしない連中が多い。彼等は、一種の集団エゴイズムで押しまくろうとするもので、民主主義の真意からは遠い近代的野蛮人である。教員の組合も、そういう傾向を見せて来たので、これは誠に困ったことだと私は思い続けた」。これは、「教育宣言」の提起がおこなわれた一九四九年前後にかかわる、吉田の教員組合観についての述懐であることに注意を払っておく必要がある。一九四七年の二・一ゼネスト禁止のあとも、逓信関係従業員組合を中心とする官公庁関係組合のストの動きは続けられていた。一九四八年七月二二日、公務員によるスト権と団体交渉権の禁止ほかを内容とするマッカーサー書簡が出されて三一日に政令第二〇一号が発出される。吉田は、同政令を法律化するため、第二次政権下で「国家公務員法」を改正し(一九四八年一二月三日、国家公務員のスト権・団体交渉権剝奪)、「公共企業体等労働関係法」を成立させていた(同月二〇日、国鉄をはじめとする三公社の職員のスト権剝奪)。吉田による「近代的野蛮人」という高調子の批判は、もっぱら官公庁関係組合のスト闘争をリードしていた逓信関係従業員組合などに向けられていたとみるべきであり、教員組合への不満は「そういう傾向を見せて来た」ことへの憂慮にとどまっていた。日本教職員組合(日教組)は一九四七年に結成されていたが、日教組が、「強力な平和運動」を主張して労働運動を牽引する位置に立ちはじめるのは一九五〇～五一年、「教師の倫理綱領」の採択が一九五二年六月、さらにいえば、「選挙法」と「政治資金規正法」による政治団体として日本教職員政治連盟(のち日本民主教育政治連盟)を結成し総選挙で三八人を当選させて「保守政党にとって我慢のならない」(山崎 一九八六)ところとなるのは同年一〇月のことである。それらはいずれも「教育宣言」提起よりも後の時期のことだった。「教育宣言」は、吉田による教員組合への不満から直線的に導かれたというよりも、すでに一九四七年の施政演説で示していた労働政策の一環としての教育政策の観点から、つまり未来の労働者への思想対策としての教育を「国民の教育の要諦」とする観点から、打ち出されたものだったとみるべきだろう。

右を要約すると、①日本人全員に常に心の中で生きて働く信条が必要、②そうした信条を教育勅語は明記しており良い影響を与えていた節もあった、③いま国がそうした信条を定めた「教育宣言」を出すことにより道徳基準をあらためて公定する必要がある、となるだろう。ここで吉田は教育勅語への再評価（②）をおこなっているが、それは単純な戦前回帰というより、戦後における労働運動の高揚という現実を前にして、労働政策の一環としての教育政策を「道義の高揚」をかかげて具体化しようとするものだった。だが、そうした問題意識の現代性とは裏腹に、吉田が思い描いた教育政策のアウトラインは、過去の教育政策の検証を一切おこなわないままに、道徳基準の国定と、それに準拠した教育を、いわば思いつくままに進めようとするものだった。

吉田は「教育宣言」の作成が見送られた後も、「道義の高揚」を具体化するための教育政策をあきらめることはなかった。吉田は、まず、絶対権力である占領軍にうかがいを立てて、占領軍の同意と助言にもとづき、その教育政策を進めようとした。その事実は、「教育宣言」提起から八四日後の八月九日、吉田がＳＣＡＰダグラス・マッカーサーにあてた書簡の内容から明らかにできる。吉田によるその書簡は、「わが国の政治的経済的安定にとって緊急に必要と私が信ずる具体策」（その一つ目に掲げられたのが「政府職員ならびに教育機関から共産主義の影響力を抹殺すること」つまりレッドパージだった）と「現状のいくつかの局面に関する私の個人的見解」の二つの部分からなるが、教育政策についてのうかがいを立てたのは七つの段落からなる後者の部分だった。

第一段落では、「日本の地理的位置ならびに国民の特性からして、この国は共産主義の防波堤となり極東における安定勢力となりうる」と吉田は言い切っている。

第二段落では、その論断の理由が吉田の共産主義観と日本国民観により示される。「現在直面している社会上、産業上の不安定は、ソビエトにそそのかされた共産主義者の扇動と陰謀によるところが大きい」のは確実である。しかし、「圧倒的多数の国民は、生活の苦しさにもかかわらず、共産主義の約束と実際との相違を見分ける冷静さと感性を持って」いる。

第三段落と第四段落から、緊急に必要な具体策についての献策がはじまる。日本政府が「自らのイニシアティブと責任においてこの反共キャンペーンを行う方が望ましいと考えていることを申し添えます」。

第五段落から、教育問題への言及となる。「一九四六年に来日した使節団のおかげで、われわれはいま自由主義的な公教育を目指して樹立された制度を持って」いる。しかし、「自由と人間の尊厳の思想を若者たちに吹き込み、彼らを真の民主主義国家の市民に鍛えるために、何をいかに教えるべきかという問題が未解決のまま残されて」いる。吉田は、婉曲ではあるが、マッカーサーに理解可能な表現で、戦後教育改革に修正を施さなければ共産主義の浸潤に対抗しえる市民の形成はできないとの見解を述べている。

第六段落が、第二次米国教育使節団派遣についての要請となった。「われわれは、日本の、教育の全分野についてその現状と何が必要かを新しく調査するため、かつてのドッジ、シャウプ使節団のごとき専門家の使節団をもう一度迎えることができるならば、大きな援助となるものと信じます」。吉田は、対日教育使節団による同意と助言のもとに、日本政府のイニシアティブと責任による、新たな教育政策を進めようとしたのだった。

第七段落は、「これらの計画と課題を貴官が好意的に検討されますならば、まことに有難いと存じます」との一文で結ばれた。

右の書簡は一九七〇年代に米国のメリーランド大学マケルデン図書館プランゲ・コレクションに収められたジャスティン・ウイリアムズ（GHQ民政局国会政治課長）文書の一部であるが、同コレクションから右の書簡をとりあげ、整理と翻訳をおこなった袖井林二郎は、つぎのように記している。「この手紙は三日前の八月六日に書かれた警察力の中央集権化を要請するマッカーサーあての書簡に引き続いて、吉田がいわば『逆コースの青写真』を述べたものとして興味深い。占領政策の転換はすでにアメリカ本国から起っていたが、逆コースに棹《さお》さす吉田の姿勢はこの書簡でますます明らかになった。なおマッカーサーはこの書簡に具体的な返答をしていない」（袖井 二〇〇〇）。吉田は、米本国を発信地とする「逆コース」という時流に乗りながら、新たな教育政策の具体化につとめていた。

袖井によれば、右の書簡にマッカーサーは具体的な返答をしなかったとされるが、事実の関係をみると、書簡から一年後に第二次米国教育使節団の派遣がおこなわれたことは先述した通りである。一九五七年に吉田はその著書『回想十年　第二巻』において、右の書簡をマッカーサーに送ったことにはふれていないが、つぎの記述があることは興味深い。「やがて第二次の米国教育使節団がやって来たが、日本の教育の現状を見て、新しい教育が非常な努力で進んでいるのには感心したが、道徳教育の方面では、もっと力を入れなければならぬということを、彼等アメリカの専門家でさえ、報告書の中で言っている」。

吉田による「道義の高揚」を目指す教育政策は、一九四九年一一月八日の第六国会の衆議院施政演説では、つぎの言葉によりあらためて提起される。「文教の基本を確立いたしまして、民主国家を担当するにふさわしい国民を育成することは、今日に於て最も重要なる国務の一つであります。政府は特に初等教育に力をいたし、健全なる思想と円満なる常識とを涵養せしむるに必要なる施設を充実完備せんといたすものであります」。四月の施政演説にあった「道義の高揚」の語が消えているのは、おそらく「教育宣言」の作成が見合わされたことによるものだろう。ただし、「文教の基本を確立」の語には、「教育宣言」に代わるなんらかの措置を講じることへの吉田の執拗な姿勢をみることができる。また、吉田が重きをおいた労働政策の一環としての教育政策の観点は、「健全なる思想と円満なる常識とを涵養」の語よって以前より鮮明に出されている。(6) こうした観点については、施政演説の結語の近くにつぎの言葉があったことも注目しておきたい。

矯激《きょうげき》なる思想を抱くものといえども、経済生活が安定し、健全なる国民思想が普及し、国際の環境が明朗となるとともに、自然愛国的民族意識に立ち帰るの日のあることを、私は確信して疑わないのである。政府は国民諸君の協力を得て、国家の平和と秩序維持に万全の措置を講ずる決心であります。

ここには国民の思想と道徳のあり方について、吉田の発想の全体が示されている。国民のなかにある「矯激なる思想」についても、①まず経済を安定させ（経済政策）、②つぎに初等教育により健全なる国民思想を普及し（労働政策の一環としての教育政策）、③日本を自由主義諸国の一員として位置づけてしまえば（外交政策）、④愛国的民族意識に収斂させることができる、とするものである。

吉田による「道義の高揚」をかかげた教育政策は、一九四九年の段階では見送られたものの、それを具体化するための布石は国内外に打たれつつあった。

４　天野貞祐の「修身に代るものと教育勅語に代るもの」

第三は、文部大臣・天野貞祐が「修身に代るものと教育勅語に代るもの」についての提起を重ねることにより、吉田がおこした道徳基準をあらためて国定しようとする試みが、内閣総理大臣から文部大臣へと発信地をうつして続けられたことだった。

一九五〇年五月、吉田は、天野を文部大臣に迎え入れた。天野は一八八四年に生まれ、戦前は京都帝国大学教授、戦後は第一高等学校校長をへていた。貝塚茂樹によれば、天野が「修身に代るべきものと教育勅語に代るべきものはやはり必要である」と述べ、「その後に続く道徳教育論議の口火を切」ったのは、文相就任から五カ月をへた一〇月一七日の記者会見においてだった（貝塚「解説」市川 二〇〇八）。一一月七日の全国都道府県教育長協議会では、天野は、つぎの提起もおこなっている。「私はもとの修身のような教科は不必要だと考えていたが最近の実情を熟慮した結果これが必要であると思うようになった。地方を歩いてみると教育関係の法令はいろいろ整ってきたがこれにそなわる内容がないので教育者の修身復活の要望が非常に強いので教育勅語に代る教育要綱といったようなものを決めたいと思う」（『夕刊読売』一九五〇年一一月七日）。ここで天野は道徳基準の国定と独立教科による道徳教育をセットにして提起している。

これらの提起に関しては、一一月二六日の『朝日新聞』に天野の論稿「私はこう考える――教育勅語に代るもの」が公表され、その趣旨が記されている。そこには、その後の日本の道徳教育のあり方に影響を及ぼしていく、多くの論点が盛られていた。

一つ目の論点は、教育勅語の再評価である。天野は「道徳的規準」「体系づけ」「権威」「一般人」という言葉を用いてつぎのように論じていた（一般に道徳に関しては「基準」と「規準」の両方が用いられるが、天野のこの論稿では「規準」がつかわれている）。

人間は生きてゆくためには何等かの意味において日々の行為の規るべき規準を持たなければならない。行為は単なる自然現象ではなくして善悪という性格を担う道徳的活動であるから、それで道徳的規準が要求されるわけであります。もとよりわれわれはそういう規準を言わば自然法則的に知っています。例えば正直とか親切とかいうような徳目がそれであります。しかしそういう規準が体系づけられ一般に通用すべきであるという権威をもって示されるならば、一般人にとって生活の指針として非常に好都合だと言えます。教育勅語は明治二三年以降約六十年間われわれ日本人にそういう道徳的規準を与えていたのであります。日本人は何人といえども教育勅語を骨の髄まで浸透せしめ、ここに生きゆく道の道標を見出していた、少くともそう考えていたのであります。

天野によれば、人間が生きていくために必要な「道徳的規準」については、それを人々の自然法的な理解に委ねるだけではなく、「体系づけ」し、かつ、「権威」をもって示すことが「一般人」にとって好都合であり、そうした「道徳的規準」を日本人に与えたものとして教育勅語は評価されるべきものとされた。これは吉田による教育勅語の再評価とそっくり重なる論点の提示だった。

二つ目の論点は、「一般人」にとっての「教育勅語に代るもの」の必要性である。天野は、「しかるに勅語がその妥当性を失うことになった今日、そこに何か日本人の道徳生活に対して一種の空白が生じたような感じを抱く者は決して少」なくないので、「何か他の形式において教育勅語の果していた役割を有《も》つものを考える必要はないか」と述べて、「道徳的規準」をあらためて公定するべきとの考えを示した。教育勅語の妥当性の喪失は、人々の「道徳生活」にたいして「一種の空白」をつくりだすのと同時に、人々の生活と仕事の場からの新しい生活のなかの道徳の胎動をも生み出していたのであるが、天野が焦点を当てたのは新たな道徳の胎動ではなく古い道徳の「空白」だった。天野は同論稿のなかでつぎのようにも述べている。

　この種のものが知識人にとっては不必要だとしても、一般人にとってはやはり何か心の拠りどころとして必要だとも考えられはしないか、こうわたくしは反省してみました。

なぜ「この種のもの」（教育勅語あるいは「教育勅語に代るもの」）が、知識人にとっては不要であるのに、「一般人」にとっては必要と考えられるのか。『週刊朝日』一九五一年一一月一六日号に掲載された別の論稿のなかで天野はつぎのように述べている（天野　一九五一）。

　わたくしの考えでは、一般に人間は誰でも日々正しい生活を営み、善き人なることを希うものだと思われます。人間完成という意味で、善き人となることが人間生涯の事業だとも言えます。そのためには何か生活の指針となり、頼り処となるもの、言わば生きゆく道の道しるべとなるものが必要となつて来ますから、わたし達は聖賢の書を始め、さまざまな古典などにおいてそれを求めるのが普通であります。知識人はそれでよいのですが、一般庶民としては聖書とか仏典とか論語とかいうようなものを読み、それを消化して自己の心を養うということはなかなか困難ではないでしょうか。

つぎの問題を指摘できる。①天野においては、人々による日々の生活と仕事の営みのなかから道徳が形成されてきた事実が軽視されていること。このため天野は、道徳の形成に際して、テキスト(聖賢の書、古典)の学習を重視し、あたかもそれを不可欠の前提とするような発想に立っている。②「一般庶民」(「一般人」)には、さまざまな古典の学習が困難であると決めつけていること。③天野をその一人とする「知識人」の手により、「一般人」を対象として、「生きて行く道の道しるべとなる」ような簡易なテキストを編むことができるし、そうしたテキストが「一般人」に与えられるべきだとする発想に傾いていたこと。④さらに天野は、在野の知識人の立場からこれを提起したのではなく、現職の文部大臣として国の側からこれを提起することにより、道徳基準をあらためて国定するべきとの発想に傾いていたことである。とくに③と④は、かつて山縣有朋や井上毅らに共有されていた発想であり、戦後にあっては吉田と天野により共有される発想となった。

ただし、天野は、はじめからこのような発想に傾いていたわけではない。当初、天野は、「名文章を暗誦しさえすれば、それで道徳性が涵養できるという考え方に同意できな」(天野 一九五一)かったことを根拠として、「教育勅語に代るもの」をつくることに反対だった。天野は、「この種の計画」に反対の表明を重ねてもいた。まず、一九四六年に日本側教育家委員会は「教育勅語に代る詔書」を天皇から得るべきとする報告書をまとめたが、その委員だった天野はこれに反対の意見を表明していた。教育刷新委員会の第一特別委員会において再びこの問題が取り上げられたときも、その委員だった天野は反対を続けた。一九四九年、吉田のもとに文教審議会が設けられ、吉田より「教育宣言」作成の提起があったときも、天野はそれに反対だった。文部大臣就任後の一九五〇年九月二八日の時点においても、天野は、「再び教育勅語のごときものを作ることはこれを暗唱すればこと足りるとするクセのある日本人には危険で、憲法の前文あるいは教育基本法の前文で足りると思う」(『毎日新聞』大阪版、一九五〇年九月二九日)と述べて「教育勅語に代るもの」の必要性を明確に否定していた。天野はどのようにして考えを改めたのか。先に引いた『週刊朝日』掲載の論稿につぎの記述がある(天野　一九五一)。

私は昨年〔一九五〇年〕五月以来、文部行政をあずかり、これまでの書斎生活とちがつて社会のさまざまな範囲の人達と接触するようになり、また、しばしば地方の教育者の意見を聞く機会を持ち、ややもすれば知識層のみに限られがちであつたわたしの視野は社会の各層をふくむに至りました。そうして各層の人達から何らか国民道徳の規準を明示する必要のあることを聞かされました。その意見によれば、教育勅語が一般に通用しなくなつた結果、そこに示すところの徳目までもすべて不妥当ではないかという疑問をもつ青少年も少くない、例えば孝行などはもはや過去の道徳であるような考えも行われがちであるから、一般的規準を明示する仕事は当然文教の府の責務として考えてほしいというのであります。〔中略〕今日の日本人にとつて重要な徳目とその内容とを明示することの必要も理解され得ることだと考えるように私の考えは傾いていつたのであります。

天野は文部大臣就任後に社会の各層の声を聞くようになり、文部省が「国民道徳の規準を明示する」べきとする考えに傾いていったというのである。

三つ目の論点は、教育勅語が示した「道徳の基準」の「現在」における「妥当性」である。天野は、「『父母に孝に兄弟に友に夫婦相和し朋友相信し恭倹己れを持し博愛衆に及ほし学を修め業を習ひ知能を啓発し徳器を成就し進て公益を広め世務を開き常に国憲を重し国法に従ひ』というのはそのまま現在もわれわれの道徳的規準であります」と述べることにより、「一旦緩急あれは義勇公に奉し以て天壌無窮の皇運を扶翼すへし」以外のすべての道徳基準について「今日といえども妥当性を有つもの」としている。

四つ目の論点は、戦前の修身授業が教え込みに終始したことについての批判である。まず天野は、「基準は必要であってもそれを持ちさえすれば道徳的行為は当然に為されうるわけではない」とする観点から、「現に教育勅語にしても果して普通に信ぜられるほどわれわれの道徳性をかん養したかは疑わしい」として、その原因を戦前の修身授業のあり方に求めた。ここで天野は、「基準は必要」として教育勅語をあらためて肯定したうえで、「従来の修身授業はとかく単なるお説教となる傾向」があったことを指摘し、「基準」の教え方に焦点をあてて戦前の修身授業への批判をおこなった。天野は、「あまりお説教をするとかえって生徒の道徳感覚から新鮮さを奪う危険さえもあ」ることも指摘している。天野の批判は、「修身の先生だけが徳育を配慮するので、学科の先生はそれと無関係であるかの如き誤解を生じ易い」ことにも及んだ。

五つ目の論点は、「本来の意味の徳育」の提起である。「本来の意味の徳育」は、天野が一九三七年の著書『道理の感覚』(岩波書店)でおこなった提起をあらためてつぎの言葉で述べたものだった。「本来の意味の徳育は実践を通じての人格的影響でなければならない。例えば先生がどんな出来ない子供をも大切にするとか、貧乏人の子供も富裕な家の子供も差別をしないとか、自分の過誤は率直に訂正するとかいうような教育愛と誠実の実践がしらずしらずの間に人格の品位とか正直とか誠実とか要するに道徳性を生徒に浸みこませるのでありましょう」。天野は、先生が口先で道徳を説くだけでは「本来の意味の徳育」とはならず、先生による実際の道徳的な行動に接したときに、はじめて子どもの徳育はおこなわれるとしたのだった。

六つ目の論点は、「新しい道徳教育の工夫」への提案である。「すでに社会科は修身科より一歩を進めたものだといえます。ややもすると個人道徳に止まりがちな従来の修身科よりははるかに広い展望を持っていますが、遺憾ながら十分その成果をあげていない。そこでこれまでの修身科と社会科とを契機としてここに新しい道徳教育の工夫をしよう」と呼びかけることで天野の論稿「私はこう考える――教育勅語に代るもの」は結ばれた。

右の提起を要約すると、①道徳的基準を体系づけた権威ある文書は一般人にとって必要、②その道徳的基準の教育は教え込みではなくすべての教員による道徳的基準の実践によるべき、③そうした実践を、戦前の修身と戦後の社会科をふまえて「新しい道徳教育の工夫」として進めるべき、となるだろう。②と③は①を前提としたものであり、天野の提起の根幹は①にあった。

海老原治善は、こうした天野の提起が、第二次米国教育使節団報告の直後だったことも「注目される」

(海老原　一九六七)としている。天野の提起が、「一九四九年八月九日の吉田書簡」(米国の反共政策によせた吉田の教育政策への助言要請)→「一九五〇年九月二二日第二次米国教育使節団報告書」(反共教育と「全教育課程による道徳教育」の助言)を前提として、つまり米政府の同意のもとに戦後教育改革の修正に踏み出し、かつ講和条約発効後の教育政策を準備する動きのなかにあった事実は、たしかに注目に値する。天野による一連の提起については、このとき初等中等教育局庶務課長に任じていた内藤譽三郎の述懐も引いておこう(内藤　一九八二)。

しかし修身科にしても、天野先生の意向だけで、省内ではそれに対し積極的に反対する声もなく、かといって逆に推進するでもなかった。国民実践要領も個人の発言であって、世間では「天野勅語」などと批判されたが、文部省内の私どもには、なにもいわれなかった。日本の独立が近づいたとき、何ごともアメリカ流を押しつけてきた総司令部に対して、天野先生は、日本人には日本人の心が、日本人の教育があることを、日本の国内に向けてではなく、アメリカの総司令部に向けて明らかにし、大いにやろうと宣言したのではなかったのか、とひそかに思ったりした。

右が文部省内における受けとめ方のすべてではないが、それでも内藤が天野の提起にたいして「ひそかに思った」内容は一考に値する。SCAP・CIEが撤退したあとの日本の教育をどう改めるのか。第二次米国教育使節団報告書が示した反共教育と「全教育課程による道徳教育」という基本路線をふまえつつ、そこにどこまで日本側の意向を加味して独自の教育政策とすることが許容されるのか。天野による右の論稿や後述する「国民実践要領」には、SCAP・CIEにたいする観測気球としての意味があった可能性がある。

一二月初旬、天野は、前年に設置された教育課程審議会（会長　青木誠四郎・東京家政大学学長）に、「道徳教育の振興方策」についての諮問をおこなった。教育課程審議会は、一九四九年「文部省設置法」第二四条を設置根拠として、「文部大臣の諮問に応じ、教育課程に関する事項を調査研究審議し、及びこれらに関し必要と認める事項を文部大臣に建議する」ことを所掌事務として設置された諮問機関である。翌一九五一年一月四日に出された「道徳教育振興に関する答申」にはつぎの文言がおかれる（『文部時報』第八八三号、一九五一年三月号）。

道徳教育は、学校教育全体の責任である。したがって各学校においては、全教師はその指導の責任を自覚しなければならない。〔中略〕道徳教育振興の方策として、道徳教育を主体とする教科あるいは科目を設けることは望ましくない。道徳教育の方法は、児童、生徒に一定の教説を上から与えて行くやり方よりは、むしろそれを児童、生徒に自ら考えさせ、実践の過程において体得させて行くやり方をとるべきである。道徳教育を主体とする教科あるいは科目は、ややもすれば過去の修身科に類似したものになり勝ちであるのみならず、過去の教育の弊に陥る糸口ともなる恐れがある。社会科その他現在の教育課程に再検討を加え、これを正しく運営することによって、実践に裏付けられた道徳教育を効果的に行い得るものと信ずる。〔中略〕各学校教育全般において、道徳教育を行うために、民主的社会における道徳教育の具体案の基本として、児童、生徒の発達段階に即応した道徳教育計画の体系を確立することが必要である。これに関連して、文部省は新たに委員会を設けて、各学校の道徳教育計画に資する手引書を作製することを望む。

そこでは、天野が全国都道府県教育長協議会で提起した独立の教科による道徳教育は否定されて、第二次米国教育使節団報告書による「全教育課程による道徳教育」の方向性がとられた。だが、右答申には、天野の提起と共通した認識も示されていた。まず、「全教育課程による道徳教育」の採用の帰結として、道徳教育をすべての教員によって取り組まれるべきとしたこと。つぎに、「一定の教説を上から与えていくやり方」を批判して退けたこと。特筆すべきは、その批判の重点が、「一定の教説」を前提とすることの是非やその内容におかれたのではなく、それを「上から与えていくやり方」におくことによって、「それ〔一定の教説〕を児童、生徒に自ら考えさせ、実践の過程において体得させて行くやり方」については推奨していたことだ。天野の提起と「道徳教育振興に関する答申」は、独立の教科による道徳教育を認めるかどうかでは対立をみせたが、「全教育課程による道徳教育」の進め方については認識に重なりをみせていた。

右の答申をふまえて一九五一年七月一〇日に改訂発行された「学習指導要領　一般編（試案）」における「Ⅱ　教育課程」「1　小学校の教科と配当時間」には、つぎの文言がおかれる。

健全な社会は、常に健全な道徳をもっている。民主的社会の建設を目ざして、新たに出発したわが国においては、学校教育においても、新しい立場にたって民主社会の建設にふさわしいじゅうぶんな道徳の指導が行われねばならない。〔中略〕民主社会における望ましい道徳的態度の育成は、これまでのように、徳目の観念的理解にとどまったり、徳目の盲目的実行に走ることを排して、学校教育のあらゆる機会をとらえ、周到の計画のもとに、児童・生徒の道徳的発達を助け、判断力と実践力に富んだ自主的、自律的人間の形成を目ざすことによって、はじめて期待されるであろう。したがって道徳教育は、その性質上、教育のある部分でなく、教育の全面において計画的に実施される必要がある。

ここでも、独立の教科による道徳教育は否定されて、第二次米国教育使節団報告書による「全教育課程による道徳教育」の方向性がとられた。そしてここにおいても、天野の提起と共通した認識が示された。まず、道徳教育をすべての教員によって取り組まれるべきとしたこと。つぎに、「徳目の観念的理解にとどまったり、徳目の盲目的実行に走ること」を批判して退けたこと。特筆すべきなのは、その批判の焦点が、「徳目の観念的理解」と「盲目的実行」に局限されることによって、「民主社会における望ましい道徳的態度」はあたかも所与の前提とされて、その「育成」が期待されていたことだった。この改訂「学習指導要領　一般編(試案)」では「I　教育の目標」「2　教育の一般目標」につぎの内容が置かれたことも注目される。

わが国に対する愛情を深め、そのよい伝統を保持し、伸張すると同時に、外国の人々の生活に対する正しい理解をもって、国際親善、人類平和の増進に努力するようになる。

この内容は一九四七年の「学習指導要領　一般編（試案）」における二五項目の「教育の一般目標」を三六項目に改めるなかで第二七項としておかれたものであるが、「わが国に対する愛情」という表現により、戦後の「学習指導要領」に愛国心教育の規定をはじめて盛るものとなった。講和条約が九月八日に調印される六〇日前のことである。

この改訂「学習指導要領　一般編（試案）」の発行翌日の七月一一日、天野は、山元村の山元小学校と山元中学校を視察するため山形県に訪れていた。天野は、山元中学校の教員を続けていた無着成恭と三月に同校を卒業した江口江一に会い、無着から同年三月に青銅社より刊行された『山びこ学校』を贈られている（『朝日新聞』山形版、一九五一年七月一二日）。この日の朝、天野は、両校の訪問に先立ち、山形県立上山農業高等学校も訪れていた。同校の生徒のなかには、山元中学校を卒業した佐藤藤三郎がいて、二〇一二年の著書のなかでそのときのことを述懐している（佐藤　二〇一二）。

実はその日、私は天野貞祐という人を上山農業高等学校の雨天体操場で見、話を聞いていた。天野文部大臣は上山温泉に泊まった翌朝、山元村に来る前に上山農業高等学校に寄ったのである。そして全校生徒の前で、たった十分か一五分ぐらいのスピーチをおこなった。それを私はとても感慨深く聞いた。〔中略〕小柄な天野貞祐という人の姿、そのときのスピーチを聞いた感動は脳裏にあるが、残念なことにそれがどんな内容のものであったかは忘れてしまって思い出せない。それでも「なるほど、これが学者と言われる人の話なのか」と、短い話の中に深く大きくまとまった内容が盛り込まれていることに感動し、それは無着先生が常にいわれておられることとはどこか違った脳への響きが私には感じられた。

ここで佐藤が、当時すでに六六歳だった天野の言葉の響きを思い起こし、あわせて当時まだ二四歳で山元中学校着任時は二一歳だった無着の言葉の響きも思い起こして、両者を比べていることは重要だ。天野も無着も、敗戦後に教育勅語が「妥当性」を失うなかで教壇に立ち（天野は第一高等学校、無着は山元中学校）、生徒たちの「道徳生活」の「一種の空白」に接して、その「空白」を埋めようとした点では、戦後日本の教育界における共通の課題にふれていたからであり、いまあらためて二人を比較することで、見えてくるものがあるからだ。

この「空白」を埋めるために無着は何をしたのか。佐藤は、『山びこ学校』の底本となった「きかんしゃ」という学級文集(7)についての述懐のなかで、大切な指摘をしている。佐藤によれば、「きかんしゃ」の中できわだった文章はなんといっても江口江一の「母の死とその後」（第二号・一九五〇年一月）だったが、「しかし何よりも今もなお感動的なのは創刊号の冒頭に載っている『きかんしゃ』という無着先生の詩」だったという。「その詩の最後に掲げている六つのこと、それこそが若きあのときの先生の教育に対する思いであり信条でもあったと思う」と佐藤は述懐している。そのことばの頭にはいずれも「きかんしゃの子どもは」とつくのだがそれを略して佐藤の著書から重引する。「いつでも力を合わせて行こう／かげでこそこそしないで行こう／いいことを進んで実行しよう／働くことが一番すきになろう／なんでも　なぜ？　と考える人になろう／いつでももっといい方法はないか探そう」。

戦前における国定の道徳基準を子どもに教え込む教育は何をもたらしたのか。その全面的な検証を欠いたまま教育に取り組んだことは、無着にしても、他の多くの教員たちと同じだった。ただ無着には、敗戦の「虚脱状態」から抜け出すなかでつかみとった戦後意識として、戦前とは異なった教育をおこなうことへの願望があった。そうした戦後意識は生徒たちにも様々にあり、無着の願望が右の六つの「信条」として表明されたとき、それは戦争にまきこまれていた多くの生徒たちの願望とも重なった。無着は、「『勉強は国家のためや親のためにするものではなくて自分に生きる力をつけるためにするものだ』と、なりふり構わず子どもの中に体ごと飛び込んで一心に活動」(佐藤 二〇一二)をおこなった。それは、戦後意識を土台にした「子どもの生活と未来のための学習」への試みであり、戦後意識を土台にして生活のなかの道徳をつくる試みでもあった。

天野にも戦前教育の欺瞞についての批判意識があった(すでに一九三〇年代に、天野は、「軍事教練」への批判を公言していた)。天野は、そうした欺瞞性を自らの世代と職業のなかにも認めていた。一九四八年八月号の『世界』に掲載された清水幾太郎を司会とする座談会「世代の差異をめぐって——進歩的思潮の批判と反批判」の記録のなかに天野のつぎの言葉がある。「私どもの年齢のものは非常な愛国心をもつておるかというと、私はそう思わない」「自分らの世代の一番悪いことは偽善的な点である。今の世代の人にも不満足な点があるかもしれませんが、私自身は、自分らの仲間が最も偽善的で悪い者が多い、と思つております」「私どもの世代の者には、非常に利己主義の者が多い。私はいろいろの機会に、実にそれを痛感しておる」「そういう利己主義が再建を妨げているにもかかわらず、学者などに、それに対して忠言を加える勇気がないということ、すなわち時の勢力にしたがい、民衆にこびるということ——これも、今の世代と自分らの世代の違いを現わすものではなく、むしろ世代の差を問わず、ほとんどすべてが無節操といつてもよいかもしれないと、私には考えられる」。天野の憤りもまた深かった。

だが、天野は、こうした道徳の「空白」を埋めるため、人々の生活の中から新しい道徳をつくりだす道を選ぶことはなかった。

山形の訪問から二カ月をへた九月二二日、天野は、富山における視察旅行中の記者会見において、「講和条約の批准が終った日に、国民の『実践要領』を発表するつもり」であること、「道義心が国を成立させる根本になるので、国民の実践要領を国民に贈って生活の基準としてもらう考え」であることを述べた。内閣による講和条約の批准は、第一二国会両院の締結承認をへて一一月一八日におこなわれることになるが、吉田政権の頂点となるその日を期して、かつて見送られた「教育宣言」を、かたちをかえて提起することが目指されたのだった。これを報じた『朝日新聞』は、「国民実践要領」について、「個人、家庭、社会生活、国家として『どう生きて行くのが正しいか』をやさしい表現」で記するものであり、「文相自身が責任を持って出すが、教育勅語に代るものではなく、また行政命令でもない。道徳の規範として学校へ配布することも考慮中といわれるもの」と伝えていた(『朝日新聞』一九五一年九月二三日)。貝塚茂樹によると、「当初、こうした天野発言に対して、新聞紙上ではほとんど具体的な反応はなかった」「ところが、この『要領』制定をめぐる議論は、同一〇月一五日の参議院本会議で、天野が、『国家の道徳的中心は天皇にある』と発言して以来、活発な議論へと発展する」(貝塚 二〇〇一)。後年に吉田茂は、天野文相による、①国民の祝日の「国旗」掲揚、「国歌」斉唱の推奨、②「国民実践要領」制定の提起、③高校の倫理科設置の提起について、つぎのように述べている(吉田 一九五七)。

これらは、一々私も賛成で、私は文相の努力を大いに多としていたのである。ところが、新聞や雑誌に現われた意見では、賛否両論と言いたいが、反対意見の方が随分多かった。

一〇月一五日の発言を受けた参議院文部委員会における「国民実践要領」をめぐる審議は、二四日と一一月二〇日におこなわれ、二六日には九名の参考人を招いて公聴会もおこなわれた。翌二七日、天野は「国民実践要領」の白紙撤回を表明せざるを得なかった(『朝日新聞』一九五一年一一月二七日夕刊)。それから九カ月後の一九五二年八月一二日、天野は文相を退任した。

5　反省の動き——原爆の子・教員の悔恨・元憲兵

第四は、教育政策の側からではなく教育学者と教員組合の側から、戦前の道徳教育とその道徳基準「天皇崇拝の愛国心による従軍」を反省する動きがはじまっていたことだ。

戦後日本の教育界が道徳基準「天皇崇拝の愛国心による従軍」を反省するためには、つぎの作業をおこなうことが本来は不可欠だった。①外征戦争による被害事実の解明。とくに一九世紀から日本の外征戦争にまきこまれてきた朝鮮と中国における被害事実の解明がその土台となるべきであり、あわせて、①としての日本の子どもの被害事実についても明らかにすること。②外征戦争への教育の加担の事実の解明。③外征戦争にたいする抵抗の事実の解明。ここでも一九世紀から日本の外征戦争に抵抗してきた朝鮮と中国における事実の解明が欠かせない。これらのことは、ドイツにおける歴史の反省が、ユダヤ人の被害史とファシズムへの抵抗史を土台にしておこなわれてきたことを想起すれば理解がしやすい。①がなければ被害への反省は断片的、あるいは、観念的なものとなり、③がなければ抵抗の事実から思想をつくり再発の防止に役立てることが難しくなる。②の必要は当然である。

日本政府が、右の諸事実の解明に着手しえないなかで、まず日本の子どもの被害事実の解明(①)に着手したのが教育学者の長田新《おさだあらた》だった。広島文理科大学に勤務していた長田の自宅は広島市内にあり、一九四五年八月六日、広島市に原爆が投下されたとき、長田も被ばくをして重傷を負っている。

戦後、長田は、原爆によって被害を受けた子どもの手記を集めることを決意した。市民の多くが家屋を焼失し、離散していたので、手記を集めることは困難だったが、一九五一年四月から六月までに一一七五篇の手記が集まった。その中から一〇五篇(小学生四二・中学生二五・高校生一八・大学生二〇)を選んだものが、一〇月に『原爆の子』として出版された(岩波書店)。高校一年生の福原新太郎は、「弟がその塀の上の赤とんぼを取ろうとして手を延ばした瞬間、『ピカッ』と光って、まるで熔鉱炉の中にでもほうり込まれたような衝撃を全身に受けて、塀の片隅に吹き飛ばされていた」ことを記している(当時国民学校四年生)。中学一年生の山本節子は、倒壊した家屋の下敷きになり身動きができなくなった母と交わした最期の言葉を書きとめている(当時国民学校一年生)。「お母ちゃんは、あとからにげるから、節ちゃんは先ににげなさい。さ、早く早く」。

長田は同書の序において記している。「いやしくもこの手記を読んだ者は、最早やかつての軍国主義者たちが叫んだ『平和のための軍備』ないしは『平和のための戦争』という、あのまことしやかな伝説には決してごまかされはしないだろう。実際誰が愚かにも、二度と再び戦争による破滅を通して、世界の平和を得ようなどと望むだろうか」。長田による『原爆の子』は、一九五〇年六月にはじまった朝鮮戦争、八月一〇日における「警察予備隊令」公布(一三日第一陣として七万五〇〇〇人入隊)、東西冷戦下で日本を西側に位置づけていくことになる講和条約締結への動きを前にして、それらにたいする危機感の表明として世に問われたものだった。

『原爆の子』における長田の提起は、道徳教育のあり方にも及ぶものだった。「総ての児童を平和の世界を実現するような人間に作りあげることが、教育本来の使命であるとすれば、現在国の中央に地方に到るところ声高く叫ばれている道徳教育こそ、こうした教育本来の命題に無関心であってはならない」。長田によれば、「特に第二次大戦において重大なあやまちを犯して、今や戦争責任を痛感している吾が日本国民にとっては、『平和に対する責任』こそ、社会に対する最も本質的な責任でなくてはならない」とされ、「この『平和に対する責任』をはっきり自覚して、平和を実現してゆく人間を陶冶《とうや》すること、それが新道徳教育の基本的な課題でなくてはなら」なかった。この長田の提起は、外征戦争による被害(1)、外征戦争への教育の加担(2)、外征戦争にたいする抵抗(3)について事実の解明を欠いた段階のものではあったが、日本の子どもの被害事実の解明(1)をふまえることにより、吉田や天野による道徳基準を再び国定しようとする動きとは一線を画すものだった。

外征戦争への教育の加担(2)については、戦前に教職にあった教員たちによる「戦争の時代にたいする悔恨」(内田 二〇〇四)が表明されはじめていた。

逝《ゆ》いて還《かえ》らぬ教え児《ご》よ
私の手は血まみれだ

君を縊《くび》つたその綱の
端《はし》を私も持つていた
しかも人の子の師の名において

一九五二年一月、高知県教員組合の機関誌『るねさんす』第四四号に掲載された詩の冒頭である。この詩のおしまいは「繰り返さぬぞ絶対に」の一行で結ばれている。作者の竹本源治は一九一九年に高知県で生まれた。一九四四年に国民学校で教壇に立ち一九四五年六月に応召。戦後は県下の小中学校で社会科や国語を教えていた。竹本の詩は、朝鮮戦争、再軍備、講和条約締結をへていたこの時期に、日教組の加盟単位組合の機関紙を通じて、同僚の教員たちに届けられたものだった。

教員たちによる「戦争の時代にたいする悔恨」を社会の表に浮かび上がらせるうえで、日教組による朝鮮戦争と講和条約への取り組みのもつ意味が大きかった。

日本労働組合総評議会(総評)の結成は朝鮮戦争勃発から一六日目の一九五〇年七月一一日だが、その総評の傘下の労働組合のなかで、朝鮮戦争にもっとも敏感に反応したのが日教組だった。総評結成大会において日教組は、「強力な平和運動」を主張する修正案を出して、このときは否決されている。二五日、総評第一回緊急評議員会において日教組は、朝鮮戦争に関する態度についての修正案を提出するが、このときも否決されている。

一九五一年一月二五日、日教組は第一八回中央委員会において「講和に関する決議」を採択し、全面講和、中立、軍事基地反対に再軍備反対を加えた平和四原則を日本政府に提起するようになる。この時期以降、占領下における穏健な反共運動のナショナルセンターだったはずの総評がその運動方針を転換していく。三月の総評第二回大会で平和四原則を確認し、前後して主要労組も相次いで平和四原則を確認する。社会党も一月の大会で平和四原則を決定していた。

日教組が第一八回中央委員会において採択した「講和に関する決議」については、平和四原則の提起とあわせて、その第五項に「再び教える子を戦場え《ママ》送らない決意」という言葉が記されていたことが注目されなくてはならないだろう（布村 二〇一五）。決議から八日目の二月二日、『日教組教育新聞』はその見出しに「教え子を戦場に送るな　第一八中央委員会開く」を掲載している。六月一日、日教組は第八回定期大会において一〇のスローガンを採択したが、その一つが「平和憲法を守り教え子を再び戦場に送るな」だった。

日教組による朝鮮戦争にたいする敏感な反応と、「教え子を再び戦場に送るな」のスローガンには、教員たちによる「戦争の時代にたいする悔恨」がこめられていた。このスローガンの文言を、自らの「戦争の時代にたいする悔恨」と重ねていた教員の一人に内田宜人がいた。内田は復員後に早稲田大学第一文学部仏文科をへて一九五二年に東京都墨田区の中学校で英語教員となっていた。内田は後年に、このスローガンが多くの教員にうけいれられた理由をつぎのように記している（内田 二〇一三）。

> 子どもたちに日々接する教育活動として国策に沿う戦争推進の旗を振った日本の教師には、他の分野の職種に比してはるかに大きな戦争責任があることは明白だった。（中略）小心、大勢順応、オポチュニズムといった属性は教師のみに固有のものではなかっただろうが、昨日までの軍国主義教師が一夜明け

て民主主義礼賛に豹変し、子どもたちの反感と軽蔑を買うといった状況もみられた。戦中も戦後も飯を食わねばならなかったのだといってしまえばそれきりだが、ただ、そういう部類の層をふくめて大多数の教師の心底の深いところに、戦争の時代にたいする悔恨があったことはたしかなのだ。

だからこそ、このスローガンは多くの教師たちにうけいれられた。戦場に送った教え子の死を見ながら生き延びた教師の悔恨、国家のあやまちを己のあやまちとして引き受けようとする自省と自戒、戦争体制の再現にたいしては今度こそ悔いなき抵抗をつらぬこうとする決意、そういったものがこのスローガンにはこめられていた。そこには、戦争責任の自覚を基盤に戦後の現実に立ち向かおうとする姿勢があった。こういう戦後意識と情念は、一般の民衆や労働組合、政党、知識人等の場合に比して、きわだって戦後的だったといわねばならない。だからまた、このスローガンは、教師以外の労働者、各層市民のなかにもうけいれられていったのであった。

このときの日教組による提起は、教員の道徳のあり方にも及ぶものだった。「教え子を再び戦場に送るな」につづけて、一九五一年八月の日教組第二〇回中央委員会において「教師の倫理綱領」草案が提出され、一九五二年六月の第九回大会において正式に制定となった。「教師の倫理綱領」の作成は一四人の学者と知識人の協力でおこなわれた(宮原誠一、勝田守一、周郷《すごう》博、柳田謙十郎、大田堯《たかし》、海後《かいご》勝雄、梅根《うめね》悟、清水幾太郎、宗像《むなかた》誠也、鵜飼《うかい》信成、務台理作、上原専禄、中島健蔵、羽仁説子)。その前文には、「日本の教師は半封建的な超国家主義体制のもとで、屈従の倫理を強いられてきた」が、「これらの因習をたちきり、あらたな倫理をもたねばならぬ」と記され、つぎの一〇項目がかかげられた。

一、教師は日本社会の課題にこたえて、青少年とともに生きる。
二、教師は教育の機会均等のためにたたかう。
三、教師は平和を守る。
四、教師は科学的真理に立って行動する。
五、教師は教育の自由の侵害を許さない。
六、教師は正しい政治を求める。
七、教師は親たちとともに社会の頽廃とたたかい、新しい文化をつくる。
八、教師は労働者である。
九、教師は生活権を守る。
一〇、教師は団結する。

一〇項目のそれぞれには、「いまからみればありきたりの願望的題目の羅列といった側面」(内田 二〇一三)もある。だが、「教師の倫理綱領」は、戦前の教員の多くが国定の道徳基準を無批判に受容し、その道徳教育をつうじて「天皇崇拝の愛国心による従軍」を子どもたちに求めた歴史的事実をふまえたとき、重要な意義をもつものだった。(8)

前文にはつぎの一節がある。「破壊的な近代戦争の脅威が、内からも外からも、この歴史的課題についての認識と、その課題解決への意志をゆがめてきている。このような状態のなかで、人権を尊重し、生産を高め、人間による人間の搾取を断った平和な社会をもとめようとするわれわれ人民の念願は、労働者階級の高い自主的な成長なしには達成されない」「日本の教師は全労働者とともに、事態が困難を加えれば加えるほど、ますます真の団結を固めて、青少年をまもり、勇気と知性をもって、この歴史的な課題の前に立たねばならぬ」。ここの起草者は柳田謙十郎だった。

先にふれた全国作文コンクールにおける柳田の記念講演（一二九頁参照）は一九五〇年一一月であり、「教師の倫理綱領」草案提出の九カ月前、天野による道徳教育提起の翌月だった。天野と柳田は、いずれも京都帝国大学で哲学を専攻したが、戦後の天野は文部大臣に就任して国家の側から道徳基準の再設定につとめて、戦後の柳田は教員組合と同じ側に立つことを選びとって「教師の倫理」の創出につとめるのだった。

「教師の倫理綱領」については、それが個々の組合員の生活のなかの取り組みからつくられたものではなく、日教組中央が、学者・知識人の助力も得ながらすすむべき道標を示そうとするものだったこと、したがって、それがただちに全国の教職員の心をとらえたわけではないことについても留意しておきたい。内田はつぎのように述懐している（内田 二〇〇四）。

> 私が中学校教師になったのは、ちょうど「倫理綱領」が制定された年だったが、そのことが私の職場に伝えられてきた記憶はない。「倫理綱領」というものを、私や同僚たちがいつ知ることができたのかもおぼえがない。レッドパージからいくらも年数を経ておらず、一口にいって組合運動は沈滞していた。校長以外の全員が組合員だから職場に組合という組織はあるが、運動はなかった。〔中略〕焼け残りの教室に生徒がすしづめになっており、教師一人あたりの授業時数は多く、口うるさい校長への反発や、つ

まらぬいさかいがなぐりあいになったりすることがあっても、総じてみな無気力だった。戦後の超インフレはおさまり、飢餓賃金の時代は過ぎていたが、朝鮮戦争の特需景気とも公務員は無縁で、スーツ一着で若い教師の一カ月分の給料がとぶ水準の生活に、不満をつぶやきながら誰もがつつましかった。そんな職場の状況のはるか上空で、日教組が平和四原則をかかげて政府と対峙していた。

だが、内田によれば、一九五〇年代前期に右のような教員の意識の状況があったとしても、だからといって、日教組中央が、「倫理綱領」をかかげてすすむべき道標を示そうとしたことが、「現場の意識から遊離した観念遊びだったとは、かならずしもいうことはでき」なかった。内田は墨田区で教員になってまもなくのころ、「ある教室で、戦争で身寄りの誰かを失っているものの数を調べてみたら、三分の二をこえて」いた。墨田区が東京大空襲の被害地だったこともあるが、子どもも、保護者も、そして教員も、それぞれに戦争の傷を負っていた。日教組中央から伝えられた「教え子を再び戦場に送るな」のスローガンが、教員をこえて、保護者や市民の共感を引き出してもいた。政治課題とあわせて、切迫した生活苦もあり、組合運動は停滞のなかにあっても、教員の意識を生活者の団結に向かわせるだけの組合活動の蓄積はつくりだされていた。

『原爆の子』と「教え子を再び戦場に送るな」と「教師の倫理綱領」には、つぎの共通点もあった。一つは、子どもたちに道徳を説くことに先立ってまず教員が自分自身の行動と道徳のあり方を問題にしようとしていたこと。二つは、朝鮮戦争と再軍備と講和条約の動きを前にして、教育現場の側から新たな生活のなかの道徳を模索していたこと。三つは、その新たな生活のなかの道徳の焦点が戦争反対（国に再び戦争を起こさせない、教え子を再び戦場に送らない）であることを明確にしつつあったことだ。

だが、その戦争反対には、不安定な要素もあった。外征戦争による被害事実の解明①を欠いていたことは、戦争反対を日本国内における日常生活の平穏の要求（自国民がよければ他国民はどうなってもよい）に矮小化させる可能性をはらませており、外征戦争にたいする抵抗の事実の解明③を欠いていたことは、戦後も日本での生活を余儀なくされていた朝鮮人や中国人との生活のなかの交流を土台にして日本の独立を構想することを妨げてもいた。

とはいえ、教員たちの戦争反対は、外征戦争への教育の加担②を忘れるのではなく、心の底にあった「戦争の時代にたいする悔恨」を土台とすることで、広大なエネルギーを持ち、戦前の道徳教育を再評価しようとする動きにたいしても、多くの教員による危機感の表明と反対の運動をつくりだすことになる。

こうして内田たちが復員後における戦後の生活を歩みはじめていたとき、かつて戦地に動員された兵士のなかにはまだ日本に帰国できない者も多くいた。ここでは、かつて外征戦争による加害の最前線にいた土屋芳雄（第２章参照）のその後についてもふりかえっておくことにしたい。

一九四七年、元憲兵の土屋は、ソ連のハバロフスクで抑留の日々を送っていた。ソ連による旧憲兵隊への取り調べもはじまる。「いずれ殺されるだろうことは、自分のやってきたことを振り返れば容易に予測できた」（朝日新聞山形支局　一九八五）。だが、土屋は、最初に取り調べを受けたのが若い上等兵だったことを知ると「よし、これなら乗り切れる」と思った。上等兵は敗戦時に憲兵になったばかりで拷問や諜報の細部は知らない。「憲兵隊の犯した国際法違反は漏れずにすむだろう」。

一九五〇年に土屋はソ連から中国へ引き渡され、撫順《ぶじゅん》戦犯管理所での日々を送ることになった(一九五〇~五六年)。はじめ土屋は不遜な戦犯だった。中国に移送される列車の中で、土屋たちにはソ連では食べることが出来なかった白飯が出された。驚きながらも「こんなに食わせてくれるのは、やはり大和民族の優秀性を彼らが知っているからだ」と考えた。

一九五四年、土屋は取調べ官に呼び出され一通の告訴状を手にしていた。土屋が一九四〇年に検挙したハルビン工業大生・王鴻恩《ワンフンエン》の母親が書いたものだ。「親一人子一人だった息子を土屋が逮捕し拷問した。そして監獄に入れた。息子は日本敗戦で出獄したが、病気となり死んでしまった。土屋が息子を殺した」。この夜から、高イビキで眠ると有名だった土屋が、官房の扉がきしむたびに、おびえるようになった。ようやく土屋は自分の罪業を直視することを試みるようになる。

一人でも多く殺すこと、一人でも多く捕らえること、それだけを名誉として突っ走っていた。戦争のせいか、受けた教育が悪いのか、それもあるだろう。ではオレ自身に責任はないのか。そんなことはなかった。

土屋がおこなったことが、国家と教育のあやまちを己のあやまちとして引き受ける作業として、どのような意味と限界を持っていたかについて、ここでは詳述できない。はっきりしているのは、このとき日本国内では、戦前の検証を欠落させた無責任な教育政策の復活がはじまっていたことだ。

6　保守政党の道徳教育政策――吉田茂による「愛国心の涵養」

第五は、「愛国心の涵養と道義の高揚」と「産業教育の充実」を柱とする保守政党の教育政策が輪郭をととのえ、SCAP・CIEと文部省による教育政策を、保守政党と文部省による教育政策へと転換させる基盤をつくり、「戦争の時代にたいする悔恨」を土台とした教育運動との全面衝突を準備していたことだ。

保守政党の教育政策、とりわけその道徳教育政策の基礎を固めるうえで吉田茂の演じた役割には無視できないものがあった。吉田は、第一次政権組閣後の一九四六年八月に日本自由党総裁となり、民主自由党総裁をへて、一九五三年三月より自由党総裁となった(一九五四年一二月第五次吉田政権総辞職まで)。この自由党が、日本民主党とともに解党して、自由民主党(自民党、一九五五年一一月結成)に合流する。

保守政党の教育政策の輪郭の形成という視点から、一九度に及んだ吉田の衆議院における施政演説を概観したとき、もっとも注目されるのが、一九五二年四月の講和条約発効によるGHQ/SCAP撤退後における最初の衆議院施政演説だった(第一五国会・第四次政権)。その日付は同年の一一月二四日であり、天野の文部大臣退任から三カ月後である。そこでは政府による教育政策がつぎの言葉で示された(本節で引用する施政演説はいずれも衆議院におけるものであり、出典を示さないものは吉田 一九五八から引用した)。

終戦後の教育改革については、その後の経験に顧み、わが国情に照して再検討を加うるとともに、国民自立の基盤である愛国心の涵養と道義の高揚をはかり、義務教育、産業教育の充実とともに、学芸及び科学技術の振興のために格段の努力を払う所存であります。

かつて吉田は、「文教刷新、民主教育の徹底」こそが「国家再建の根本である」(一九四八年一二月四日の第四国会)として、戦後教育改革の徹底をうたいあげていたが、ここでは一転して、「終戦後の教育改革」に「再検討を加うる」との方針をかかげており、その具体的な内容についても示していた。

一つは、「道義の高揚」、すなわち、労働政策の一環としての教育政策を、一九四九年の「教育宣言」の見送りと一九五一年の天野による「国民実践要領」の撤回をへながらも、あきらめることなくかかげることだった。吉田の施政演説における「道義の高揚」についての言及はこれが三度目であるが、この後もさらに二度にわたり言及をおこなう。後年、自民党は、結党大会において党の政策基本方針を示す六項目の「政綱」を決定するが、その第一項目は「国民道義の確立と教育の改革」となる。

二つは、「産業教育の充実」すなわち経済政策の一環としての教育政策を進めることだった。この背景には、一九五一年における「産業教育振興法」の制定とあわせて、同年五月六日、吉田が首相の私的な諮問機関として政令改正諮問委員会を発足させ、財界の教育政策要求に応じて「戦後教育改革」にたいする「再検討」に着手していたことがあった。同委員会には、石川泰山(東芝社長)と原安三郎(日本化薬社長)も財界から入った。一〇月一六日、同委員会は、「教育制度に関する答申」をおこなった。その目的は、「わが国の国力と国情に適合し、よく教育効果をあげ、以て、各方面に必要且《か》つ有用な人材を多数育成し得る合理的な教育制度を確立すること」におかれた。これは、教育を財界が求める人材育成の手段と再定義するものであり、この再定義にしたがい教育制度の再編をめざすものだった。まず六・三新学制については、「原則的には、これを維持すべきである」としつつ、「実際社会の要求に応じ得る弾力性をもった教育制度を確立」するものとされ、戦前の複線型への回帰を志向した。さらに答申は、「職業教育の尊重強化」を鍵概念として、中学校と高等学校を普通課程と職業課程に複線化することについても提起するものだった。同答申をへて、吉田は第一四国会の施政演説で「産業教育の振興」について言及していたが、第一五国会ではその「充実」についての言及となった。

三つは、「愛国心の涵養」をかかげた教育政策を新たに進めることだった。吉田が施政演説において「愛国心」と「涵養」をセットにして提起したのは、これがはじめてである。ここにいたるまでに、吉田は、一三回におよぶ衆議院施政演説において「愛国」あるいは「愛国心」についての言及を八回重ねている（第一次政権下は三回中一回、第二次政権下は一回中一回、第三次政権下は九回中六回）。それらを辿り直すことで、吉田が「愛国心の涵養」の提起にこめた意図をさぐることにしたい。

一九四七年二月一四日の第九二帝国議会（第一次政権下）では、吉田は、愛国心を敗戦と結びつけて論じていた。「かつて愛国心に富める国民なりとして列国より尊敬せられたわが国民は、敗戦の結果志気沮喪《しきそそう》」し、もはや「道義頽廃、相克摩擦日に加わるの風」をみせていると吉田は慨嘆する。引用文中の「しきそそう」は、士気沮喪とも書くが、吉田の『回想十年　第四巻』に収録された施政演説の記録では志気沮喪となっている（国立国会図書館の帝国議会会議録における表記も志気沮喪である）。士気沮喪の語義は「兵士たちの意気が失われること。広く、集団の意気が失われること」であるのにたいして、志気の語義は「意気ごみ」であるから（『広辞苑　第七版』）、いずれの表記でも同じ意味ととらえてよいだろう。ここで吉田は、①

かつて国民は愛国心に富んでいたこと、②敗戦によりその勢いが減退したことを論じているが、一九五〇年七月一四日の第八国会施政演説でもこれと同じ主旨のことを述べている。「占領下すでに五年を経過致しましてやや国民の独立心、愛国心がいささか沮喪するに至ったのではないか」。これらの言及は、いずれも講和条約の早期締結を主張する文脈のなかでおこなわれたものであるが、戦前から敗戦にいたる国民の愛国心の実相について、吉田の認識を示したものにもなっている。

こうした吉田の愛国心認識は、政治学者の升味《ますみ》準之輔《じゅんのすけ》の愛国心認識と重なっている部分がある。升味も、吉田と同様に、敗戦を経た占領下における国民の愛国心に減退をみとめている。あわせて升味は、そのメカニズムについても分析をおこなっているので、ここにその論旨を要約しておくことにしたい（升味「二つの愛国主義」『改造』第三四巻第一二号、一九五三年、市川 二〇〇八所収）。升味によれば、近代日本における愛国心は、民衆が権力に対抗して自発的に組織をつくるような行動を食いとめ、国民を非政治化することによって体制のなかに囲い込むことでつくりだされたものだったとされる。升味は「家族」と「天皇」を鍵概念として、その愛国心の生成と減退をつぎのように分析している。

（1）「家族」による非政治化。「家族」を棄て政治に奔走するものは、故郷に錦をかざらぬ限り、家の面目をつぶした不孝者とされ、そのうえ家庭における和合の機会を奪われる。このため勤勉と孝行をもとでに現存の体制のルールに従って着実に生きることが最もすぐれた処世法とされた。「家族」は体制の安定の最深部の足場であった。

（2）「天皇」による非政治化。「家族」が最も正当な集団理論となっているとすれば、国家を「家族」

のアナロジーで考えることは当然である。家族に政治がないように、国家にも政治はない。家長が和合の中心であるように、天皇も権力的支配者ではない。政治体制は自然の秩序とみなされ、政治体制の変革は冒瀆とみなされる。

(3)家族愛の愛国心への転換。国民の本能的な家族と郷土にたいする愛情を収斂して愛国心に切りかえるのが天皇だった。近代日本の愛国心とは、「家族」と「天皇」によりつくりだされた、天皇にたいする国民の献身の原理であって、抵抗の原理とはならないものだった。

(4)愛国心の限度。このため、この愛国心は、「天皇」が「家族」を圧迫しない限度でしか機能しない。その限度を越すと「家族」の功利主義がはびこり、献身はタテマエに変じていく。近代日本の愛国心は天皇の苛酷な要求を覚悟したものではなかった。だから、天皇は、摩擦と対立をウヤムヤにする中和のシンボルとなることに本来の機能を発見する。総力戦は、「天皇」による献身の調達と「家族」の圧迫を同時にすすめ、その矛盾を天皇により中和しようとするものだったが、やがて国民は虚脱の献身と諦観を示した。敗戦によって生まれたのは、政治的虚脱と中和の喪失だった。升味によれば、欧米の愛国心が民衆の自発性を前提としたのにたいして、日本の愛国心は「家族」の安泰を前提とするから、その安泰がこわれれば愛国心の減退は必至だったということになる。

だからというべきか、吉田は、民生の回復（＝「家族」の回復）と歩調をあわせるようにして、国民の愛国心（＝「国家への献身」）についての期待をこめた言及を第二次政権下からはじめるようになる。「正直にして勤勉、企画的にして能率的なるわが国民の労働力が、その愛国的熱情をもってわが国再建復興に協力」することが講和条約締結の前提である(一九四八年一二月四日の第四国会)。第三次政権下においても、ドッジラインによる国民生活の圧迫をともなう施策をまえにして「国家をしてこの手術に耐えしむるためには、一に国民諸君の不動の信念と熱烈なる愛国心の協力にまたねば」ならないと述べている(一九四九年四月四日の第五国会)。そのボルテージは講和条約の締結により頂点に達する。「わが国民の愛国心と、信義に徹するわが国民的性格は、この条約の義務を負うに決して異存はないと信ずるものであります」(一九五一年一〇月一二日の第一二国会、吉田 一九五七②)。

だが、吉田による国民の愛国心への言及は、ながく期待の表明にとどまった。その「涵養」や「高揚」を施策として打ち出すことには、吉田のまえに多くの障壁がたちはだかっていた。まず占領下では、すべての教育内容から「軍国主義的及び極端なる国家主義的イデオロギーを排除」することが求められていた。吉田は、「愛国心、独立心を高揚せしむる第一の条件は、国が独立を回復することであり、従って講和条約が一日も早く結ばれることを希望せざるを得ない」(一九五一年の第一〇国会参議院予算委員会の答弁)と述べている。かりに占領による制約がなかったとしても、「天皇崇拝の愛国心」の末路を見聞してきた人々の多くにとって、「上から言いだされた愛国心をそのまま率直に受取ることができない」(柳田謙十郎ほか「愛国心の検討——とくに平和の問題との関連において」『日本評論』第二六巻第四号、一九五一年、市川 二〇〇八所収)という戦後意識がつくりだされており、かつての愛国心の復活はほとんど不可能にみえた。

吉田にとっては、もう一つの問題があった。「天皇崇拝の愛国心」が放棄されたあとの「空白」をうめるようにして、戦争反対とむすびついた愛国心が伸長し、体制をゆるがしていくことへの懸念である。先にふれた一九五〇年七月一四日の第八国会の施政演説において、吉田はつぎのようにも述べていた。「いまなお全面講和とか永世中立とかいうような議論がありまするが、これはたとい真の愛国心から出たものとしても、全く現実から遊離した言論であります。みずから共産党の謀略に陥らんとする危険千万な思想であります」。この演説の日付は、朝鮮戦争勃発（一九五〇年六月）の翌月、「警察予備隊令」発令の前月だった。労働組合のなかでは日教組が同年二月の第一四中央委員会で三原則（全面講和、中立、軍事基地反対）を確認していたが、社会党と総評が平和四原則（全面講和、中立、軍事基地反対、再軍備反対）を確認するのはこの演説の翌年の一月と三月である。この時点でとくに影響力があったのは学者たちの活動であり、その先頭に立ったのが平和問題談話会だった。最初の声明「戦争と平和に関する日本の科学者の声明」が『世界』一九四九年三月号に掲載され、つづけて「講和問題についての平和問題談話会声明」（『世界』一九五〇年三月号）が発表されて「全面講和」「中立」「軍事基地反対」の三原則が提起されていた。東大総長・南原繁も全面講和をかかげていた。五月三日、吉田は、自由党の両院議員総会の秘密会において、南原繁の全面講和論をとらえて、「曲学阿世の徒に外ならない」と批判したことが新聞に報じられている。吉田の危機感は深かった。

もっとも、学者たちの側では、戦争反対と「全面講和」（＝英米との部分講和への批判）をむすびつけることは当然としても（東西の冷戦にまきこまれる）、戦争反対と愛国心をむすびつけることについては逡巡をかかえていた。『日本評論』一九五一年四月号に掲載された座談会のなかに学者たちによるつぎのやりとりがある（柳田ほか「愛国心の検討――とくに平和の問題との関連において」）。杉捷夫《としお》は、「とくに民族とか愛国心などを、いま言いすぎることは、結局元へもどることになると思う」と述べたが、これは多くの人々の戦後意識とも重なるものだった。これらにたいして、戦争反対と愛国心の結合を主張したのは久《く》野収《のおさむ》だった。

「平和を愛する勢力が、国家権力を握るところまでゆかなければ、各人の平和意志が貫徹されない。そのためにはやはり、なんらかの愛国心とかナショナリズムという問題を出してこなければ、そういう問題は解決されないのではないか」。「とにかく国民が一致して戦争に介入しないという機構をつくり上げなければ、結局少数派として、必ず敗北しますよ」。久野が目指したのは政治化した国民による愛国心だった。これにたいして日高六郎は、久野の論を一面では認めつつ、「いま愛国心を強調すれば必ず逆の方にプラスする結果になる」ことを主張した。「日本にはそういうナショナリズムを健康に育ててゆく地盤が全然欠けている」。「日本の戦争末期を考えて見ると、各自が自分の家族を守るためには、やみ買いもすれば、なんでもやる。いわゆる家族主義的な愛国心が、その場合、逆に家族国家をあおった権力者に対して復讐したわけです。もし再び戦争にでもなったら、日本で真っ先に起こるのは、家族的エゴイズムに根ざす、たとえば、ものすごいやみ買い競争のような、現象だと思うのです」。さらに日高は、日本のナショナリズムには侵略主義の経験があり、アジアの諸国民が根強い不信の感情をもっていることも指摘し、アジア諸国のナショナリズムと結びつくためにも、「今すぐ日本のナショナリズムをもち出すことは、逆効果になる」とした。

吉田政権と学者たち、それぞれが愛国心を積極的に打ち出すことへの逡巡をかかえていたといっていいだろう。吉田をして、その逡巡を打ち破らせたものは何だったのか。三つの要因があった。

一つ目は、米政府からの再軍備への圧力だった。マッカーサー書簡により警察予備隊が創設されてからも、ずっと吉田は、言葉のうえでは再軍備の意図を否定しつづけたが、軍備と愛国心の関係については微妙な言いまわしをはじめるようになる。(9)

一九五一年一月二六日の第一〇国会施政演説における発言。「国の安全独立は、一に軍備軍力の問題ではないのであります。頼むべきは国民の独立自由に対する熱情であります。独立自由愛国的精神の正しき認識とその観念であります。この熱情及び正しき観念に欠くる軍備は、外に対しては侵略主義となり、うちにおいては軍国主義政治となるのは、わが国最近の経過」をふまえれば明らかとした。ここで吉田は、正しい愛国心に欠けた軍備が侵略主義と軍国主義政治に帰結することを指摘し、それをもって再軍備の意図を否定するのだったが、それは裏を返せば、正しい愛国心にもとづく軍備については容認するものでもあった。

やがて吉田は、「再軍備の基礎を固める」ための愛国心に言及するようになる。一九五二年九月一日の自由党議員総会における発言。「再軍備については現在は経済的にもできない。二千億の予備隊経費をもって、これを再軍備なりと称するものは一笑に付してよい。物心両方面から再軍備の基礎を固めるべきである。そこで精神的に教育の面で万国に冠たる歴史、美しい国土など地理、歴史の教育により軍備の根底たる愛国心を養わなければならない」（『朝日新聞』一九五二年九月一日夕刊）。ここで吉田は、警察予備隊の創設をもって再軍備とみなすことについては引き続き否定をするのであるが、将来における再軍備についてはむしろ肯定し、その基礎としての愛国心を養うことについては積極的かつ具体的な意見を述べている。

さらに、一九五二年一一月二六日の第一五国会衆議院本会議における答弁では、愛国心の涵養を国民に欠いた段階における再軍備について、「共産化する軍隊」となることへの懸念も述べている。

政府は決してごまかして軍備をいたす考えは毛頭ありません。〔中略〕まず国民は愛国心の何ものかを知ることが大事であります。しかるに、今日まで日本の歴史を教えず、日本の地理を説かず、日本の国語を説かず、日本の国体の優秀なること、日本民族の優秀なることを少しも説かずして、しこうして再軍備をいたす——愛国心のない軍隊のごときものは、まことに恐るべき軍隊であります。ただちに共産化する軍隊であります。かくのごとく軍隊を組織いたしましたならば、これは国家百年の災いを残すものであります。

吉田は「もし再軍備をいたすならば、そうした時期〔愛国心の涵養が果たされた時期〕に」おいていたしたいと述べる。ここで吉田は、「愛国心の涵養の欠落」という一枚のカードを二つの方向に切っている。まず、早急な再軍備を求める米政府と国内勢力にたいしてはその速度と規模を小さくするための論拠としてこのカードをもち出し(10)、それと同時に、かつての愛国心を忌避する世論にたいしては「愛国心の涵養の欠落」を放置すれば共産主義の侵入と蜂起に対処できないことを強調し、これにより「愛国心の涵養」を当然とした。

吉田をして「愛国心の涵養」への逡巡を打ち破らせた一つ目の、そして直接の契機は、米政府の再軍備要求だったのであるが、それは直ちに「再軍備のための愛国心の涵養」として提起されるのではなく、むしろ現状における「愛国心の涵養の欠落」は再軍備の速度と規模を小さくするための論拠としてかかげられ、「未来における再軍備のための愛国心の涵養」として、わかりづらいかたちで提起されるものだった。

二つ目は、「国民の非政治化」への要求だった。升味はつぎのように述べている。「体制側の説く愛国心は侵入蜂起に対して郷土を防衛すること」だった。しかし侵入の恐怖はある意味で幻影にすぎず、しかも、敗戦後の日本にこの幻影を事実とするほどの力はなかった。社会主義国との交戦は不可能である。そのうえ対米従属を前提とした「独立」から傲然たる使命感をわかせることもまた不可能であり、軍事基地そのほかの害悪が事実となれば、蝕まれる郷土から吉田が期待するような愛国心が起こるはずはなかった。そこで、「体制のほとんど唯一の方法は民衆の非政治化、不安と反感を政治的に表現させないこと、これしか」なかった。「運動を抑圧しながら、その磁力を『天皇』『家族』でマヒさせるのである、それも、神話はもはやすたれているから、不安と反感を緩和する鎮静剤としてしか使用」できなかった（升味「二つの愛国主義」）。

吉田による愛国心のわかりづらさとは、升味の分析をふまえるならば、一面においては体制側の説く愛国心の弱さの表れであり、別の一面においては、吉田が対峙していた学者と労働組合と社会党による「反戦平和」が「愛国心」と結びつくことへの恐怖から、かつての愛国心が有していた「国民の非政治化」の機能への期待（つまりはイデオロギー政策の一環としての教育政策への期待）が背後に込められていることによるものでもあった。

三つ目は、文部大臣退任後においても天野による「応援」を得るための手筈が整えられていたことだ。一九五二年六月六日、「文部省設置法」の改正により中央教育審議会の設置がおこなわれ、一九五三年一月六日、まず第一期一五人の委員が任命されたが、そのなかに天野の名前があった。天野は一九五五年一月二五日に第二期の委員に再任されると会長となり第五期までつとめ、その後も一九六七年五月二七日に退任するまで七期にわたり委員を続けることになる。

天野は、文部大臣退任後も、「国民実践要領」の構想をあきらめることはなかった。一九五三年三月、天野は、「国民実践要領」の刊行をおこなっている。貝塚茂樹によれば、「国民実践要領」は天野一人によって執筆されたものではなく、天野が高坂正顕《こうさかまさあき》、西谷啓治、鈴木成高《しげたか》に執筆を委嘱し、三人によって作成された案に天野が手を加えて完成したものだったとされる（貝塚 二〇〇六）。その構成は、「前文」「第一章 個人」「第二章 家」「第三章 社会」「第四章 国家」からなり、総計四一項目からなる道徳の基準を列挙するものだった。その「愛国心」と「天皇」についての記述は以下のようである。

愛国心　国家の盛衰興亡は国民における愛国心の有無にかかる。われわれは祖先から国を伝え受け、子孫にそれを手渡して行くものとして国を危からしめない責任をもつ。国を愛する者は、その責任を満たして、国を盛んならしめ、且つ世界人類に貢献するところ多き国家たらしめるものである。真の愛国心は人類愛と一致する。

天皇　われわれは独自の国柄として天皇をいただき、天皇は国民的統合の象徴である。それゆえにわれわれは天皇を親愛し、国柄を尊わねばならない。世界のすべての国家はそれぞれに固有な国柄をもつ。わが国の国柄の特徴は、長き歴史を一貫して天皇をいただき来たったところに存している。したがって天皇の特異な位置は専制的な政治権力に基づかず、天皇への親愛は盲目的な信仰やしいられた隷属とは別である。

かつて井上哲次郎は教育勅語の解説に際して、①天皇統治の恩恵、②天皇統治の永続、③人民による天皇の輔弼の義務（献身）を説くことで、「天皇崇拝の愛国心」を人々に求めたが、天皇の軍隊による戦争が無残な敗戦に終わり帝国憲法が改正されたあとで、①と③を説き続けることはもはやできなかった。「国民実践要領」は、②の天皇統治の永続というフィクションのみを説くことにより、「天皇親愛の愛国心」を人々に求めるものだった。戦前の「天皇崇拝の愛国心」が国民の非政治化を土台とする「天皇」＝「国家」にたいする国民の献身の原理だったことと比較すると、「国民実践要領」における「天皇親愛の愛国心」は、国民の非政治化という土台のみを再構築するものだった。それはせいぜいのところ「不安と反感を緩和する鎮静剤としてしか使用できない」ものではあったが、愛国心を忌避あるいは警戒する人々の戦後意識を前にしたとき、学者グループの一角に「国民の道徳」の問題として「天皇親愛の愛国心」を掲げる協力者を確保していたことは、吉田にとってその政治的価値は大きかっただろう。[11] 山崎政人は、天野による「国民実践要領」について「教育界は見向きもしなかった」（山崎　一九八六）としている。だが、保守政党と文部省は、この「国民実践要領」を手がかりにして、つぎの段階の教育政策を打ち出すようになる（第6章第2節）。

吉田による「愛国心の涵養と道義の高揚」とは、「道義の高揚」（ストライキの高揚への危機感→労働政策の一環としての教育政策＝未来の労働者への思想対策）を土台として、米国の再軍備要求への対応（愛国心が欠落しているから急速な再軍備を抑制しよう、ただし未来の再軍備に向けて愛国心を涵養しよう）、および、戦争反対と全面講和論の高揚への対応（愛国心による国民の非政治化への期待）をおこなうために、戦後にタブーとされていた「愛国心の涵養」を教育政策の中心に位置づけようとするものだった。それらは単純な戦前回帰ではない。かつての山縣有朋における愛国心とは、二〇万人の外征軍隊を準備するなかで徴兵制度の強制性を覆い隠し「自発的な従軍」を促すために創案されたものだった。こうした愛国心は、一九五二年の吉田によって、当面における「軽武装・経済重視」(警察予備隊七万五〇〇〇人)を支えるイデオロギーとして、また、将来における「重武装」を準備するイデオロギーとして、さらには、米政府への「従属的独立」の従属性を覆い隠すために国民を非政治化するイデオロギーとして再定義されようとしていた。

ここで強調しておかなければならないのは、吉田による「愛国心の涵養と道義の高揚」は、保守政党の内部においても、必ずしも現代的な意味における教育政策として構想が練られ、準備されたものとは言い難かったことだ。このことを升味の言葉を借りて述べれば、「むしろ、驚くほど旧態依然とした支配層の肉体と頭脳が環境の変異に応じて本能的に示した執拗なアメーバー的生命力とみるべきだろう」(升味 一九六九)。もし吉田たちが、現代的なイデオロギー政策の一環としての教育政策を目指すのであれば、山縣有朋政権下で導入された教育勅語とそれにもとづく道徳教育について、その果たした役割を事実にもとづき検証することが不可欠だった。だが、吉田が頼りにできたのは天野をはじめとする旧いタイプの倫理学者にすぎなかった。教育のあり方や、人々の意識のあり方について、事実の分析を欠落させたまま、いわば支配層の「本能的」な反応として掲げられたのが「愛国心の涵養と道義の高揚」だった。しかしまた、支配層の「本能的」な実感にもとづくものであるがゆえに、吉田による「愛国心の涵養と道義の高揚」は、財界役員から急進右翼にいたる人々の支持をえて、保守政党の教育政策として確固とした位置をしめていくことになる。

一九五二年八月一四日、吉田は自由党政調会で立案中の新政策について参考意見を文書にして水田三喜男政調会長に手交した。吉田の構想によれば新政策の重点は全五項であり、その第五項には「日本の歴史と地理を教えないような文教政策は改める必要がある。国民の道徳心を振興するため道徳教育の必要がある」と記されていた(『朝日新聞』一九五二年八月一五日)。三〇日、自由党は新政策「十大綱領」をまとめ、その第四項が「国民教育の刷新　①国民道義の高揚をはかる　②義務教育を充実し国庫負担制度を拡充する　③日本歴史、地理、修身、国語教育を充実する　④国際知識の普及をはかる」とされた(『朝日新聞』一九五二年八月三一日)。

7　道徳教育政策ルート

第六は、「愛国心の涵養と道義の高揚」を柱の一つとする保守政党の教育政策が具体化の段階に入ったことだった。その漸進と急進の過程は、一九五二〜一九五七年の時期におこなわれた文部大臣による教育課程審議会にたいする三度の諮問(「一九五二諮問」「一九五六諮問」「一九五七諮問」)により明らかにできる。

この動きの起点の一つとなったのが文部大臣・岡野清豪《きよひで》だった。岡野は、日本銀行出身で三和銀行頭取をつとめ、吉田に請われて一九四九年に政界入りし、一九五二年八月一二日に自治庁長官兼任で文相に就任した。前田多門、安倍能成、田中耕太郎、高橋誠一郎、森戸辰男、下条康麿、高瀬荘太郎、そして天野と続いた「学者文相」の時代が終わり、保守政治家が文相に就く「党人文相」の時代が幕をあけた。岡野文相についてはつぎのような観察がある。

岡野文相は、三和銀行の頭取をやった人とかで、もちろん教育財政のことは初めてであっただろうが、さすがは党人文相というわけで、それまでの学者文相とは肌合いが違っていた。それに独立後で総司令部という関門もなかったから、かなり思い切ったこともいえるようになったようだ。在任期間は、わずか九カ月と短かったが、教員給与の三本建て制とか、愛国心教育に力を入れるため社会科の改訂を教育課程審議会に諮問するとか、公立小・中学校教員をみんな国家公務員にするという「義務教育学校職員法」案の上程などをやった。私は直接、関係はなかったが、党人文相のこれらの施策は、政党の意向がじかに文教行政に反映され、とくに日教組対策に力を入れ出したという感じを強くした。たとえば教員給与が大学と高校以下の二本建てだったのを、大学、高校、義務教育の三本建てにする政策は、明らかに日教組の組織から高校の先生たちを分離させる狙いで、事実そのとおりとなった。また職員法案は、義務教育に対する国の責任を明らかにするという建前だが、教員給与を全額国が負担することによって義務教育の教職員を全員、国家公務員にして政治活動を一層きびしく制限し、文部省が管理するという身分法の色濃いもので、これまた日教組の力を殺ぐ効果を狙うものだった。〔中略〕また教育刷新審議会に代わって、新たに文相の諮問機関として発足した中央教育審議会のメンバーに財界人を多数送り込み、教育行政に財界からの発言が多くなったのも、さすが財界出身の大臣のやることらしいと思った。(内藤 一九八二)

岡野は、在任は短かった(九カ月)が、「学者文相」終焉の後の時代にふさわしい露骨な党略的教育政策の立案に腕をふるった。「義務教育学校職員法(義教法)」と教員給与三本建て制である。「義教法」は、公立小中学校教員の身分を国家公務員に切り替えることで統制の強化をねらったもの、給与三本建ては高校教員の給与を小中学校と別体系にすることで教員の分断をねらったものである。日教組の組織を目標とする攻撃としての立法であることは、誰の目にも明らかだった。（内田 二〇〇四）

内藤は、文部省による日教組対策について、それを「教育正常化」の取り組みと把握する自身の立場を鮮明にして右の書を著している。内田は、東京の墨田区を職域として三五年間、日教組の組合員として活動を重ね、それらが「忘れ去られていい歴史だったのではない」とする立場で右の書を著している。両者は対立する立場にあるが、岡野文相下の教育政策についての見方では多くの点で一致している。

内田における「『学者文相』終焉の時代」は、講和条約による占領の終結とともに「絶対権力である占領軍」にたいして「リベラル知識人をおしたてることで教育改革の圧力への緩衝材」（内田 二〇〇四）とすることが不要になった時代を意味しているが、こうした見方は、「独立後で総司令部という関門」がなくなったところに岡野文相が配され「政党の意向がじかに文教行政に反映」されるようになったとする内藤の見方と通じている。これまでSCAP・CIEと文部省によって進められてきた教育政策を、保守政党と文部省によって進めるものへと転換しようとしたこと、そこに岡野文相下の教育政策の基本的な性格があったことを両者は指摘している。

両者の叙述には違いもある。岡野文相下の教育政策として、内田が列挙したのは、①「義務教育学校職員法案」と②「教員給与の三本建て制」の二件だったが、内藤は、それらとあわせて、③「愛国心教育に力を入れるための教育課程審議会への諮問」と④「中央教育審議会への財界人送り込み」をとりあげている。①と②が日教組の力を殺ぐための施策であるのにたいして、③と④は、教育内容にたいする保守政党と財界の関与を増大させるための施策だった。

その③について論じていく。一九五二年一二月一九日、岡野文相は教育課程審議会にたいして「社会科の改善特に道徳教育・地理・歴史について」諮問をおこなった(「一九五二諮問」)。八月一四日の吉田による自由党政調会への参考意見、それをうけた自由党の新施策「十大綱領」の具体化である。ここに、道徳教育政策の決定ルートが、「内閣総理大臣」→「保守政党」→「文部大臣(諮問)」のラインをへて「教育課程審議会」の「入口」までつながることとなった。だが、このときはまだ、教育課程改訂の作業は教育課程審議会を中心にすすめられるものであり、その意向を尊重するため、文部省は白紙の態度で臨むという建て前がそれなりに機能しているときでもあった。

一九五二年度に委員が改選された教育課程審議会の会長は野村武衛《たけえ》(東京学芸大学教授)だった。諮問から八カ月をへた一九五三年八月七日の答申(「社会科の改善に関する答申」)には、つぎの文言がおかれた。

> 社会科の改善に当って力を注ぐべき面の一つは、基本的人権の尊重を中心とする民主的道徳の育成である。学校教育において、このような道徳教育を重視することの必要なことは論をまたない。〔傍線は引用者〕

傍線部分は公表直前に修正をくわえられた箇所である。八月三日に提示された原案では、社会科の改善に当って力を注ぐべき面の一つは「道徳教育の徹底である」とされていたのを「基本的人権の尊重を中心とする民主的道徳の育成である」と改めることがおこなわれており、道徳教育の「強化」とされていたのを「重視」と改めることがおこなわれていた。これらの修正は、原案に少数意見が考慮されていなかった点について勝田守一(東京大学教育学部教授)と三木安正(東京大学教育学部助教授)の両委員より反対意見が出されたことによるものだった(『時事通信　内外教育版』四五三号、一九五三年八月一一日)。勝田と三木による反対意見の背後には、社会科の解体と修身の復活を危惧する教育界の動向があった。「社会科の改悪は必至であっただけに、民間教育運動側にも広範な統一がうまれ、社会科問題協議会が結成された。これまでの運動はどちらかといえば答申がだされたあとで意見をのべるという行動形態であった。それを脱皮し、事前・事後に数回におよぶ共同声明がだされて」(海老原　一九六七)おり、対決がつよめられていた。

道徳教育の強化を目論んでいた保守政党の意向にたいして、右の答申は抑制的な見解を貫くものだった。教育勅語の再評価を重ねていた吉田や保守政党にとっては、道徳教育に「基本的人権の尊重を中心とする民主的道徳の育成」という枠をはめられたことも望ましいことではなかった。かれらは巻き返しをはかる。

同月、自由党がまとめた「文教政策の充実改善」(第一六国会報告書)には、社会科の改善に焦点をあてて道徳教育の拡充をはかる政策構想があらためて示された。「社会科で取扱われる問題のなかには、道徳的に処理し、解決されなければならぬ問題がかなり多い。それをいちいち科学的解決でなければならないとして分析するために、問題は一層複雑となっている。これはひとり社会科ばかりでなく、教育全般を通じて道徳の問題が軽視されていることは、今日の日本教育の根本的欠陥である。〔中略〕それ故に、わが党は今日の社会科教育を改善し、徳育、歴史、地理、国語教育の充実をはかるべく、今日の教育内容を慎重に検討しようとするものである」(岡津　一九六九)。

中央教育審議会では、出されたばかりの教育課程審議会答申についての審議がおこなわれ、はやくも教育課程審議会答申の翌日の八月八日には「社会科教育の改善に関する答申」を出すこともおこなわれた(12)。その答申は、「本審議会は、教育課程審議会が文部大臣に答申した『社会科の改善に関する答申』について慎重に審議した結果、その趣旨を認め、これに賛意を表する」としたうえで、教育課程審議会答申において「『基本的人権の尊重を中心とする民主的道徳の育成』とある意味は、民主的道徳の中心は人格の尊重、ひいては社会公共への奉仕にあるとの意味に理解すべきであるから、これが実施にあたっては、その趣旨に沿い遺漏のないよう努めること」を文部大臣に求めるものだった。「人格の尊重」概念を媒介にすることにより、「基本的人権の尊重を中心とする民主的道徳の育成」から「社会公共への奉仕」を強引に引き出し、保守政党の要望に沿うかたちで教育課程審議会答申に「軌道修正」をはかった。

同月二二日、文部省は、「社会科の改善についての方策」を出した。教育課程審議会答申の趣旨にもとづいた「方策」であることを装ってはいたが、その内実は中央教育審議会答申による「軌道修正」を受け入れたものになっていた。「方策」のなかには「基本的人権の尊重を中心とする民主的道徳の育成」の文言はなく、かわっておかれたのが「社会公共のために尽すべき個人の立場や役割を自覚し、国を愛する心情を養い、他国や他国民を敬愛する態度を育てること」だった。あわせて、「学習指導要領の改訂に際しては、右のような指導が見のがされることがないように考慮する」(岡津 一九六九)ことが主張された。

一〇月、愛国心教育の強化については、ふたたび吉田による外交的手腕が発揮されていく。吉田政権は、「日米相互防衛援助協定」(「MSA協定」)を結ぶため、自由党政調会長の池田勇人を米国に派遣し、米国の国務省において国務次官補ウォルター・ロバートソンとの会談にあたらせた。そこで池田は、かつての吉田と同じように、「愛国心の涵養の欠落」という一枚のカードを二つの方向に切ってみせている。まず、

「協定」をつうじた軍事援助の継続のためには日本の防衛力増強が必要と考える米政府にたいしては、「占領八年にわたって日本人はいかなることが起っても武器をとるべきでないとの教育を最も強く受けたのは、防衛の任に先ずつかなければならない青少年であった」[13]として、早急な防衛力増強には制約があることを説き、日本の防衛力増強の規模縮小を求める。それと同時に、日米の会談当事者が「日本国民の防衛に対する責任感を増大させるような日本の空気を助長することが最も重要であることに」同意をしたのだとして、日本政府にたいしては、「教育及び広報によって、日本に愛国心と自衛のための自発的精神が成長するような空気を助長することに、第一の責任をもつものである」ことを求めるのだった。

一九五四年一二月七日、通算七年に及んだ吉田による政権が終結する。一〇日に発足した鳩山一郎による日本民主党内閣で文部大臣に就任したのは安藤正純だった。ちょうど同月に「小学校学習指導要領　社会科編」の第五次案がまとめられていたが、安藤文相は「強引に発表を延期」(岡津　一九六九)させて、書き直しをおこない、一九五五年二月一一日に発表した。原案では、「現在わが国の政治は、日本国憲法にしたがって、国民が選んだ代表者による立憲政治のかたちで行われているが、これは主権者である国民の意志をよく反映させるためである」とあった一文は、「わが国の憲法によって、天皇は国の象徴、国民統合の象徴としての立場に立っておられ、また政治は国民が選んだ代表者による議会政治によって行われている」に直されていた。この改訂案は「安藤社会科」と呼ばれて、「政党人によるあからさまな教育内容介入の第一号」(山崎　一九八六)となった。この改訂案にもとづく「小学校学習指導要領　社会科編」は、一二月一五日に公表された。一九五一年の「社会科編」には「社会科で養いたいと考える望ましい態度」の一つとして「普遍的人間性の立場に立ちながら民族的なほこりをもつこと」がおかれていたが、それが

「人種・国籍・生活様式の違いなどに基く偏見をなくすように努めること」と「民族的誇りをもち、郷土や国土を愛し、よりよくしようとする意欲をもつこと」に改められていたことも注目に値する。また、これまでは表紙におかれていた「試案」の文字も取り去られていた。

だが、こうした強引な改作による一教科の指導要領の改訂というやり方や、先にみた中央教育審議会による「軌道修正」や外圧の利用(池田・ロバートソン会談)という隠微なやり方では、「部分的断片的な結果におわることへの不満足」(海老原 一九六七)が保守政党にあっては募るばかりだった。その保守政党が再編される。

一九五五年一一月一五日、自由民主党(自民党)の結党である。それまでの保守政党は、日本自由党—民主自由党—自由党の流れと、日本進歩党—日本民主党—国民民主党—日本民主党の流れにわかれていたが、自由党と日本民主党がともに解党して自民党に一本化されることになった。自民党は結党大会で六項目からなる「政綱」を決定したが、その第一項目が「国民道義の確立と教育の改革」だった。

正しい民主主義と祖国愛を高揚する国民道義を確立するため、現行教育制度を改革するとともに教育の政治的中立を徹底し、また育英制度を拡充し、青年教育を強化する。体育を奨励し、芸術を育成し、娯楽の健全化をはかって、国民情操の純化向上につとめる。

ここには「祖国愛」の高揚、「国民道義」の確立をはかるために戦後教育改革にたいする再改革をおこなうことが掲げられており、一九五二年に吉田が施政演説で明らかにしていた教育政策構想をストレートに継承するものになっていた。一一月二二日、自民党の結党をうけて第三次の鳩山一郎内閣が発足する。鳩山は自民党の教育政策の具体化に意欲をみせた(14)。一九五六年二月六日、第二四国会衆議院予算委員会における鳩山の発言はつぎのようなものだった。

民主政治になりましたならば、教育の方針というものは非常に大事であります。民主政治に適合した国民を作っていかなくてはならない。〔中略〕祖国愛の燃え上がるような人、同朋愛の強い人、道義の高揚を考える人、とにかく次代の国民の育成ということが教育の目的であれば、それには民主政治に適合した国民というものを作らなくちゃならない。〔中略〕ただいま申しましたような性格の国民が必要だと考えます。

その第三次鳩山政権下で文相に就任したのは清瀬一郎だった。清瀬は「新しい党で、国のため最善の案がねられたら、党意を尊重してやっていく」と述べて、「自分は大政党の小使である」とまで言い放った（山崎 一九八六）。一九五六年三月一五日、清瀬文相は、教育課程審議会にたいして「小・中学校の教育課程の改善について」を諮問した（「一九五六諮問」）。このときの教育課程審議会会長は木下一雄（東京学芸大学学長）だった。この諮問の意味は、それに先立ち衆院に提出された三本の教育法案との関係で明らかにすることができる。

一本目は「地方教育行政の組織及び運営に関する法律案」（「地教行法案」）。三月九日衆院文教委員会付託、六月二日成立。二本目は「教科書法案」。三月一三日衆院文教委員会付託、五月二四日衆院通過、廃案。

三本目は「臨時教育制度審議会設置法案」。二月二日衆院内閣委員会付託、三月一三日衆院通過、廃案である。

「地教行法案」は、一九四八年の「教育委員会法」を廃止し、公選制の教育委員会を任命制にきりかえ、教育長任命にさいして都道府県教育長は文部大臣の承認を、市町村教育長は都道府県教育長の承認を、それぞれ得るものとする法案であり、「民衆統制・地方分権・一般行政からの独立」(谷正泰「教育委員会法」久保ほか 二〇〇一)を基本原理としていた戦後の教育行政にたいして、根本的な変更を及ぼすことをねらいとしていた。

「教科書法案」は、教科書検定審議会の委員を一六人から八〇人に増員して検定を強化し、教科書採択地区を設け、一教科一種の教科書を選定することとする法案であり、国による教育内容の統制をすすめようとするものだった。

「一九五六諮問」ともっとも密接な関連をもっていたのが「臨時教育制度審議会設置法案」であり、内閣に委員四〇人(うち四分の一は国会議員)で構成する審議会をおき、教育制度全般を再検討させることにより、つぎの二つをねらいとしていた。

第一は、「わが国の道徳目標」をめぐる「欠陥」(衆内閣・文教委員会連合審査会、一九五六年二月二二日)を改めることだった。清瀬は同法案の説明に際してつぎの主張をしている(山崎 一九九六)。

教育基本法には道徳の基準として八つのことを掲げておるんです。その一つは人格の完成で、これは何人も異議はございません。それからして平和国家、平和社会の形成、これも異存はございません。真理、正義、個人の価値、勤労、責任、これを重んずること、自主精神を養うこと、この八つをあげておりますが、これには異存がないんです。日本人としてみると、これだけでは一体わが日本国に対する忠誠というのはどこに入っておるのだ、この問題が一つあるのです。八つのうちには平和国家の形成ということがあって、国家という文字が一カ所出ておりますけれども、これで国に対する忠誠とまでは子供には響かない。それから日本は家族の制度を持っておりまして、個人の平等とはいうものの、家族内の恩愛の感情というものは捨て去ることはできません。これはどこへ入っておるのだろう。はなはだしきは、孝行は無用だ。してもいいけれども、せんでもいいんだ。個人は平等じゃないか。自分の親だけを別に取り除いて尊敬するの、愛するのということは、どうもおかしいというような言説さえ、教育家の中に行われておるんです。

この主張には注目すべきことがある。一つは、「教育の目的」を定めた教育基本法第一条をとらえて、それを「道徳の基準」を定めた条文とみなす解釈をおこなっていたことだ。二つは、現行の教育基本法が「定めた」八つの道徳の基準については異存がないとしたうえで、そこには「国に対する忠誠」と「孝行」が欠落していることを問題として指摘したことだ。これまで吉田政権をはじめとする歴代政権下において十分に具体化することのなかった「道徳基準の国定の復活」を、「抜け道」1を手がかりにして、一気にすすめることが目指されていたのである。

第二は、教育課程行政における「文部大臣の監督権」をめぐる「欠陥」を改めることだった。清瀬はつぎのように述べている（山崎　一九九六）。

現行法を見てみますと、学校教育について文部大臣は教育課程、今では学習指導要領というものを作って頒布しておりますけれども、学習指導要領に従って、ほんとうに教育が行われるように監督する権限はないんです。教育委員会に対しても、教職員に対しても、監督権は私は持っておらないんです。この状況で国民教育のような、ある程度の水準を維持しなければならぬ教育がうまくいけるかどうかは、これは疑問であります。

これまで国による教育課程の内容の決定については「抜け道」3により実質的におこなわれてきた。そのことをふまえ、国が定めた「学習指導要領」に、教育委員会と教職員を従わせていくこと――「国が定めた『学習指導要領』の拘束力強化」――が目指されていた。

三つの法案を要約すると、まず「道徳基準の国定の復活」をおこない、「国が定めた『学習指導要領』の拘束力強化」をはかり、「国による教科書への統制」をつよめ、こうした教育政策に教育委員会を従わせていくことが目指されていた。いわば保守政党の教育課程政策の本丸たる道徳基準を押さえたうえで、「学習指導要領」の拘束力・教科書統制・教育委員会といった外堀を埋めるための制度改革を進めようとするなかで、「一九五六諮問」はおこなわれていたのである。

だが、三つの法案には、国会の内外で広範な批判が起きた。三月八日、「地教行法案」の国会提出に反対していた全国都道府県教育委員会委員協議会は、清瀬文相に協議を申し入れる。清瀬文相は、「刑務所の法律を作るのに囚人の意見をきかないのと同様に、教委法改正に当っても当事者〔教委側〕の意見をきく必要はない」として協議申し入れを拒否。一五日、全国都道府県教育委員会委員協議会は、「清瀬文相に対する不信決議」を清瀬文相に手渡し、「全地教委と一体となり、総辞職をふくむ重大決意をもって法案反対の闘争を行う」ことを明らかにした（『毎日新聞』一九五六年三月一五日）。

一九日、東大総長・矢内原忠雄、前東大総長・南原繁、東京学芸大学学長・木下一雄ら一〇人は、「地教行法案」と「教科書法案」について、政府と国会に反省を促す声明を発表する。「教育は時の政治の動向によって左右されてはならず、教育の制度と方針は政争の外において安定させるべきだが、最近、文教政策の傾向はこの原則をあやうくするように思われる。〔中略〕そのいわゆる改正案をみると、いずれも部分的改正ではなく民主的教育制度を根本的に変えるようなものであり、ことに教育にたいする国家統制の復活をうながす傾向がはっきりしているのは、容易ならぬことといわなければならない」（『朝日新聞』一九五六年三月二〇日）とする指摘は、正鵠を得たものだった。

国会の内外における抵抗は激しく続けられ、法案審議はすすまなかった。国会の会期末が迫る。自民党は、他の法案を犠牲にして、「地教行法案」を通すことを決めた。六月二日、暁の国会で、警官五〇〇人が警護する本会議場で可決成立する。「臨時教育制度審議会設置法案」と「教科書法案」は廃案となった。

当時、文部省初等中等教育局地方課長だった木田宏はつぎのように述べている。(15)

　会期は残り少なくなりますし、清瀬文部大臣はこのとき、本当に奮闘されました。それから文教関係をやっておられた議員の方々もそうですし、このときから「文教族」という言葉が出たのではないかと思うのですが、それはまあスサマジイ勢いで党内を走りまわって、この法案一本で会期末に成立を図るということに流れを変えていったのです。

以後、自民党と文部省は、このとき廃案となった二つの教育法案についても、その立法意図を、新たな立法を必要としない行政措置ですすめていく。廃案後における「教科書法案」の立法意図の追求については、研究者やジャーナリストによるつぎの叙述がある。

ところで、新教委法〔「地教行法」〕と同時に提出廃案になった教科書法案についてはどうなったであろうか。昭和三一年〔一九五六〕六月、教科書制度の改変には立法を必要とせず、行政措置でおこなえる、そこで実行可能なことを速かに実施せよという閣議決定にもとづいて、教科書検定審議会の委員を増員し、また文部省設置法施行規則の一部を改正して常勤の教科書検定調査官をおくことを一〇月から実施した。（海老原　一九六七）

この法案〔「臨時教育制度審議会設置法案」〕と「教科書法案」は結局、成立しないままに終わるが、教科書検定の強化だけは文部省が施行規則改正などの便法を使って実施に移し、教科書に対する国の規制が厳しくなっていく。（山崎　一九八六）

自由民主党は、その後、国会提出を断念した教科書法に代わる教育内容の国家的統制を、学習指導要領の改訂という形で進めることに全精力を注いだ。（尾崎ムゲン『日本の教育改革——産業化社会を育てた一

三〇年』中公新書、一九九九年）

海老原と山崎は、「教科書法案」の立法意図が「文部省設置法施行規則」（一九五三年一月一三日文部省令第二号）の改正ほかにより具体化されたことを指摘している点が共通している。それと異なる論点を出しているのが尾崎である。尾崎が「教科書法案」について「国会提出を断念」したと論じているのは誤りであるが（提出はされたが可決しなかった）、その立法意図である「教育内容の国家的統制」がその後の「学習指導要領の改訂」により追求されたとする指摘は注目に値する。

海老原と山崎と尾崎の三者には、共通している点もある。三者は、右引用あるいは引用前後でそれぞれ「臨時教育制度審議会設置法案」について触れながら、その立法意図である「道徳基準の国定の復活」と「国が定めた『学習指導要領』の拘束力強化」のその後における具体化については触れていないことだ。これらの立法意図がその後に具体化される過程には、前例を無視した強引な政策手段の採用がいくつもあり――これを教育課程政策史上の「跳躍」と呼称することにする――その具体化の過程はきわめてみえづらいものだった。だが、これらの立法意図はまずは一九五八年を一つの頂点として具体化されたのであり、その過程が明らかにされなくてはならないだろう。(16)

8　内藤譽三郎のはたらき――「抜け道」2と3をつかって

「道徳基準の国定の復活」と「国が定めた『学習指導要領』の拘束力強化」を立法によらずに具体化す

る過程において、重要な役割を演じた文部官僚の一人が内藤譽三郎だった。一九五六年一一月二二日、内藤は初等中等教育局長に就任する。内藤たちが手始めにおこなったことの一つが、教育課程審議会の審議方式を変更することだった。一九五七年二月一〇日、教育課程審議会は、小中学校の「学習指導要領」の改訂に関する全般的な答申を出すにはいたらないまま、委員全員が任期満了になる。その二カ月後、四月一二日発行の『時事通信　内外教育版』第八二〇号に、「文部省、審議方式変更を意図　教育課程改訂に新しい構想」という表題の記事が掲載されている。表紙裏に配された「アンテナ」欄をいっぱいにつかった記事だった。管見のかぎりでは、文部省内における教育課程審議会の審議方式変更の動きを最初に伝えた報道である。

最近、文部省事務当局間には、つぎのような観点から審議方式の是正論が高まつているといわれる。一、今までのように教育課程審議会が中心となつて作業を行うばあい、各委員はその代表する教科を優先的に取りあつかう結果、不必要な混乱が生じ改訂作業が手間どるとともに、結論も広い教育的視野から出されるというより、各教科間の妥協といつた形になりがちで好ましくない。二、従来の審議方式は、ことさらに民間の意向を尊重するとの名目をかかげた米軍政下の変則的なものであり、文部省が改訂の基本案を作成、これを教育課程審議会に諮問したのち、決定するというのが正しいあり方である。

などの意見が大勢を占めるにいたり、事務当局としては、この夏ごろまでに基本案を固めて審議会に諮り、本年度末には改訂の大綱を決定したい意向のようであるが、はたして作業がどの程度まで捗るか、また教育課程審議会が文部省のこの新しい構想にどのような反応を示すかに苦慮している実情である。

これまで教育課程改訂の審議は教育課程審議会を中心にすすめられ、審議会の意向を尊重するため、文部省は白紙の態度で臨む方式がとられていた。それを「米軍政下の変則的なもの」と決めつけ、文部省が改訂の基本案を作成し、これを教育課程審議会に諮問したのち、決定する方式に転換してしまう。そうした文部省内の動きを右の報道は伝えている。事実はその通りになっていく。教育課程政策史上の「跳躍」（その1）である。

文部官僚たちは改訂の基本案をどのようなものとして作成したのか。八月二日発行の『時事通信　内外教育版』第八五二号に、「方針固め審議会待つ文部省　小中教育課程改訂の展望」という表題の記事が掲載されている。四頁にわたる長文の記事は、今次における改訂の眼目が「道徳教育の振興」「科学技術教育の振興」「基礎学力の向上」「小・中学校教育の一貫性の確保」の四点であるとしている。

この記事によれば、「文部省案一おうのしめくくり」は、文部省事務当局が「灘尾《なだお》〔弘吉〕文相退陣の直前に、初中局教育課、初等・特殊教育課の改訂担当官および同局視学官の間で審議の中間報告を簡潔にまとめ、これを同文相に提出」したとき、つまり灘尾文相退任の日付である一九五七年七月一〇日より前におこなわれたとされている。「それまでに事務当局間でどうやら決定的になつた線をはつきりさせて文相に報告したわけ」だった。「これとその後の部内の検討結果を総合すれば、だいたいつぎのような線が」でることを記事は伝えている。道徳教育にかかわる文部省案とはつぎのものだった。

道徳教育は、主として社会科で行うが、各教科および教科外活動（特別教育活動）の全体において行うという現行の線を守る。ただし、これについては現在松永〔東〕文相も同様言明を行つているが、内藤初中局長ら部内には教科特設に傾いている向きもあり、調節にはなお時間を要する見込みである。

この記述は、戦後教育史の画期となる「道徳の時間」特設につながる「独立教科による道徳教育」の構想が、いつ、どこで、誰の主導により進められたのかを伝える重要なものである。このとき一九四七年の新学制が「独立教科による道徳教育」を否定して「社会科による道徳教育」が細いラインではじまってから一〇年が経過しており、天野文相による「独立教科による道徳教育」への指向が一九五一年の教育課程審議会答申により否定されて「全教育課程による道徳教育」が政策の既定路線になってからは六年がすぎていた。一九五六年の「臨時教育制度審議会設置法案」のねらいも、「道徳基準の国定の復活」におかれており、「独立教科による道徳教育」には踏み込んでいなかった。にもかかわらず、内藤初中局長らは、ときの文相が認めていた「全教育課程による道徳教育」の一線を踏み越えて、「独立教科による道徳教育」の構想に傾いていた。内藤たち文部官僚の手で、ここでも教育課程政策史上の「跳躍」（その2）が準備されつつあった。右文は「調節にはなお時間を要する見込み」であることを伝えて結ばれている。

その調整は早いテンポですすめられていく。はやくも七月三〇日、松永文相は、「道徳教育についてはー科を特設してはどうかと思う」と記者会見において発言をおこなう（「道徳教育に科目特設も考慮　松永文相記者会見で発言」『時事通信　内外教育版』第八五二号、一九五七年八月二日）。

私はこれまでずうつと素人考えで、道徳教育をやるには学校の全科目のなかでやればよいと考えていた。しかしいろいろ勉強してみると、全科目のなかで道徳教育をやるといつても、いつたいそれでは数学の授業をしながら道徳を教えるというにはどうすればいいのか、とてもわからない。けつきよく道徳教育をしつかりやるには、一つの科目をつくつてやつた方がよいのではないかと考えるようになつた。

松永文相はなぜ従来の見解をくつがえしたのだろうか。右の記者会見を伝えた『時事通信　内外教育版』の記事は、「このような経過をたどった理由」として、つぎの三点をあげている。一つは、「文相はさきに森戸、天野、松村、清瀬、灘尾の歴代文相を私設顧問に迎えたが、七月二九日の文相と顧問の初会合ではこの時顧問側から道徳教育の強化、歴史教育再検討などの意見が出たこと」。二つは、「文部省事務当局では内藤初中局長が系統的な道徳教育の必要を説いており一般にも道徳教育科特設論者が少なくない関係で、それらの意見を多くきいたこと」。三つは、「教育課程改訂について内藤局長が文相にどのように説明を行うかも注目されていたが、同局長は三〇日文相に対し、道徳教育振興など改訂の四つのねらいや改訂の進行状態、および同局長の見解などを説明、文相はこれを了承」したことである。同記事によれば、教科特設の動きは内藤を起点とするものであり、内藤が文部大臣の合意をとりつけた日付は記者会見と同日の七月三〇日だった。この記事はつぎの一文で結ばれる。「文相および内藤局長の考えにたいし、文部省事務当局には道徳教育について現行の方法を大幅にかえることや科目特設には強い批判があるので今後の改訂の進み方にはかなりの曲折が予想されよう」。

だが、内藤らは「独立教科による道徳教育」の動きを押し通していく。九月一三日、七カ月の空白期間をおいて新しい教育課程審議会の委員が発令された。初等教育分科会と中等教育分科会には三二人の委員が就任したが、内一二人は前回から継続の委員であり、内二〇人が新たに選任された委員だった。新たに選任された委員の割合は六三パーセントで、従前の改選期とくらべてとくに高い割合ではなかったが、会長に文部次官の経歴をもつ日高第四郎をあてたことは、会長に研究者を就任させてきたこれまでの慣例をやぶるものだった(一九四九年度の青木誠四郎は教育心理学者、一九五二年度の野村武衛は数学教育研究者、一九五四・一九五六年度の木下一雄は教育学者)。日高は一九四六年五月から一九四九年五月まで学校教育局長、一九五一年一二月から一九五二年八月まで文部次官をつとめた。内藤による「学校教育法」の法案づくりと「学校教育法施行規則」制定へのかかわりは日高学校教育局長のもとでおこなわれたものであり、内藤が自らの専門分野とした「義務教育国庫負担法」(一九五二年八月公布)の法案づくりは日高次官のもとでの仕事だった。いわば気脈の通じた元上司を会長に据えることにより、内藤はその思うがままに政策の具体化を進めようとしたのである。

九月一四日、教育課程審議会は一九五七年度の第一回総会が開催され、松永文相により「小学校・中学校教育課程ならびに高等学校通信教育の改善について」の諮問があらためておこなわれた(「一九五七諮問」)。諮問に続けて松永文相は、義務教育の改善にたいする「わたくしの基本的な考え方」として、「国際社会において信頼と尊敬を受けるに足る日本人の育成」「新しい科学技術をじゅうぶんに身につけた国民の育成」「人間として品位のある国民を育成すること」の三点を掲げて述べたが、そのあとに内藤がおこなった「諮問事項説明」こそが、教育課程改訂に向けた文部省のねらいと委員への期待を明確にしたものだった。「今回の小・中学校教育課程の改訂は、これからのわが国が、世界の進運に対処し、民族の独立と国家の繁栄を確保していくためには、現在の小・中学校教育実情にかんがみ、これをいかに改善充実すべきかという立場から行わなければならないと存ずるのであります」。その主眼は四点だった(『文部時報』第九六三号、一九五七年一一月号)。

第一は道徳教育の徹底。これまでと同様「学校教育全体で道徳教育を行うという立場をとりながら、なおかつ道徳教育の徹底を図るために小・中学校とも道徳的指導のための時間を特設して、毎学年指導する必要があるのではないかと存じます。〔中略〕この際小・中学校における道徳教育の徹底を図るために積極的な措置を講じたいと考えております」。夏に報じられていた「独立教科による道徳教育」のラインからは後退しているが、それでも、「道徳の時間」を特設する意向が示された。

第二は基礎学力の充実。「基礎学力とは何かという問題はありますけれども、小学校におきましては、とくに、国語・算数の指導内容を充実し、指導時間数を現行より増加して、国語・算数に関する基礎学力の向上を図る必要があると考えます」。

第三は科学技術教育の向上。「とくに、中学校におきましては、数学科、理科の内容に検討を加え、かつ図画工作科、職業・家庭科など関係教科の再編成を行うことが必要ではないかと考えます」。

第四は職業陶冶の強化。「中学校は義務教育の最終段階であるという立場を明確にいたし、第三学年におきまして教科およびその指導時間数にいっそうの幅をもたせ、生徒の進路、特性に応ずる指導をじゅうぶんに行いうるように、教育課程の編成を考慮する必要があるのではないかと存じます」。

これは「諮問事項説明」というより、初等中等教育局長による一方的な答申の筋書きの説明にひとしかった。内藤は言葉を続けた。「以上申し上げましたことは、教育課程改訂の基本的な立場に関する問題についてでありますが、なお、各教科に関連する事項について二、三申し上げたいと存じます」。その三つ目がつぎの内容だった。

教育課程の国家基準を明確にすることであります。現行の基準は、その示し方におきまして必ずしも明確ではなく、全国的な教育水準の維持に欠くるところがあると思われます。そこで、その基準の形式をどうすればよいか、年間における各教科その他の指導時間数等をどのように示したらよいかなどの点に問題があります。

ここでは、「臨時教育制度審議会設置法案」の立法意図の一つだった「国が定めた『学習指導要領』の拘束力強化」について、文部大臣の監督権限の強化というアプローチではなく、「基準の形式」や授業時数の「示し方」の変更というアプローチによる具体化がおこなわれることが予告されていた。この点についても教育課程政策史における「跳躍」(その3)と数えてよいだろう。内藤は日程案も示した。「おそくとも明年(一九五八年)の三月までには小・中学校教育課程改訂の基本方針についてのご答申をお願いいたしたいと存じます。(中略)明年八月ごろに改訂の内容を公表いたしたい予定であります」。

その後は、内藤が示した日程案の通りにことが進んだ。教育課程審議会における道徳教育問題の審議は、一〇月五日の第三回審議会ではじまり、一〇月一二日の第四回審議会では最後の議題としてとりあげられ、審議は一時間たらずで打ち切られ、日高会長からの提案について採決がおこなわれ、全員賛成で「道徳の時間」の特設がきまった(日本教職員組合　一九六七)。この決定をうけて文部省内に教材等調査研究会がおかれ、省内で研究された案をもとに「道徳の時間」の実施要綱の検討がおこなわれ、三〇回におよぶ研究会ののち、一九五八年二月一五日に原案を完成していた（海老原　一九六七）。同年三月一五日、教育課程審議会の第二一回審議会において答申の決定がおこなわれ、文部大臣に「小学校・中学校教育課程の改善についての答申」を提出した（肥田野・稲垣　一九七一）。ここに道徳教育政策の決定ルートが「文部大臣（諮問）」→「教育課程審議会（答申）」の部分においても開通することになった。同答申は、「新たに『道徳』の時間を設け、毎学年、毎週継続して、まとまった指導を行うこと」を明記し、「小学校および中学校の教育課程の国家的な最低基準を明確にし、年間における指導時間数を明示し、義務教育水準の維持向上を図ること」についても明記した。

同答申については、「道徳基準の国定の復活」にかかわる記述が具体的におこなわれていたことも注目されなくてはならない。「道徳の目標・内容等については、教育基本法の精神にのっとり、本審議会の意見に基いて、教材等調査研究会において、慎重に研究するものとすること。なお、その際、別紙（1）の基本的要項を参考とすること」。その別紙（1）の「2　指導目標」は四つの柱からなった。

1　日常生活の基本的な行動様式を理解させ、これを身につけさせるように導く。
2　個性の伸長を助け、生活態度を確立するように導く。
3　道徳的心情を高め、正邪善悪を判断する能力を養う。
4　国家・社会の成員として、必要な道徳的態度と実践的意欲を高める。

あわせて別紙(2)の「道徳教育の基本的方針」のおわりには「詳細な教育目標および教育内容の選択、配列、取扱等に関しては、教材等調査研究会において慎重に審議すべきである」の文言がおかれた。だが、教材等調査研究会においては、すでにその審議を終えていたことは先述した通りである。

この答申から三日後の三月一八日に、文部省は事務次官通達別紙として「小学校『道徳』実施要綱」と「中学校『道徳』実施要綱」を発する(その内容については本章の冒頭で触れた)。これは、「臨時教育制度審議会設置法案」の立法意図の一つだった「道徳基準の国定の復活」という政策課題を、教育基本法改正や文部大臣による「国民実践要領」提出といった高次の政策手段によって具体化を図るのではなく、一片の文部事務次官通達別紙の発出によって具体化を図ろうとするものだった。このことも教育課程政策史における「跳躍」(その4)として数えられるべきだろう。

特筆しなければならないのは、文部省は、この文部事務次官通達によって、「道徳基準の国定の復活」とあわせて、「道徳教育における愛国心教育の再開」と「道徳の時間」特設の四月実施についても進めようとしていたことだ。こうした文部省のやり方には国会でも異論がだされた。通達発出に先立つ二月二〇日、第二八国会衆議院予算委員会において、門司亮《もんじまこと》議員(日本社会党)は、「文部省が四月から実施されると言われて」いる「道徳教育の問題」について松永文相を質している。「これは通達によって文部省はおやりになることだと思いますが、そう考えてよろしゅうございますか」。松永文相の答弁。「さようでございます。通達でやっていく、こういうふうに考えております」。門司議員は質問を重ねる。「学校教育法」にもとづく「学校教育法施行規則」には「そういう科目はないのであります」。したがって「今日の学校教育法の建前から見て参りましても、新たな一科を設けるというようなことは、これは通達ではできないと私は思う。もしこれが通達できるということになりますと、この学校教育法との関連性を一体どうお考えになるのか」。この質問に応じたのは松永文相ではなくて内藤初中局長だった。つぎに引用する内藤の答弁は、これから発出される通達と現行法規との矛盾を突かれているにもかかわらず、それを逆手にとるようにして、その後の施策の展開についての見通しをよどみなく述べるものになっていた。

　ただいまお尋ねになりました学校教育法との関連でございますが、御指摘の通り、学校教育法第一八条には、小学校の目的が列記されております。この目的の範囲内で御指摘になりました施行規則の二四条ができているわけです。この二四条には、お話のように道徳という時間はございません。従って私どもとしては、今後学校教育法施行規則の改正を行うことが一つでございます。同時に二五条には、教育課程の基準は、学習指導要領によるのでありますから、教育課程の基本的なものは指導要領が根拠になるわけでございます。この限りは文部大臣の権限でございますので、いずれなるべく早い機会に指導要領の改正を行いたい。この指導要領ができますのが、大体八月に各教科の新指導要領ができる予定になっております。

　それまでの間をどうするかという問題になると思います。この問題は一応教育課程審議会でただいま各教科についての検討が進められておりますので、その大体の方向というものは近く三月までには答申をいただくわけでございます。ですからこの指導要領の改正の趣旨に沿って、四月から具体的に実施の方向を示すということは、これは差しつかえないのではなかろうかと考えております。

この答弁には注目すべきことが三つあった。一つは、「学校教育法施行規則」第二四条に「道徳の時間」が規定されていないことを認めたうえで今後の改正を予告したことである。これは裏を返せば、四月からの通達が、第二四条と矛盾することを承知のうえで発出されることを告げるものだった。

二つは、「学習指導要領」の改訂が八月におこなわれることを予告したことである。これも裏を返せば、四月からの通達が、現行「学習指導要領」と矛盾することを承知のうえで発出されることを告げるものだった。

三つは、「学校教育法施行規則」と「学習指導要領」の改正がおこなわれるまで、「それまでの間をどうするかという問題」について、三月までには教育課程審議会による「学習指導要領」の改正の趣旨が出されるだろうから、それにしたがって四月から「道徳の時間」特設をすすめたとしても差しつかえないとする認識を示したことである。

これらをうけて門司議員はつぎの質問をおこなった。「内藤さん、そんなことを言いますけれども、これは非常に大きな問題なんですよ。答申案が出るはずだからといって先に出したのでは、答申なんか要らないと思うのです。政府がこういう答申を出せといって命令するのですか。〔中略〕そんなばかげたやり方がありますか。政府が先にきめておいて、こう答申してくるであろうから、今からこうやっておいても差しつかえないのだというようなばかげたことなら、答申案なんというものは要りはしません。今の御答弁はおかしいじゃないか。ほんとうにそうなるとお考えなんですか」。門司議員は、文部省が教育課程審議会の答申を先回りして施策をすすめることの問題性を突いたのだが、内藤の答弁はつぎのようだった。

ただいまのことにつきましては、すでに一一月に教育課程審議会は、道徳のために一時間の時間を特設するという中間発表をしておるのでございます（特設の決定が一〇月二二日で、同審議会初等教育分科会による中間まとめの発表が一一月だった）。具体的にその教科のどういうような学年別の目標なり、その扱いについての具体的な研究が、教材等調査研究会でただいま検討されておりますので、大体四月に間に合うということになっておりますので、私どももその答申が出次第地方に流したい、こういう意味でございます。

門司議員は、文部省が「学校教育法施行規則」改正と「学習指導要領」改訂を先回りして施策をすすめることの問題性についても追及をおこなったが、それらのことを確信犯的にすすめている内藤たちに打撃を与えることはできなかった。松永文相からはつぎのような「とぼけた答弁」（海老原　一九六七）までがおこなわれた。

御指摘になりました点は、審議会の議もまだ全部結了いたしていないのに、あんまり早まったじゃないかという御意見のようでありますが、しかしいいことは善は急げで早くやった方がよろしい。要するに道徳教育の強化は絶対必要であるというふうに私どもは考えておりますので、それで今まで申し上げたような取り計らいをしたような次第であります。

門司議員は、「道徳の時間」の特設が教育基本法の趣旨に反することについても追及をおこなったが、それに応じた岸信介首相の答弁はつぎのようだった。

もちろん日本の教育の各種の制度、法制その他のものは、教育基本法の今お読みになりました趣旨を実現するためにできているものだと私は思います。しかし実際これを実行してみて、具体的のことになりますと、やはり弾力性がある。今のものがそういう趣旨で制定されておるということについては、何らの異論を持ちませんが、それならそれで、その一字一句すべてのものが、将来にわたって変更できないのかといえば、私はそうじゃないと思う。教育の課程の内容につきましても、これは意見はありましょう。道徳科を設ける必要があるかないかという意見はあると思います。しかしながらいろいろな教育の実情から見、社会の情勢から見て、われわれはそういう科目を設ける必要ありと見れば、これが改正なりあるいは運用において、従来の何を是正していくということは、決して憲法並びに教育基本法の趣旨に反するものだとは私は考えません。

ここで岸首相は、教育基本法の「将来」における「変更」にまで踏み込んだ発言をおこない、道徳科の設置についても論を及ぼし、教育基本法の「改正なりあるいは運用において」その具体化が可能であるとの強弁をおこなっていた。

ここまで、保守政党の道徳教育政策ルートの開通作業について概観してきたが、それらを戦後教育改革の「抜け道」という視点から整理しておくことにしたい。一九五六年の「臨時教育制度審議会設置法案」の段階では、まず「抜け道」1（国による教育目的の決定の継続）を手がかりにして、教育基本法の第一条の改正による「道徳基準の国定の復活」「愛国心教育の復活」が追求された。その法案が廃案になると、一九五七～五八年の段階では、国会審議を必要としない「抜け道」2(国による教科目と教育課程構造の決定の継続)と「抜け道」3(国による教育課程の内容と授業時数の決定の継続)への着目がおこなわれ、それらの補修と再編による「道徳基準の国定の復活」「愛国心教育の復活」「道徳の時間の特設」が具体化の段階にはいった。こうした整理によって、これまで「まるで闇討ちのような形で遂行された」と評されてきた一九五八年の「学校教育法施行規則」一部改正と「学習指導要領」改訂について、その政策背景を明らかにすることができるのではないだろうか。政策決定の主要な舞台は、国会(保守政党)から文部省内(文部官僚)へと転換がはかられており、文部省内における政策決定を主導したのが内藤誉三郎だった。

本節では教育課程政策史上の「跳躍」として、教育課程審議会の審議方式の変更(その1)、「独立教科による道徳教育」の構想(その2)、「基準の形式」や授業時数の「示し方」の変更(その3)、通達別紙と「学習指導要領」による「道徳基準の国定の復活」(その4)の四点を指摘したが、そのいずれもが内藤たちの手によるものだったことは、今日あらためて着目されるべきだろう。内藤にそれらを可能にさせた要因とは何だったのか。内藤の「積極性」については松本清張によるつぎのような観察がある(松本　一九六三)。

内藤には先輩の引きもなければ、門閥、閨閥《けいばつ》もない。文理大卒という経歴は、官僚としての彼にコンプレックスを抱かしめたことであろう。しかし、これが他の東大卒の「何もしない官僚」型に対して凄い闘志を沸かしたのであろう。この闘志は雑草型である。閨閥といえば〔中略〕その点、内藤には何もない。まさに一匹狼である。しかし、こういうタイプにありがちな、時の権力に対する柔軟性、悪く云えば追随性が内藤にはある。

松本の観察は、内藤の「積極性」についてその熱源の所在を示唆したものとなっている。松本の内藤評のなかには「政党に従属する官僚の面目」という言葉もあり、この指摘は内藤の行動について当てはまる場合とそうでない場合とがある。内藤がみせた「積極性」については、あと五つのことを論じておかなければならない。

一つは、内藤が一九四七年に「学校教育法」と「学校教育法施行規則」を手がけていたことであり、「抜け道」2と3の開通に際しての実務担当者だったことである。この経歴が「抜け道」2と3の補修と再編を内藤に発意させた条件の一つとなったと思われる。内藤の初等中等教育局長就任が一九五六年一一月だったことの意味も大きかった。その一カ月後、第三次鳩山政権が「臨時教育制度審議会設置法案」を成立させることなく退陣し(一二月二〇日)、そこから二カ月後(短命におわった石橋湛山政権をへて)鳩山以上に強力な憲法改正・再軍備論者だった岸信介の政権がはじまった(一九五七年二月二五日)。戦後もっとも高姿勢の内閣のもとで、ただしこの間の与党自民党の議席数は三分の二に届かないという政治条件のもとで――したがって憲法改正の発議はできず教育基本法の改正による「抜け道」1の拡張工事には十分な抵抗が予想された――保守政党の宿願である「愛国心の涵養と道義の高揚」の具体化に内藤は邁進したのだった。「政党に従属する官僚の面目」という松本の内藤評は、「道徳の時間」特設に関しては当てはまるものとみてよい。内藤の同局長在任は五年二カ月の長期におよび、一九六二年一月二三日の事務次官就任まで続いた。

二つは、右のこととも関連して、内藤による道徳教育政策への関与は過去の検証を欠落させた戦前回帰への指向にもとづくものだったことである。「学校教育法」と「学校教育法施行規則」の策定に際して内藤を実務者とする文部省の果たした役割とは、ＳＣＡＰ・ＣＩＥによる「法律主義と地方分権」の理念を一面においては受容しつつ、それを別の一面では「行政裁量と中央集権」の理念から退けるために「抜け道」2と3を開通させることだった。それは突き詰めれば、「教育基本法」―「学校教育法」―「学校教育法施行規則」の法規体系のなかに、「教育勅語」―「国民学校令」―「国民学校令施行規則」の価値体系の部分的な温存をはかることであり、あるいはそれらを復活させるための「火種」や「下地」をつくることにほかならなかった。

内藤が道徳教育政策への関与に際して発揮した戦前回帰への指向には、たとえ戦地に赴かなかったとしても、同時代人であれば抱かざるを得なかった戦後意識のようなものが欠落している。たとえば「愛国心の涵養と道義の高揚」の主導者となった吉田茂にしても、一九五六年に雑誌『週刊東京』誌上でおこなった息子で英文学者の吉田健一との対談のなかではつぎのようなやりとりをしている。息子が、自衛隊発足時には「制服を着て街を歩くのが恥しかった」自衛官が「最近は、帽子をちゃんと被って胸を張って歩ける」ようになったことを話す。ここまで対談は「日本人の自負」「自衛隊の素質向上」「それは結構な話」という文脈で進んでいたのだが、吉田はつぎの言葉で応じる。「軍隊のために、日本は国を誤ったのだから、兵隊の帽子をかぶっておれば、オレの子供を殺した、親を殺した、という気持ちが起こるのは当たり前だよ」。吉田茂にあっても市井の人々の戦後意識の一部については通じているところがあった。吉田の肝いりで「道徳教育の強化」に先鞭をつけた天野貞祐にしても、戦前の修身教育については（それは方法の批判にとどまるのだが）批判的な視点を持続していた。だが、内藤が道徳教育政策への関与に際して発揮した戦前回帰への指向には、人々のそうした戦後意識への共感が欠落しており、屈折もなければ深みもなく、かえってそのことが「時の権力にたいする従属性」を内面の逡巡や屈折をへることなく発揮させることにもなった。

三つは、内藤による道徳教育政策への関与が、戦争の悲惨を過去のものとしてきりすてていこうとする政府内の動向を背景にしていたことだ。こうした動きを示すものの一つに「内閣調査室月報」（一九五七年二月）のつぎの記述がある。(17)

自衛隊、憲法改正、再軍備問題などについての国民の意見は少なくともまだ固まっているとはいえず、かえって動揺を続けているように思えるのである。なるほど、再軍備を根強く拒否するのは、戦争の悲劇を身にしみて実感しているものだけの心配である。しかし、戦争の脅威を受けた体験と実感をもった世代がいつまでも支配的であるとはいえない。それを完全に欠いている新しい世代が、今や登場してきつつあることを忘れることはできない。明せきに国際情勢を洞察し、大たんに十代、二十代にアッピールして、彼等を組織するものが明日をリードするといえる。今後、国民一般、なかでも青年層の国家への関心をいかにして高め、その旺盛なる志気を鼓舞するかは、日本人の防衛意識形成の中心テーマであり、新しい民族主義育成の精神的風土の培養こそ、現代日本政治にとって緊急の課題であるといえよう。

吉田による「教育宣言」が否定されたのが一九四九年、天野による「実践要領」が撤回に追い込まれたのが一九五一年、道徳教育を強化しようとした岡野の意向に教育課程審議会が抑制的な答申で応じたのが一九五三年だったが、それらの時期とはあきらかに異なる主張が出始めている時期に、内藤は政策の具体化をおこなった。

四つは、内藤には教育政策における「根本的な命題」の決定に責任をもつのではなく、その具体化に財政措置の観点から責任をもとうとする指向があったことだ。内藤は一九四九年六月一日に初等中等教育局庶務課長となり教育財政への関与をはじめた。内藤が著した『教育財政』（誠文堂新光社、一九五〇年）につぎの記述がある。

国家がいかなる教育制度を行うべきか、或いは又いかなる社会保障制度を採用すべきか等の問題は財政学が本来取扱うものではない。しかしこのような根本的な命題が決定された上は必ずその財源について財政措置を俟たなければならないから、財政学は当然その結果を取りあげねばならない。又その結果を取りあげるのみならず、根本問題が決定される場合において、その財政的結果を考慮に入れることを主張し得るし、又根本的問題の決定自体が財政的要因を除外してなし得るものでないことはいうまでもない。

一九四七年に新学制の実施という「根本的な命題」が決定した後で、それを具体化する財源の確保が内藤たち文部官僚には求められていた。内藤は、米国の学校財政論の吸収につとめ、日本における戦前戦後の教育財政史を整理し、文部省として初めてとなる公立学校施設実態の悉皆調査をおこない(一九四九年四月三〇日時点)、一九五一年四~七月には米国の教育財政の実情視察もおこなった。一九五二年「義務教育国庫負担法」には内藤の教育財政へのはたらきが活かされた。

講和条約発効後に戦後教育改革の再検討という「根本的な命題」が確定すると、その具体化に際しても内藤は財政措置の観点から責任をもつことにつとめた。一九五六年、佐賀県は県財政の赤字を教職員の大規模削減で乗り切ろうと考え、愛媛県は県財政の赤字を教職員給与の昇給財源のカットとそのための勤務評定により切り抜けようとしていた(「財政由来の勤評」)。佐賀教組は退職勧奨にたいする拒否闘争をおこない、愛媛教組はハンストと大衆動員で勤務評定への抵抗をおこなった(愛媛における勤評闘争)。内藤はこれらの問題にも財政措置の観点から応じようとした。まず「教員給与をしっかり確保することが先決問題であった」。なによりも「教員の定数が各県によってまちまちなところに問題があると」考えた。そこで内藤は「国が教職員の定数を決め、それに基づいて教員の配当、給与などを地方財政の別枠扱いに」して、再び佐賀や愛媛のような問題が起きないようにするため、「公立小・中学校の教員定数の標準法を作る」ことを決めた。「そうまでしないと各県は(必要とされる教職員配置を)やらないからであった」(内藤 一九八二)。一九五八年五月一日に「義務教育標準法」は公布される(それは「道徳の時間」特設の通達から約二カ月後だった)。以後、全国で教員配置は安定しておこなわれるようになった。

このように戦後教育政策の基盤となる財政措置のための基本法を整備してきたことは、文部省内外における内藤の声望を高め、その発言力を大きくした。この内藤の発言力の大きさが、「道徳の時間」特設の前提の一つになった。

内藤のはたらきについては、もう一つふれておかなければならないことがある(五つ目の論点)。それは内藤が「日教組との対決」の旗を振り続けたことだ。内藤はこう述懐している。「昭和三〇年代に入ったが、いま思うと文教行政も本格的な日教組対策に重点を置く、いうなれば教育正常化の時代だった。この間、私はずっと矢面に立って『教育正常化』の旗を振りながら先頭を走ることになった」(内藤 一九八二)。

内藤を日教組対策の前面に立たせることになったのも、愛媛の勤務評定闘争がきっかけだった。愛媛にかぎらず当時の日教組は、東京などの大都市地域を別にして、ほとんどの県教組で校長が組合員であり、県教組の役員から支部長にいたるまで校長や教頭がつとめる場合が多かった。しかし、愛媛における最初の勤評闘争は「評定提出者である校長の結束が崩れたときに瓦解」した。「一部の校長の組合脱退が起こり、学校の中では校長と一般教員の反目が深ま」った。このことは自民党にとって、「貴重な発見」となった。「教師を分断し、差別支配する道具」としての勤評と、その実施が「組合員としての団結の基礎への攻撃」(内田 一九七九)となること、すなわち「労働政策としての勤評」(教員にたいする長期的権力支配)の発見だった。「労働政策としての勤評」のメカニズムについては、愛媛の勤評の観察から導かれた内田宜人の分析を引いておくことにしよう(内田 一九七九)。

勤務評定書の記入と提出を義務づけられた校長は、組合の反対闘争との板ばさみでどんなに苦しもうとも、また抵抗しようとも、権力には自在に許されているあらゆる恫喝によって評定書をもぎとることが可能であり、評定書が提出された瞬間に、それまで校長をふくめて団結していた職場が、まったく異質の世界に変わるのである。学校という教師集団が一人の評定者と他の被評定者たちという冷やかな上下関係に二分される。さらに、校長は他の教師を集団として評定するのではなく、個々に評定するのだから、校長↓教師の関係はまったく個別的となり、教師相互の競争、反目、猜疑が生みだされ、集団としての横の連帯が破壊される。組合員としての団結の基礎への打撃である。〔中略〕こうして権力支配の機構は、個別に分断された教師までおよんだことになる。このことが学校におけるもうひとつの集団である子どもたちとの教師の関係にまで貫徹しないではいない。教師集団と子どもたちの渾然たる生活の場としての学校は求むべくもなくなり、個々の教師↓学級という関係が、教師相互の競争と猜疑を反映して閉鎖的に成績主義的に構築され、並列する場となるのである。そして、そうした変質への直接加害者たる役割を負った校長自身、地教委から個々に評定される被評定者なのである。

そして、「労働政策としての勤評」という目標と密接不可分に、国が定めた教育内容を教員に教授させるためには校長を媒介としなければならないという要請がそこに重ねられる。一九五六年の「地教行法」によって教育委員会の段階まで到達していた「権力支配のルート」を「末端の学校につなげ」ようとするとき、「描かれるべき構図は、教員から分離させた校長を中間に置き、政府（文部省）↓県教委↓地教委↓校長↓教師というもの」になった。「教育政策としての勤評」（教育にたいする長期的権力支配）の発見である。

一九五六年の愛媛の勤評（「財政由来の勤評」）から、「労働政策としての勤評」と「教育政策としての勤評」を見出すことは、いつ、誰の手ですすめられたのか。その手がかりとして、山崎政人は一九五七年八月三日という日付と倉石忠雄と森山欽司の名前をあげている。「自民党の中で、勤評に真っ先に飛びついたのは文教族ではなく、労働族といわれる人々だった。五七年八月三日、文教制度調査特別委員会（委員長、大村清一）と労働問題調査特別委員会（委員長、倉石忠雄）は合同会議を開き、松永（文部大臣）も出席した。議題は日教組対策だった。（中略）松永の『話し合い路線』には強い批判が出た。そして日教組対策のための小委員会をつくることを決定した。小委員長には森山欽司が決まった。森山は（中略）自民党内では労働族の有力メンバーだった。（中略）五七年一一月一四日の党総務会には倉石、森山らが出席して『愛媛での日教組の勤評反対運動は組織的、暴力的だ。党としてこのような運動を阻止すべきだ』と力説、総務会も異論はなく、全国組織委員長名で都道府県支部連合会に指令が出された。（中略）自民党労働族の勢いに押されて、文部省も腰をあげた」（山崎　一九八六）。このように山崎は、「自民党労働族」→「自民党文教族」→「文部省」のラインにより勤評が政策としてとりあげられた過程を強調している。これと同じ問いについて、内田宜人の場合は一九五七年七月という日付と内藤と木田宏の名前をあげている（内田　一九七九）。

一九五七年の時点で、教師と教育にたいする長期的権力支配のカナメとして新たに勤務評定が採用されることになったのだが、これを着想した者が誰であったのかは明らかでない。その年の七月に内藤初中局長が勤評全国実施の方針を国会で明らかにしたあと、小林武日教組委員長が松永東文部大臣と会見したとき、勤評実施については事前に日教組と相談してもらいたいという申し入れを文相が承知したのにたいして、「法律で定まっている勤務評定の実施を日教組に相談する必要はない」とその場で文字どおりの横やりを入れたと伝えられる木田宏地方課長あたりを第一線として、内藤初中局長をキャップとする一団の文部官僚の発案で、おそらくそれはあっただろう。（中略）内藤譽三郎氏がやがて次官に昇格し、参議院議員になるのも、その面での業績を買われてのことであった。

木田地方課長が述べたとされる「法律で定まっている勤務評定」とは、勤務評定それ自体が「地方公務員法」第四〇条に規定されていたことと、前年に制定された「地方教育行政法」の第四六条によって、それまでおこなわれていなかった勤務評定が実施しやすくなっていたことを指していた。同条は、「県費負担教職員の勤務成績の評定は、地方公務員法第四〇条第一項の規定にかかわらず、都道府県教育委員会の計画の下に、市町村教育委員会が行う」ことを定めたもので、勤務評定の直接実施者を教員の任命権者ではない地方教育委員会に認める規定だった。「地方教育行政法」第四六条について松本清張は、「これがのちの勤評騒動の伏線にしたというような深い企みや、見通しがあって作られたのではないのが真相である。そこまで見通しの利いた参謀的人物は文部官僚のなかにいなかったはずである。彼らは愛媛で問題が起きてこの条文の重大さを知り、日教組への効果の絶大さに気づくという迂闊さだった。内藤初中局長も、この条文が日教組の死命を制すると知ったのは、愛媛問題が起きてからしばらく経ってのことで、文部省としては思わぬところに宝石を発見したようなものだった」と記している（松本 一九六三）。「労働政策としての勤評」と「教育政策としての勤評」の最初の発案者が誰なのかはいまもって不明であるが、はっきりしているのは、ひとたび自民党と文部省によって勤務評定の実施が基本方針として合意されると、その具体化に際して内藤と森山欽司が「緊密に連絡をとり」（山崎 一九八六）ながら文部省と自民党それぞれの立場からともに辣腕をふるったことだった。

しかし、勤務評定の実施についても、そして「道徳教育の徹底」についても、内藤には十分な政策構想が欠落していたことが、より重要な問題として、ここであらためて指摘されなければならないだろう。

「勤評」の発見は偶然の所産であり、「道徳」については過去の検証を欠落させた単純な戦前への回帰指向があるだけだった。その政策構想の安直さは、教育財政政策の立案に際して内藤がみせた準備と努力と比較するときわめて対照的なものだった。だが、教育財政についての手腕と実績が内藤に地位と権力をもたらし、内藤を「勤評」と「道徳」についてもその推進者たらしめることになった。その推進力の大きさも比類がなかったといってよい。「勤評」と「道徳」を欲したのは自民党だったが、森山欽司は、内藤につぎのように苦言を述べたという。「勤評で忙しく手いっぱいのところへ君は、なんで道徳教育などでまたやるんだ。〔中略〕内藤さん、あんたね、勤評やったり道徳やったり、あんたどんどん先へ行っちゃうから、自民党はついていけないよ」（内藤 一九八二）。

道徳基準の国定と愛国心教育の復活という保守政党の見果てぬ夢には深慮がなかったが、その原点には「驚くほど旧態依然とした支配層」による「本能的」な教育政策要求——労働運動や平和運動の高揚への恐怖とそれらの体制内化への要求——があった。これに文部官僚が、ここでも深慮を欠いたまま単純な戦前への回帰指向にもとづき遮二無二に形を与えたのが「道徳の時間」の特設だったのである。

第5章　国定による道徳教育はなぜ問題か——批判と反対の声

1　国による介入——日本教育学会の問題提起(一九五七年)

一九五七年一〇月一二日に教育課程審議会が「道徳の時間」を特設することについて決定をおこなうと、教育界ではこれにたいする批判と懸念の表明が重ねられていった。民間教育団体では、教育科学研究会・生活教育連盟など二十余の団体によって道徳教育研究会が結成され(代表幹事は教育科学研究会の岡津守彦と生活教育連盟の川合章、事務局は日教組)、一〇月二二日に東京の千代田区公会堂で道徳教育研究大会を主催し一〇〇〇人の参加者を集めている。[1]一一月四日、日本教育学会教育政策特別委員会は「道徳教育に関する問題点(案)」をまとめ、一二月一五日発行の『教育学研究』第二四巻第六号に掲載している。現下の道徳教育政策の動向に関して同委員会が整理した問題点は一一に及んだ。

第一は、国が道徳に介入することへの懸念だった。「近代民主主義政治のもとで、個人の自由と良心の問題である道徳とその教育について、公権力が一定の方向づけやわくづけをすることが、はたして妥当であるかどうかが考えられなければならない」として、近代民主主義政治の理念にもとづき、国による道徳への介入を批判する論理を示そうとした。この第一とこれにつづく第二がもっとも重要な指摘だった。

第二は、戦前の過ちが繰り返されることへの懸念である。かつては、自由民権運動をはじめとする民主的な傾向を抑圧するために「道徳教育の強化」がおこなわれた。やがて、「一応の社会的安定期に民主的思潮が伸張」したり、あるいは「社会不安にうながされて進歩的思想がみなぎりはじめる」と、今度はそれらを抑圧するため「道徳教育の振興」がおこなわれた。だが、その結果は「国民を侵略的武力戦争に追いやり、国民生活を暗いものに」した。今日「親孝行、愛国心、民族精神、その他の徳性の振興のために道徳教育の強化〔中略〕が上から主張され」ていることは、戦前における「道徳教育の振興」と軌を一にするものと考えざるを得ないとして、歴史的な視点から国による道徳教育政策を批判した。

第三は、教育課程審議会の審議方式への懸念だった。「政党人である文部大臣が自由に選任、構成した審議会で、文部省が企画立案した道徳教育計画を期限をきめて諮問し、しかもその審議の経過が秘密にされていることに疑問を感じずにはいられない」とした。

第四は、国民道徳を高めるために国が本来の施策を怠っていることへの懸念だった。国がおこなうべきなのは、「社会生活の安定、健全化、明朗な政治の実現、近代的な雇用関係の確立、学校教育の面では、すしづめ学級の解消、教育行政の民主化、教育財政の確立」など、要するに「青少年が明るい希望にみちた生活をおくれるような施策、教師が人間的な生活を保障され、良心にもとづいて教育の仕事に専念できるような条件の整備」である。国民道徳が頽廃しているとすれば、抜本的な対策が大切であり、一方的に教育者にその責任をおしつける措置は、「教師の政治への不信をいっそう強めるだけ」ではないか（「すしづめ学級」はこの翌年に「義務教育標準法」が制定されて漸次解消に向かう）。

第五は、「道徳の時間」の特設を省令や通達で処理して強行しようとしていることへの懸念だった。「それは決して一片の省令改正や通達をもって処理さるべき性質のものではない。こうした点にほおかむりをし、あたかも法網をくぐるような形で、実質的に教科特設を強行しようとするがごときは厳に戒むべきことである」とした。第三から第五は、政策の立案過程、優先順位、導入手法にかかわる指摘だった。

第六は、「道徳の時間」の特設が教育全体のあり方を変えてしまうことへの懸念だった。「道徳は人間の生き方に関する問題であり」、「事実についての科学的な学習、温い自由な雰囲気の中での生き方の追求」など、要するに「各教科指導、生活指導をつうじて」培われるべきものである。ところが、「道徳の時間」の特設がおこなわれると、「これら教科指導、生活指導の全体的な成果をあらかじめ想定し、これを規制することになるから、結局、道徳教科での立場や方法が強く全教育課程を拘束することになるであろう」とした。第六からは教育のあり方にかかわる指摘となる。

第七は、その道徳内容が「国家主義的な縦の倫理」や社会理解と切断した「主体的倫理」であった場合、「政治や経済の要求に無批判に追随する人間の育成」をめざすものとなることへの懸念。

第八は、その道徳内容が右の性格であった場合、「基本的人権の尊重と平和的な国際理解」を肯定してきた社会科の基本精神を否定し解体していくことへの懸念。

第九は、その道徳内容が「いちおう民主的とみられる徳目」であったとしても、それが、ばらばらにとりあげられたり、抽象的な言葉の教え込みになったりすれば、「人間らしい実感や自主的な判断力を消失した人間を作りあげる」ことへの懸念。

第一〇は、ふたたび「教員社会が特殊な重苦しい雰囲気につつみこまれてしまう危険がある」ことへの懸念。特定の時間で道徳教育をおこなうことになれば、「教師は、ある程度道徳的な基準を身につけたものとしてふるまわなければならなくなり、その結果、教師と教師、教師と子どもの間の温かい人間的なつながりがたちきられ」てしまう。

さいごに第一一は、教員の自主的な研究と良心的な教育探究を阻害することへの懸念だった。「戦後一二年、教育の現場では、人間らしい生き方を身につけさせるための教科指導、生活指導のあり方を求めて、実践をつみ重ね、その考えをしだいに明確に」してきたのであって、この段階で「政府が一方的に道徳の時間を特設し、道徳教育のあり方についてわくづけをする」べきではないとした。

注目されるのは、右の第二の問題点について、その重要性を執筆者が強調していたことだ。戦前の道徳教育には思想対策の役割が期待されていたことと(これをAとする)、その結末が「国民を侵略的武力戦争に追いやり、国民生活を暗い」ものにしたこと(これをBとする)についてである。ただし、Aについての歴史事実の分析は一六行にかぎられており、Aの実施がBへと帰結したことについての言及はわずか二行にかぎられていた。同論稿は、二六行二段組の二五頁におよぶ原稿だから、そのAとBについての記述量は内容の重さとくらべてすくないようにみえる。それにはつぎの理由があったのではないだろうか。このとき敗戦から一二年を経過していたが、執筆者にとっては、Aは半ば自明のことであり、Bについてはさらに論ずるまでもない明白事だった。そのことは同論稿の読者である日本教育学会会員の多くにおいても同じだっただろう。これは、教育界における戦後意識の共有を意味するものではあったが(くわしく書かなくてもわかる)、それと同時に、人々の切実な戦後意識を世代をこえて共有するための事実の解明と検証が弱かったことを意味してもいた。

2　「道徳教育講習会」への拒否闘争
――日教組による統一行動（一九五八年）

日教組本部が毎年発行している『日教組組合員手帳』（二〇一八年版）の巻末にある「日教組運動略年表」には、一九五八年について四件の記事がある。

四月二三日　都教組勤評で一日スト、全国で闘争激化
六月六日　第一七回大会役選で休会
九月一五日　勤評で全国一斉半日スト
一〇月一四日　臨時大会で国自労連脱退

四件のうち二件が勤評反対ストライキについての記事となっている。日教組が一九五八年に「道徳の時間」特設に反対をおこなったことは、今日まで多くの人々に記憶されているのであるが、それはこの略年表の限られた紙幅のなかではふれられていない。だが、この年の日教組の「道徳の時間」特設にたいするとりくみは、略年表における四月二三日と九月一五日のストライキについての理解を土台にすると見えてくるところがある。

四月二三日のストライキは、都教組（東京都教職員組合、一九四七～八九年日教組加盟、八九年一一月より全日

本教職員組合(全教)加盟)本部が二一日に発した指令第三号にもとづきおこなわれた一斉休暇闘争を意味している。一斉休暇闘争とは、それまで都労連(東京都労働組合連合会)などの公務員労組が組合員の五割を参加させる休暇闘争を実施していたことなどと異なり、組合員の一〇割、つまり全員に休暇を行使させ、実質的なストライキをおこなうものだった。日教組本部からみたときこの都教組のストライキは、その外形上は東京都教育委員会の勤評規則制定という一地方課題への反対を目的とした一加盟単位組合による闘争だったが、そこにはつぎのような全国的な意味が付与されていたことにより年表の記事となった。

まず文部省が、その日付を勤評全国実施の突破口と位置づけていた。内藤譽三郎の著書にはつぎの記述がある。前年の「一〇月一〇日、松永文相は都道府県教育長協議会の総会で全国都道府県に勤評実施を要望した。こうして文部省も各都道府県も一体となって愛媛県教委擁護に立ち上がり、日教組と四つに組んでの闘いとなった。〔中略〕〔文部省は〕都道府県教育長協議会の本島寛会長(当時・東京都教育長)と連絡を取り、全国で勤評を実施するのにふさわしい標準的な試案をつくることにした。〔中略〕この試案を得て、各都道府県教委も〔昭和〕三三年四月から勤評実施の方針を定め、各県ごとに評定項目を整理し、また勤評規則の制定へと」(内藤 一九八二)動きはじめた。ここで内藤は、文部省と日教組による「四つに組んでの闘い」について、その戦端をひらいたのが文部省の側だったことを隠すことなく記している[2]。あわせて内藤は、文部省が全国における勤評実施の突破口となる日付を一九五八年四月とすることを方針として定めていたことについても記している。その後の経過はほぼこの方針の通りとなる。四月二三日まで勤評規則制定県は愛媛・香川・徳島の三県だったが、この日を境に全国化した。まず東京都と同日に茨城、翌二四日、石川・埼玉。二八日、静岡ほか五県と続き、五月一〇日までに制定は一都二八県に達した(内田 一九七九)。

しかし、四月二三日という日付は、文部省にとっての突破口という意味だけをもったのではなく、各県の教員が勤評政策にストライキを対置し全国規模で反対闘争をおこなう突破口ともなった。都教組はそのストライキの理念をつぎの言葉により表現している。「勤務評定はわれわれの団結を破壊することをねらっているのだから、それにたいしてわれわれは最高の団結の形態であるストライキをもって闘おうではないか。ストライキが成功したとき、われわれは勤務評定を事実上粉砕できたことになる」(都教組副委員長が三月二〇日に発した言葉、内田　一九七九)。こうしたストライキの理念は、「大衆的に意識化され、そういうものとして四月二三日のストライキ」を成功させた。東京の一斉休暇によるストライキは全国の教員に影響をあたえていく。高知県教組(高知県教職員組合、一九四七〜八九年日教組加盟、八九年一一月より全教加盟)の副委員長は後年につぎのように述べている。「都教組の一せい休暇闘争突入は青天の霹靂のように遠い高知の自分たちをうった。このようにたたかうことができるのだということに気づかせられ、自分たちのたたかいをすすめる力を得た」(内田　一九七九)。一斉休暇によるストライキは福岡・和歌山・高知・福島・群馬・大阪ほかへと続き、二〜五割の休暇闘争をふくめればその闘争は全国におよんだ。「もともと、日教組の中でストライキをたたかうだけの力量をもつ組織といえば、勤評闘争以前には皆無」(内田　一九七九)という状況が変えられていった。文部省は、予想もしていなかった抵抗に直面したことになる。

この四月二三日のストライキが、九月一五日のストライキをもたらした。日教組本部は、八月二八日に発した指令第二号にもとづき、それまで各県ごとに勤評規則制定段階でたたかわれた勤評闘争をこんどは横につらねて、一斉に文部省に対決するための「全国統一行動」という名の統一ストライキ(正午行動開始)を編み出したからである。「勤評政策が国家政策である以上、勤評反対闘争は全国的政治闘争としての形態と質を」そなえることが求められていたが、「全国統一行動ははじめてそれを具現しようと」(内田 一九七九)するものになった。九月一五日のストライキは、日教組が連合体という組織形態を乗り越えて、単一的運営のとれる組合への発展を図るうえでも画期となるとりくみとなった。

新聞各紙は「全国統一行動」に向けた日教組と国の動きの双方を連日にわたり報道した。九月四日の『朝日新聞』夕刊は警視庁公安二課による日教組委員長・小林武の逮捕(同日朝七時)を一面で伝えている。表向きは、四月二三日のストライキが小林委員長と都教組幹部の共同謀議によるもので「地方公務員法」に違反するとの疑いをかけての逮捕だったが、それがきたる九月一五日のストライキにたいする「心理的効果をねらった警告」(同紙)としておこなわれたことは明らかだった。実際、東京地検公安部は六日夜七時に拘留請求をおこなわずに小林を釈放している(『朝日新聞』一九五八年九月七日)。九月六日の『朝日新聞』の一面には「日教組、強行を指令」の文字が躍り、九月一三日の『毎日新聞』夕刊には勤評闘争をまえに文相が「依然強硬」な姿勢をつづけていることを伝える記事が一面に載り、九月一五日の『毎日新聞』夕刊には「勤評反対　平穏に統一行動」が一面で報じられている。

この九月一五日のストライキの直前に、文部省は、「道徳の時間」特設の徹底をはかるため道徳教育指導者講習会の開催をおこなった。これに日教組が講習会拒否闘争によって応じると新聞各紙のとりあげるところになった。日教組の講習会拒否闘争とはいかなるものだったのか。『日教組五〇年史』(日本教職員組合編、一九九七年)の巻末にある年表には、一九五八年の日教組について三八件の記事があり、内三件が「道徳の時間」の特設に関するものだった。

八月六日　道徳講習会拒否を指令
八月二九日　道徳時間特設で反対声明
九月七日　各地で道徳講習会拒否闘争

八月六日の記事にある指令は、日教組本部が発した指令第一号のことであり、「九月上旬から開催される文部省主催のブロック別道徳指導者講習会を労組、民主団体の協力を得て大衆行動で阻止」（『日教組四〇年史』一九八九年）することを都道府県教組にもとめるものだった。

八月二九日の記事にある反対声明は、その前日の「学校教育法施行規則」一部改正と小中の「学習指導要領　道徳編」の告示により「道徳の時間」特設があらためて決定されたことを非難するものだった。「今回の決定は、現場の声や実践を無視し、国民の願いを完全に裏ぎる暴挙であり、教育を一部の支配階級に売渡す官僚の独善と屈服以外の何ものでもない。とくに現在、検討段階にある中間発表された学習指導要領改訂に先行して、道徳のみならず教科、時間配当等を一方的に決定し、改悪の既成事実をつくり、学校教育法や免許法との関係、教育条件の整備拡充をまったく無視して、上から教授内容を強引にワクづけし、時間特設と徳目主義をおしつけることは道徳教育の本質をまったく解せず、教育内容を時の政府によって統制し、権力による教育の新しい支配体制を確立しようとすることで断じて許せない」。つづけてこの声明は「さらに文部省はこの企図を露骨に、しかも早急に達成するためブロック別、県別に伝達講習会を計画していることに対して、われわれはあらゆる方法をもってこれを阻止するものである」（日本教職員組合　一九六七）として、講習会を実力により阻止する方針を再確認している。

九月七日の記事「各地で道徳講習会拒否闘争」は、文部省が全国を五ブロックにわけて東京、仙台、奈良、徳島、別府で開催した道徳教育指導者講習会にたいする日教組の拒否闘争のことを意味するが、その日付は正確には九月六日の東京が皮切りで別府における一〇月九日が最終日だった。東京の道徳教育指導者講習会にたいする闘争は、つぎの四つの局面により整理できる。

一つ目の局面は、日教組が講習会を「ピケ動員で阻止するという方針」(内田 一九七九)をうちだしたことだった。ピケは英語のピケットの略であり「労働争議中、スト破りを防ぐために労働者側から出す見張り」(『広辞苑 第七版』)を意味する。日教組は、講習会場に予定されたお茶の水女子大学に組合員の動員をおこない、受講者が会場に入場するのを阻止しようとした。

二つ目の局面は九月六日の講習会第一日目だった。この日の早朝、文部省四階の初中局長室には内藤誉三郎の姿があり、同省中庭には講習会の受講者となる指導主事や校長など三三〇人が集められていた(3)。講習会場になるはずのお茶の水女子大学前では、警官隊の配備がおこなわれており、それと対峙するように組合員によるピケが張られつつあり、その一群の組合員のなかには内田宜人の姿もあった。

やがて内藤が動きをつくりだす。「文部省の初中局長室では内藤局長が係員とともにヒタイを集めて(中略)女子大前に出してある職員からの電話連絡の情勢分析」をおこない「女子大前のピケが強ければ第二弾として会場を国立博物館に変更する計画を練って」いたが、「そのうち『女子大は危ない』という情報が入り、それではと国立博物館行きが決定」され、同省中庭に集めておいた受講者たちを「観光バス六台に分乗させ、通産省側の北門から」(『読売新聞』一九五八年九月六日夕刊)送り出した。

このとき日教組も会場変更を予想してお茶の水女子大学前に数台のバスを用意していたが、それに乗って内田たちが東京国立博物館にかけつけたのは、受講者が同博物館の本館わきにある表慶館に収容された直後だった。内田たちは「『文部省卑怯』という憤懣に」(内田　一九七九)ふくれあがり、それから半日博物館のまわりをぐるぐると歩きまわった。

三つ目の局面は九月七日の講習会第二日目だった。この日も前日と同じような経過をたどる。「朝六時すぎから約四百人の警官が文部省を取り巻き、警備につく」。文部省の初中局長室では内藤たちによる情勢分析。国立博物館では「日曜日なので労組側の動員力は少ないようだ」との結論。受講者は六台の観光バスによって国立博物館に送り出された。お茶の水女子大学に待機していた組合員は「用意していた大型バス一台に乗込み、博物館にかけつけたが、時すでに遅く、講習会ははじまって」いた。国立博物館では「朝六時半ごろから日教組宮之原(貞光)書記長はじめ総評、日教組など約二百人が通用門近くにピケを張ったが、ピケ隊に数倍する警官隊に圧倒されたか、気勢はさっぱり挙らない。バスが来た。正面にかけ出したピケ隊と警官隊の間にちょっとした小ぜり合い」(『朝日新聞』一九五八年九月七日夕刊)があり、宮之原書記長がはずみで転ぶひとコマもあった。このあと、日教組のピケ隊は五〇〇人ほどになり、博物館正門前の道路で機動隊とにらみ合いをつづけた。このときのピケ隊のなかにも内田はいて、後にその様子を記録にとどめている(内田　一九七九)。

双方が長い横隊になって、間は二メートルぐらいである。指揮者の大鹿日教組中執(大鹿高義・日教組中央執行委員)が大きな声で号令をかける。「これからわれわれは、受講者を説得するため、博物館講堂に向かって出発する。まえェすすめェ。」　横隊のピケが一せいに前に踏みだすが、「前へ進め」もあったものではない、三歩目には機動隊の壁がある。押し合い、数分、「やめェ」と大鹿中執が号令する。「機動隊は道をあけろ。交通妨害をするな。まえェ、すすめェ。」〔中略〕スクラムをといて汗をふいている私たちの前を、閲兵官のように大鹿中執が歩いてくる。「警官の不当な暴力で負傷した者は申し出ろ。」　機動隊の若い隊員が憮然たる表情でそれを眺めている。まだ機動隊は今日のように中世騎士まがいの武装をしていなかった。秋晴れの日曜日、まず牧歌的な衝突風景であった。

四つ目の局面は講習会第三日目から第四日目だった。三日目は都教組が臨時大会のためにピケ動員をおこなわず、四日目も日教組の姿はほとんどなく(『朝日新聞』一九五八年九月九日夕刊)、日教組は講習会最終日の五日目に大動員を計画したが、文部省は最終日の日程をくりあげて講習会をおわりにした。

東京における講習会阻止闘争により鮮明になったことは二つあった。一つ、日教組は講習会阻止という目標それ自体については達成ができなかったことだ。当事者のひとりだった内田もこう記している。「『道徳教育指導者講習会』の阻止は成功しなかった。会場変更をめぐる文部省側の初日の戦術で勝負がついたともいえる。それがなくても講習会を守る大量の警官隊の壁を私たちが突破することは不可能だったろう」。仙台、奈良、徳島、別府におけるブロック別講習会においても状況はおなじだった。九月一六日の仙台については「道徳講習会、仙台でも荒れる」(『朝日新聞』九月一六日夕刊)との報道、九月二四日の奈良については「奈良の道徳講習会でも衝突」(『朝日新聞』九月二四日夕刊)との報道、一〇月六日の別府については「小競合い程度で開会」(『朝日新聞』一〇月六日夕刊)との報道があるが、いずれにおいても講習会はほぼ予定どおりに実施された。

二つ、日教組は講習会阻止には失敗したものの、阻止闘争についてのマスコミの報道をつうじて、「道徳の時間」特設にむけた政府の強硬な姿勢を人々に印象づけていたことだ。九月七日の『朝日新聞』朝刊の「天声人語」が書いている。

千人の警官に守られて道徳教育の指導者講習会が東京で始められた。受講の先生たちは警官の白バイに守られて、裏門から会場に「護送」された。こんな光景が道徳教育の門出とは、なさけない話である。文部省はピケ隊のウラをかいて急に会場をお茶の水女子大学から上野の国立博物館に変えた。文部省の中庭に「忠臣義士の勢ぞろい」よろしく受講者を集め、バスで送りこんだ。そのバスは前駆にパトカー、後衛に白バイとものものしく護衛され、裏門から裏門へと「道徳街道」を運ばれた。争議には認められているピケも、妙なところまで乱用されたものだ。が、ピケをあざむき、逃げ隠れしてまで道徳講習をやるとは、いかにも道徳的でない空気だ。受講者の教師たちも、さすがに「教育の悲劇」だと告白している通り、こんな「暗い道徳教育」で、本当の道徳が育つものだろうか。

この年の『朝日新聞』の「天声人語」は日教組について一四回ふれたが、その内容は勤評にかんするものが一一件でもっとも多く、道徳にかんするものが二件、校長管理職手当にかんするものが一件だった。マスコミが勤評と道徳について報道を重ねたことにかんしては、あと二つの記事を紹介しておきたい。『サンデー毎日』九月二八日号は、芥川賞をとったばかりの大江健三郎に九月一五日のストライキのルポを書かせている。タイトルは「教師への拍手」だった。大江は「勤務評定の問題について、私の立場をあきらかにしておくことから始めたい。それは、この短いルポルタージュが決して不党不偏のものではないからであり、実際行動に参加した誠実な教師たちに心から拍手をおくるためのものであるからである」と記し、「もし世論がはっきり教師たちの実際の行動を支持する意志を示していたなら、文部省は一歩ひいたかもしれない。しかし、子供に政治の波を近づけるな、子供を政治闘争の具にするな、というセンチメンタルな理由で、日教組を非難した良識家たち、目さきしか目えないＰＴＡ夫人たちはどうだったか。政治の火の粉を現場の教師たちと子供たちの人間的な結びつきにふりかけたのは、日教組でもなんでもなかった。灘尾〔弘吉〕氏たちのふりかける火の粉はすでに子供たちにもあきらかだろう。教師たちと子供たちは協力してそれらをはらわなければならない」と書いた。

東京の道徳教育指導者講習会に受講者として参加した千葉大学教育学部附属第一小学校長・市原権三郎は、つぎのように発言をした。「私は、大学関係者で非組合員、という特殊な立場なので、連日自宅から通うことができた。パトカーに守られて会場に送られる、ということはどうしてもプライドが許さなかった。護衛がなくても自分のことは自分でやって行きたいと思い、私は少し遅刻し、一人で博物館の門をくぐった。〔中略〕第一日は不安な気持で一ぱいだった。さいわい、ピケ隊、警官隊のウズの中にまきこまれず、門を入ることができた。日教組の態度は整然として立派だった」（『朝日新聞』一九五八年九月一〇日）。

日教組の講習会阻止闘争については、その闘争をすすめた教員の心中に「戦争の時代にたいする悔恨」がひきつづき持続されていたことを指摘しておかなければならない。

このときの日教組委員長が小林武（一九〇六年一一月三日生まれ～一九八七年四月四日没）だったことは先述した。小林は敗戦時に三八歳、敗戦直後に教職を去った時期があり、北海道教職員組合委員長をへて一九五三年に日教組委員長となり（前年に「教師の倫理綱領」が制定された）、講習会阻止闘争時に五一歳である。当時の都教組における最年少の支部長が内田宜人で、内田がピケ隊の一人だったことも先述した。内田は敗戦時に一九歳、戦前に教職と軍役を経験した最後の世代として「戦争の時代にたいする悔恨」をかかえこみ、そうした「戦後意識と情念」を基盤にして「戦後の現実に立ち向かおうする姿勢」（内田 二〇〇四）を持続していた。その内田が三二歳だった。

3　ある親からの問題提起――市井の人々の反応（一九六一年）

一九五八年度から「道徳の時間」が特設されたことを受けて、その不当性を裁判によって明らかにすることを模索していた一人の父親がいた。東京の下町にくらしていた贄田《にえだ》重雄である。一九六〇～六一年度に贄田が用意した訴状は、葛飾区、葛飾区教育委員会、東京都教育委員会を被告にまわし、葛飾区立半田小学校に通う三人の娘とその父母である贄田夫妻を原告として、特設された「道徳の時間」の教育はおこなってはならないことの確証ほかを求めるものだった(4)。訴状の内容は六点に及び、その第四が「道徳の時間」の特設にかかわるもので、その論旨は三つの部分からなった。

第一の部分では、まず戦後における道徳教育の成果を確認している。「民主教育にあっては道徳教育は一定の特設された時間に、定められた徳目を教えるという方法ではなくて、教育のあらゆる領域あらゆる機会において行わるべきものであり、戦後道徳教育はこのようにして行なわれ、若い世代に民主的道徳意識を育成することに貢献してきた」。しかし、文部省が一九五八年八月に学校教育法施行規則を一部改正したことにともない、「同年一〇月一日の文部省告示八〇号で『小学校学習指導要領』が告示され、その第三章第一節道徳は即日施行されることになり、これによって道徳教育は右指導要領に準拠し、時間を特設してこれを行なうことが各学校に義務づけられ」るにいたる。このため、「半田小学校においても現在右指導要領にもとづき道徳時間を特設し特設された時間における道徳教育が行なわれている」ことを指摘する。だが、「道徳の時間」の特設はつぎの理由で違法であって、三人の娘の「教育をうける権利」と「親としての子の教育に関する権利」を侵害するものであることを主張した。

第二の部分では、「道徳の時間」の特設が憲法と教育基本法に違背することを指摘している。「憲法、教育基本法は、国民に『個人の尊厳を重んじ、真理と平和を希求する人間の育成を期する教育』を保障している。ところが道徳時間を特設した文教政策の意図は指導要領の文書そのものには慎重にかくされているが、国家主義的軍国主義的道徳教育を学校教育を通じ子どもに押しつけようとするもので憲法二六条の保障の主旨に反する。従ってこのような違憲な意図に基く特設道徳時間は違憲である」とした。また、「指導要領に基く特設道徳時間の教育は国が一定の道徳価値を徳目として定めこれを公教育を通じ子どもに教えるもので権力による道徳価値観の統制であり民主教育の原理に反するばかりでなく、子どもについての親の思想良心の自由を侵すもので、憲法一九条に違背している」とした。さらに「国民に民主教育を保障し権力による教育統制を許さないようにするために憲法二三条及び教育基本法一〇条は教育者の教育の自由と教育が不当な支配に服さないことを保障したのであるのに、特設道徳時間の教育はこれが実施されるに至った背景事情と時間特設の強制徳目主義等からすれば、あらゆる機会にあらゆる場所で教育を行うべき教育者の自由を侵し教育を不当な支配に服せしめるもので憲法一三条、教育基本法一〇条に違背する」

とした。

第三の部分では、「道徳の時間」の特設が「学校教育法」に違背することを指摘している。「学校教育法二〇条は学校の教科に関することを監督庁が定め得るとしたにすぎない。しかるに同法施行規則二四条二五条が教科に関する事項のみならず、道徳教育特設まで定めたのは学校教育法二〇条が監督庁に委任した趣旨をこえて違法であり従ってこれに基づく前記小学校学習指導要領と特設道徳も違法である」とした。戦後教育改革の「抜け道」2と3にかかわる指摘である。

右の第二の部分における法理展開を、この訴状文案から五三年後に東京弁護士会がまとめた「道徳の『教科化』等についての意見書」(二〇一四年七月一一日)におけるそれと比較してみよう。東京弁護士会の意見書は、「国家が、公教育の名のもと、一定の価値観を公定し、それを国民が身につけるべき道徳内容として、子どもに指導することを内容とする道徳教育は、子どもに特定の価値観を強制する危険を有しており、憲法及び子どもの権利条約が保障する権利を侵害するおそれがある」ことを指摘している。侵害されるおそれがある諸権利については、個人の尊厳(憲法第一三条)、思想良心の自由(第一九条)、信教の自由(第二〇条)、学習権(第二六条)を列挙し、あわせて右の道徳教育が、教育にたいする「不当な支配」にあたるおそれがあることについても指摘している。贄田の訴状文案と東京弁護士会の意見書は、法理展開の根幹について多くの部分を共有していることがわかる。

贄田の訴状文案はどのようにしてつくられたのか。その起点となったのが、贄田による勤評問題との出会いだった(以下の記述は、贄田重雄「父親教育論」『教育』第一二八号、一九六一年五月による)。一九五八年にマスコミが勤評について連日の報道をかさねていたとき、はじめ贄田は「教育について全く無関心、無頓着」だった。七月のはじめ「仕事の過労と性来の深酒」がかさなって右肺上部に空洞ができ「自宅で絶対安静の療養生活」をしていたときに、静かに寝ていた贄田の耳元にラジオから流れてきた言葉があった。それは、灘尾文相による「一つ文句」のくりかえしであり、「先生の勤務評定は法律で決まったことである。日本は法治国だから、国民は法律に従わねばならない」というものだった。これを聞いた贄田は、徳川時代の「知らしむべからず、寄らしむべし」の仕方とおなじような気がしてならなかった。贄田は、新聞紙上における「勤評についての評論、社説を刻明に」読むようになった。贄田は、夏休み前に、当時長女が三年に在学していた半田小学校へ「青々と伸びた稲田の畦道をそろそろと」出かけていき、校務主任に会い、勤評についての意見を聞いてみたが、現場教員のなまなましい意見は聞くことはできなかった。贄田は割り切れない気持ちをかかえこんだ。辞去するとき、その校務主任から『教育小六法』を借りた。

その『教育小六法』をひらいて、贄田は、読んでみたことがなかった日本国憲法の条文にふれ、それまでその存在すら知らなかった教育基本法の内容に目をひらかされた。一九一八年生まれの贄田は、「天皇制教育の中に育ち、独裁、ファシズムの社会に生活し、大戦争の洗礼を受けた」世代の一人だった。「自分は天皇陛下の赤子であり、天皇のためには滅私奉公しなければ、国民の義務は果たせない。大東亜戦争は、天皇の大御心《おおみこころ》、八紘一宇《はっこういちう》の精神のあらわれで、肇国《ちょうこく》以来外国に侵されたことのない万邦無比の国体は、この戦争に絶対不敗である」と信じ、そのような考え方が国民として最高道徳のような気がして、少年時代をおくっていた。このような贄田にとって、憲法と教育基本法の内容は、「まさに青天のへきれきそのもの」として感得された。とくに贄田に強い印象を与えたのが教育基本法前文のつぎの一節だった。「われらは、さきに、日本国憲法を確定し、民主的で文化的な国家を建設して、世界の平和と人類の福祉に貢献しようとする決意を示した。この理想の実現は、根本において教育の力にまつべきものである。われらは、個人の尊厳を重んじ、真理と平和を希求する人間の育成を期するとともに、普遍的にしてしかも個性ゆたかな文化の創造をめざす教育を普及徹底しなければならない」。このように日本の教育の基本が定められていることと、眼前における教育政策の進行を、贄田は対比してとらえるようになる。贄田は勤評の問題点をプリントにしてＰＴＡの人たちに配布し、お寺、都営住宅、保育園で座談会をひらいた。それまで贄田は「一度も、はっきりとした政治的関心を持って動いたことのない人間」だった。贄田は述懐する。「なにゆえ、その当時を境として、政治的関心を持ち、積極的に周囲に働きかけるようになったのか、自分でもわからない。なにか、そうせずにはいられなかったことだけは確かであった」。だが、勤評問題の重要性をＰＴＡ総会で議論することはできなかった。校長とＰＴＡ会長による抵抗があったからだ。区のＰＴＡ連合会長をしている本田立石町の病院長へのはたらきかけも空振りにおわる。贄田は、「家に帰り、安静の床に疲れた身体を長々と横たえ」ながら考えた。

> 私は自分を含めた庶民の姿というものが、哀れに思えて眼頭にじっと涙がにじみ出て来て仕方がなかった。一言も発言せず、まったく無表情な親達は、「政治への無関心」の姿勢を日本古来の醇風《じゅんぷう》美徳〔ママ〕と思っているのであろうか。いや、ある親達は夜遅くまで生活の糧を得るため働き続け、疲れ果てて、考える暇がない。ある親達は、金さえ出来れば世間の笑いものにならないと信じて、金儲けに夢中である。そして私達庶民が長い人生経験で得た知恵は、「政治への無干渉の沈黙」を世渡りの上で賢明な方法だと信じている。しかしこの「無干渉の沈黙」こそ政治の方向を決定づけるために、為政者の最大の奉仕

者であるように思えてならなかった。私は床の中で、教育基本法第八条「良識ある公民たるに必要な政治教育は、教育上これを尊重しなければならない」という文句をぐっとかみしめた。

その年の一二月、贅田は職場に復帰する。日がたつにつれて「勤評当時の私のひとり歩きは、必ずしもひとりでなかったことがだんだんと〔中略〕わかって」きた。この頃から、勤評問題で知り合った幾人かの父母と家庭的交際をはじめるようになり、一九六〇年二月二一日から父親の集会をもつようになった。「庶民の苦しさを背負っている親近感」が参加者をむすびつけ、会の名は「金町社会教室」になり、代表幹事を洋服仕立工場の主人がつとめて、毎月一回の会合と機関誌の発行がおこなわれた。第一回のテーマは保守・革新の二区議を囲んで「区民税・道路・教育費」について。第二回が葛飾区立金町中学校の教員をまねいて「父親と子どもの問題」。七月二四日、「新安保条約がもたらす子どもと教育」。幹事会で贅田は、八月のテーマを「教科書問題」にすることを提案する。父親たちは、半田小学校から教科書についての資料をとりよせ各人が調べることにした。八月、父親たちは「教科書問題」を話し合った。国語の「げき」に建国神話が入っていること、東京の様子を解説した教材に皇居を紹介した文章があることがわかる。贅田は『道徳教育資料集成』(全三巻、宮田丈夫編著、第一法規出版、一九五九年)から学んだことを報告した。話し合いは、「学習指導要領」の問題にもおよび、そこで贅田たちは「道徳の時間」の特設がおこなわれていることを知った。

父親たちは、今後、自分の子どもが教科書によって、「どう人間造りをされてゆくのか不安」をおぼえた。教科書の検定制度は「実質上、国家権力の意のままで、実際に教科書国定化の道を辿っている」ように思われた。父親たちは、新教科書へのきりかえにあたって子どもへの教育内容について親の願いを一〇項目の要望にまとめて学校に提出することにした。九月中旬、この要望書を校長に提出した数日後、ひとりの母親から「あの要望書の内容は確かに賛成だが、今の時の流れを考えると、父親の自慰にすぎないのではないか」という批判の声がだされる。この批判に接して贄田は、「暗闇でいきなり梶棒で頭をなぐられたような気が」して、つぎのことを発見する。

一片の要望書、それは今の学校教育の現状と方向を変えるためには何の力もない。この母親の云う通りである。学校教育が今歩きはじめているこの道は、私たちがいつか歩いたあの道にほかならない。私の三人の子どもたちはその道をすでに歩きはじめている。私はこの子等の生命を創った親なのである。教育内容には、親すら介入出来ないものなのであろうか。〔中略〕戦前のように、教育は上からさずかるものなのであろうか。私は生活体験と対比するとき、ますますその疑問が深くなった。

ここで贄田が発見したことは三つあった。一つは、現下の教育内容が親たちの願いとかけ離れたものになりつつあるのに、その教育内容に反映させる手立てがないように見受けられること。つまり現下の学校教育は、教育内容の国定によって人々の願いを排除しつつある点で、戦前とおなじ道をたどりはじめていること。二つは、そうした学校教育の方向性をまえにした親たちには、「戦前のように、教育は上からさずかるものなのであろうか」という根本的な疑問が芽生えていたこと。三つは、子育ての生活体験をふまえたとき親たちの疑問は深くならざるをえないこと。いま親たちは、危険な踏み切りの「傍で遊ぶわが子を発見」したときには「安全な遊び場所に引き戻す」はずであり、「子の本を買い求めるとき」にはあれこれと選んでいるはずである。「それと同じことが学校教育内容の中に立ち入って出来ないはずはないのではあるまいか。そのような強い法的な力が民主主義の日本には親の権利としてあるのではあるまいか」と贇田はかんがえるにいたった。

贇田は、憲法・教育基本法・民法の精読を重ね、「子どもを持つ父母が文教政策、教育内容を直接方向づける役割をもつ法的根拠の訴え」というタイトルのプリントを作成し、もし右のかんがえが正しく、「また訴訟として成立するならば、国を訴えたい」と思った。贇田たちは、右のプリントを学者や評論家八十余人に送ったところ、宗像誠也(東京大学教授)から返事があった。一〇月からは、親の教育権の研究会が、宗像誠也、兼子仁(都立大学助教授)、星野安三郎(東京学芸大学教授)のほか三弁護士の参加をえておこなわれた。雑誌『教育』一九六一年五月号には、同年一月九日、贇田たちが「提訴への最終的な打ち合わせを終わった」ことと、同月二八日、「広く教育学者、法律学者、評論家の検討を受け、支持を願う会合が、宮原誠一、宗像誠也両教授のお世話で持たれた」ことが記されている。だが、この提訴は見送りになった。当時東京の教員だった北村小夜によれば、敗訴をおそれる各方面からの反対を贇田がいれたためだったという。

贇田の提訴は見送られたものの、贇田によるつぎの言葉は多くの人々の共感をよぶものだった。「親だって子どもがどんなものになるか関心をもっているのだ」「子どもだって自分の未来の人間像がどんなものになるか関心をもっていいはずだ」。

第6章　愛国心教育の制度的漸進

1　「道徳の時間」の継続

一九五八年に「道徳の時間」が特設されてから、二〇一八年に「特別の教科　道徳」が小学校に導入されるまでの年月を数えると六〇年になる。この半世紀あまりの時期における道徳教育は、以下に記す七つのことを基本的な性格としながら続けられるものだった。

第一は、文部省(二〇〇一年一月から文部科学省)が「学校教育法施行規則」の一部改正を重ねて、教育課程構造と授業時数についての決定を継続することにより、「道徳の時間」の特設を続けたことだった(「抜け道」2と3)。一九五八年一部改正の「学校教育法施行規則」における教育課程構造(小学校)は、教科・道徳・特別教育活動・学校行事等の四領域とされ「道徳の時間」の特設を決定づけたが、一九六八年一部改正では教科・道徳・特別活動の三領域となり、以後、一九九八年一部改正では総合的な学習の時間を加えた四領域、二〇〇八年一部改正では外国語活動を加えた五領域となる(第4章の表9参照)。その間、道徳は領域の一つであり続けた。

第二は、文部省が「学習指導要領」の改訂を重ねることにより、道徳基準の国定を続けたことだった

(「抜け道」3')。一九五八年改訂の「学習指導要領」の道徳の章における道徳基準は小学校三六項目・中学校二一項目ではじまったが、一九六八年と六九年の改訂では小学校三二項目・中学校二六項目となり、以後、一九七七年改訂では二八項目と一六項目、一九八九年改訂ではいずれも二二項目、一九九八年改訂では二二項目と二三項目、二〇〇八年改訂が二二項目と二四項目になる。項目数には変化がみられたが、道徳基準の国定は途切れることなく続けられた(巻末の資料1)。

第三は、文部省が「学習指導要領」の道徳の章における道徳基準の国定にさいして、孝行と愛国心の項目を置き続けたことだった(巻末の資料1)。

第四は、右第一~第三についての決定の過程がほぼ同じ制度によったことだった。一九五八~九八年の「学習指導要領」については、「文部大臣による教育課程審議会への諮問」→「教育課程審議会による答申」→「文部大臣による学習指導要領の告示」という決定の過程をたどった。二〇〇一年一月の中央省庁・審議会改革によって教育課程審議会が廃止されてからは、再編された中央教育審議会の初等中等教育分科会が従前の教育課程審議会とほぼ同じ役割を担ってきた。

第五は、文部省が「学習指導要領」の告示を重ねることにより、道徳基準の国定とあわせて、それに依拠した道徳教育(「国定の道徳基準による教育」)を現場に求め続けたことだった。文部省は、一九五八年八月の「学習指導要領　道徳編」の告示化を起点にして、「学習指導要領」の基準性の強化と法的規範力の主張をはじめたが、その後の「学習指導要領」についても告示の形式で発出をおこなうことを続けた。

第六は、文部省が現場に求めた「道徳の時間」にたいしては、現場における批判と不満が継続したことだった。このことが現場における道徳教育のあり方に与える影響にも大きなものがあった。神奈川県の公立中学校教員だった矢定洋一郎が、一九七四～七八年度に在籍した藤沢市立藤が岡中学校における経験を二〇一一年に述懐している（矢定 二〇一一）。

ボクは新採用から四年間を、藤沢の藤が岡中学というところで過ごした。文部省の「道徳」の研究指定を受けていた中学だったから、市内からの異動はみんないやだったらしく、新採用や他市や他県から若い教員ばかりが入ってきて、上が強引だと下はまとまるという、よくあるパターンで、若者たちは、みんな仲がよく、活気があった！（中略）ドートクの研究授業で、一時間中「雑巾を縫う」っていうのをやって、校長が、「なめんな～！」と真っ赤になって怒った。（中略）ボクもしばらくは、胃が重たい日々だったが、今思えば、青いながらよくやった！　いや、青いからこそやっちまったのだな⁉

矢定は一九四九年一〇月に東京で生まれて二四歳で中学校の数学教員になった。前章でとりあげた内田宜人や贄田重雄による「道徳の時間」への批判の根底には「戦争の時代にたいする悔恨」があったが、矢定はそうした悔恨を自らの戦争体験をくぐらせて保持することはもはやありえない世代の一人だった。だが、そうした戦後生まれの教員の一部においても、「道徳の時間」にたいする批判と不満が持続されたことを、右の述懐は伝えている。矢定による批判と不満の根底には何があったのだろうか。矢定による一九七八年のリポートにはつぎのように記されている。

道徳は一九五八年の改訂で授業時間に入りこんできた。六八年の改訂では「学校における道徳教育」

なる冊子を発行し、道徳を各教科の中までもぐりこませようとした。そして今回、たぶん「ゆとりの時間」なるものが結局この道徳にのっとられるような気がするのだが、こうした道徳教育推進の本来の意図は何なのだろうか。非行の増加、三(or四 or五)無主義の横行等に対する対策というポーズはむろん「表の顔」としてあるのだろうが、「高度成長」から「安定成長?」期に移った現在の資本の要請、そして「君が代を国歌とする」と要領の片隅にある、さりげない一行あたりこそが、もっともクサい仕掛人のような気がするのだが〔後略〕

矢定の見解には三つの特徴がある。一つは、「道徳の時間」が学校における子どもの必要にもとづき導入されたものではなく、一九五八年の「学習指導要領」によって「授業時間に入りこんできた」ものであり、一九六八・七七年(中学校は一九六九・七七年)の「学習指導要領」によってその継続と浸透がはかられてきたことを事実にもとづき整理していたこと。二つは、一九七七年の「学習指導要領」による「道徳の時間」が「非行の増加」等への対策として打ち出されていることを「ポーズ」であり「表の顔」にすぎないとみなしていたこと。三つはその本来の意図について、「現在の資本の要請」との関連や、一九七七年の「学習指導要領」に君が代を国歌とみなす一文が挿入された事実[1]との関連から思考をめぐらしていたことだ。

関係者の視線をあつめる研究授業の授業者を自らが引き受けて「道徳の時間」への批判と不満を公然と示そうとした矢定の行動は、もちろん誰もがおこないえるものではなかった。だが、それはまったく孤立した取り組みというわけではなかった。矢定の取り組みにたいしては、学校の内外における有形無形の支持があり、これを世代の観点からみてみると、二〇一〇年に退職することになる矢定の世代は、在職期間のはじめの三分の一以上を内田の世代(内田の退職は一九八七年)を同僚にえていた。

一九七〇年代から八〇年代はじめの「道徳の時間」については、私の体験も記しておきたい。私は一九七二年に東京の目黒区立下目黒小学校に入学し一九八一年に目黒区立第三中学校を卒業したが、その九年の間に、世代も教育信条もそれぞれに異なる六人の教員から「道徳の時間」の授業を受けた。だが、それらの授業についての記憶は、六人の教員がおこなった「道徳の時間」以外の授業と比べてみたとき、ぼんやりとしたものになっている。六人のなかには「道徳の時間」を子どもの面前で公然と批判する教員は一人もいなかったが、教員にとっても、子どもにとっても、「道徳の時間」にはとくに力をいれないことが暗黙の前提となっていたようだった。右の世代区分にしたがえば、私が義務教育を受けた一九七二〜八一年は、内田の世代が四〇〜五〇代のベテランとして、矢定の世代が二〇〜三〇代の若手として、ともに学校に在籍していた時代だったことになる。

第七は、「道徳の時間」にたいしては、それを現場に求めていた自民党と文部省の一部からも、批判が続けられたことだった。現場からの批判がもっぱらその強権性に向けられたのにたいして、自民党と文部省の一部からの批判はその制度と内容の不十分さを問題視するものだった。「道徳の時間」の導入にあたった内藤譽三郎が、自民党・参議院議員と文部大臣をへた一九八二年の時点でつぎのように述べている(内藤 一九八二)。

「道徳」については、教育課程の中で、〔一九五八年に〕はっきりと位置づけられることになったが、内

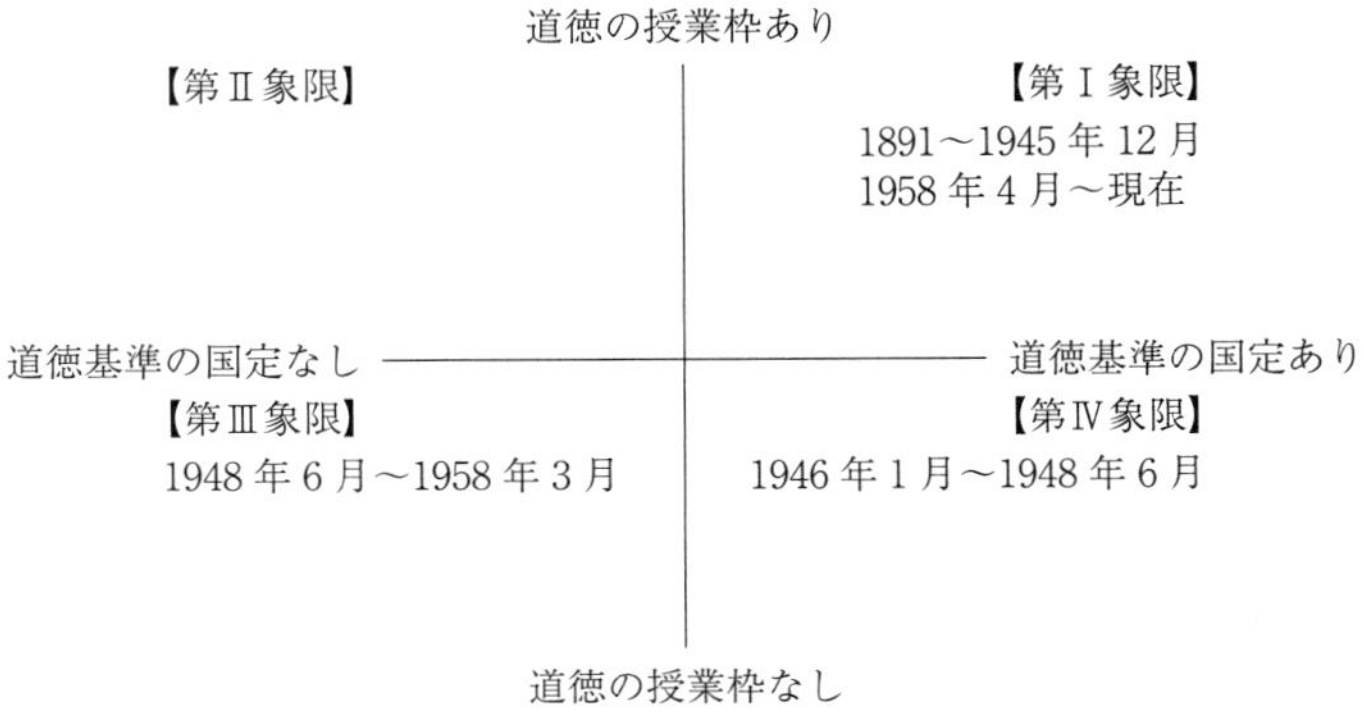

図　道徳教育のパターン

容的には、まだまだ不十分だと思う。教育基本法には「平和で文化的で健康な国民」と書いてあるが、こんなものは価値観ではない。やはり昔の修身が良かったと思う。二宮金次郎さんが子どものとき、酒匂川で苦労した話とか、日本人の偉い人の少年時代の話が中心だった。子どもたちが、そこから何かを感じる模範となるようなものが並べてあった。今度の「道徳」の時間では、そのような価値観を養うものがない。〔中略〕立派な教科書もあるようにしたかったが、反対が強く、結局は教科でなく、特設道徳という不本意な形でしか実施できなかったのは残念だ。

この内藤の認識を、道徳教育政策史の歩みのなかに位置づけて考えてみることにしたい。「道徳基準の国定あり／なし」と「道徳の授業枠あり／なし」という二つの指標をくみあわせると、四つの道徳教育のパターンを描くことができる（**図**）。第Ⅰ象限「道徳基準の国定あり」で「道徳の授業枠あり」のパターンは、一八七二年の「学制」が修身を教科として定め、一八九〇年の教育勅語が道徳基準を国定し、一八九一年の「小学校教則大綱」が修身を教育勅語に依拠させることによってはじめられた。第Ⅳ象限「道徳基準の国定あり」で「道徳の授業枠なし」のパターンは、一九四五年に連合国軍最高司令官（SCAP）が修身を停止したことによりはじまり、一九四七年の「学校教育法施行規則」が修身を撤廃して確定した。この時点では教育勅語の排除と失効の措置はとられていない。第Ⅲ象限「道徳基準の国定なし」で「道徳の授業枠なし」のパターンは、一九四八年の国会両院が教育勅語の排除と失効を決議することにより確定した。ちなみに、第Ⅱ象限「道徳基準の国定なし」で「道徳の授業枠あり」のパターンは理念的には想定できるが、戦後の政府がこれを義務教育段階で追求したことはない。こうして、時計まわりに第Ⅲ象限まで進んできた道徳教育政策の歩みを逆回転させて、第Ⅰ象限のパターンに引き戻したのが一九五八年における「道徳の時間」の特設だった。

内藤の認識は、今後の道徳教育政策を第Ⅰ象限のパターン内でおこなうことを所与の前提としたうえで、「道徳基準の国定」の内容をより戦前型の価値観を養うものに転換させて、「道徳の授業枠」についても「特設道徳という不本意な形」をあらためて「立派な教科書」もあるようにするべきとするものだった。内藤の道徳教育政策についての認識は、戦前の道徳教育政策にたいする事実の検証を一切おこなわないままに、「やはり昔の修身が良かったと思う」と言い切るものであり、きわめて単純な戦前回帰への指向をその特質とするものだった。

これと同型の主張が自民党の国会議員によって重ねられたことについては、一九七五年に文部省に入省して二〇〇六年の退職まで三〇年あまり在職した元文部官僚の寺脇研がつぎのように述べている（岩波書店編集部 二〇一七）。

道徳についての議論というのはずっと以前からありました。まず戦後、やめてしまった「修身」を復活させろという議論があって、それは特別な教科、いわゆる普通の教科ではないのだということで一九五八年の学習指導要領改訂で「道徳の時間」が復活をするわけですけれども、その後も私は何度もいろいろな自民党の国会議員に、修身を復活させろ、と言われました。

特設された「道徳の時間」にたいしては、一方に教育現場における批判と不満の堆積があり、別の一方には自民党議員をはじめとする「やはり昔の修身が良かった」を共通の言葉とする側からの批判があった。これら二つの動きにはさまれて、実際の教育現場における「道徳の時間」は、とくに戦前型の価値観への傾斜を強めることもないかわりに、かといって廃止されることもないままに、双方に不満を残しながら続けられた。

このように「『道徳の時間』による道徳教育」は膠着状態にあったが、これと同じ時期に「社会科による道徳教育」のラインにたいしては、「やはり昔の修身が良かった」を共通の言葉とする側からのアプローチが執拗に続けられ、愛国心教育を制度的に漸進させる試みが重ねられていた(その制度再編の頂点が二〇〇六年の教育基本法改正である)。その制度再編の歩みは、驚くほどに単純な戦前回帰への要求をうけながらすすめられたものではあったが、かつて吉田茂が「愛国心の涵養と道義の高揚」を保守政党の教育政策に掲げたときとは異なった社会的経済的な状況のなかで、独自の意味合いを帯びるものでもあった。以下、愛国心教育の制度的漸進を四つの段階に区切って論じていくことにしたい。

2　天皇敬愛教育の導入（一九六八年）——「期待される人間像」と「抜け道」3′

第一の段階では、一九六八年七月一一日に自民党・第二次佐藤栄作政権下の文部省が「小学校学習指導要領」を改訂することにより（文部省告示第二六八号）、天皇敬愛教育を社会科に導入することがおこなわれた（一九七一年施行）。この事実は、同指導要領の社会科六年の「3　内容の取り扱い」に記された文言によって確認できる。

天皇については、日本国憲法に定める天皇の国事に関する行為など児童に理解しやすい具体的な事項を取り上げて指導し、歴史に関する学習との関連も図りながら、天皇についての理解と敬愛の念を深めるようにすることが必要である。

この前段におかれた「2　内容（1）ウ」には、「日本国憲法は、国家の理想、天皇の地位、国の政治のしくみ、国民としてのたいせつな権利、義務などを定めていることを理解すること」と記されている。つまり文部省は憲法の学習を足がかりにして、「天皇についての理解と敬愛の念を深めるようにすることが必要」という主張を同指導要領に書き込んだのだった。こうした天皇敬愛教育の導入については、一〇の問題を指摘できる。

第一に、天皇敬愛教育は、天皇を尊敬し親しみの心をもつという道徳基準の国定をおこない、かつ、そうした道徳基準の形成を子どもに求めるものだったことだ。戦前の道徳教育は「天皇崇拝の愛国心」という道徳基準の国定とその教育をすすめるものだったが、そうした事実の検証を欠いたまま、現場からすればきわめて唐突に天皇敬愛教育は突き付けられるものとなった。

第二に、天皇敬愛教育は、憲法原理の歪曲をその前提としていたことだ(久保 二〇〇六)。前段におかれた「2 内容(1)ウ」においては、憲法三原則である国民主権・平和主義・基本的人権の尊重を「国家の理想」に圧縮し、「天皇の地位」をその横にならべることがおこなわれたが、こうした記述は一九五八年の「小学校学習指導要領」からはじまっていた(2)。こうした記述は、あたかも天皇が憲法原理の基本であるかのように教えることを求めるものであり、そのことを前提として天皇敬愛教育の導入は図られていた。

第三に、天皇敬愛教育は、社会科における愛国心教育の導入を伴っていたことだ。これまでも社会科の「目標」には郷土愛と国土愛の教育が導入されていたが、そこに「国家に対する愛情を育てる」の文言がおかれたのは、一九六八年の同指導要領がはじめてだった(**表10**・**表11**)。

第四に、天皇敬愛教育は、神話教育の復活と軌を一にしたものだったことだ。社会科六年の歴史学習に関して「3 内容の取り扱い(3)」はつぎのように記している。「日本の神話や伝承も取り上げ、わが国の神話はおよそ八世紀の初めごろまでに記紀を中心に集大成され、記録されて今日に伝えられたものであることを説明し、これらは古代の人々のものの見方や国の形成に関する考え方などを示す意味をもっていることを指導することが必要である」。文中に「記紀」とあるのは、古事記と日本書紀の略称である。なぜ小学六年生の歴史学習において古事記と日本書紀の指導が必要なのか。その意図に関して、このとき文

表 10　学習指導要領の愛国心（小学校）

発行・告示年	愛国心（一般目標・総則）	愛国心（道徳）	愛国心（社会） 目標	愛国心（社会） 6年目標	国旗尊重（社会） 3年	国旗尊重（社会） 4年	国旗尊重（社会） 5年	国旗尊重（社会） 6年	国歌尊重（社会） 6年	天皇敬愛（社会） 6年	神話（社会） 6年
1951（試案）	○										
1958		○						○			
1968		○	○					○		○	○
1977		○						○			○
1989		○				○		○	○	○	○
1998		○		○	○	○	○	○	○	○	○
2008	○	○		○	○	○	○	○	○	○	○
2017	○	○		○	○	○	○	○	○	○	○

部官僚から自民党参議院議員に転じていた内藤誉三郎が、一九六七年五月一三日の参議院予算委員会でつぎの発言をしている。

　社会科の問題だけじゃなくて、私は天皇の地位というものは歴史の中で解明しておくことが必要じゃないかと思う。特に先ほどあげた神話の中にも、「豊葦原瑞穂国《とよあしはらみずほのくに》、なんじ皇孫ゆいて治めよ、皇祚《こうそ》の栄えまさんこと天地とともにきわまりなかるべし」という神勅《しんちょく》があるわけなんです。これは日本書紀や古事記にも出ております。二千年来わが国国民の不動の信念にささえられて、今日の憲法においても日本国及び日本国民統合の象徴という形で存続されておることは、私はまことに驚くべきことだと思うのです。このことは子供たちによく教えなければならぬと思うし、その意味で神話の中に今度神勅というようなものもぜひ私は含めていただきたいと思うのです。

この発言は、天皇にかかわる「歴史的事実と神話を混淆《こんこう》」（久保二〇〇六）することによって「天皇統治」があたかも二〇〇

			諸外国の国旗と国歌も同様に尊重する態度を育てるよう配慮すること．		
1998	目標：（同前） 5年目標：国土に対する愛情を育てるようにする．	6年目標：我が国の歴史や伝統を大切にし，国を愛する心情を育てるようにする．	3・4年内容の取扱い：我が国や外国には国旗があることを理解させ，それを尊重する態度を育てるよう配慮すること． 5年内容の取扱い：我が国や諸外国には国旗があることを理解するとともに，それを尊重する態度を育てるよう配慮すること． 6年内容の取扱い：（同前）	6年内容の取扱い：（同前）	6年内容：神話・伝承を調べ，国の形成に関する考え方などに関心をもつこと． 6年内容の取扱い：（同前）
2008	目標：（同前） 5年目標：（同前）	6年目標：（同前）	3・4年内容の取扱い：（同前） 5年内容の取扱い：（同前） 6年内容の取扱い：（同前）	6年内容の取扱い：（同前）	6年内容：（同前） 6年内容の取扱い：（同前）
2017	目標：我が国の国土と歴史に対する愛情〔中略〕を養う． 5年目標：多角的な思考や理解を通して，我が国の国土に対する愛情〔中略〕を養う．	6年目標：多角的な思考や理解を通して，我が国の歴史や伝統を大切にして国を愛する心情〔中略〕を養う．	3年内容の取扱い：我が国や外国には国旗があることを理解し，それを尊重する態度を養うよう配慮すること． 4年内容の取扱い：（同上） 5年内容の取扱い：我が国や諸外国には（以下同上） 6年内容の取扱い：我が国の国旗と国歌の意義を理解し，これを尊重する態度を養うとともに，諸外国の国旗と国歌も同様に尊重する態度を養うよう配慮すること．	6年内容の取扱い：（同前）	6年内容：神話・伝承を手掛かりに，国の形成に関する考え方などに関心をもつこと． 6年内容の取扱い：（同前）

※ 社会科編　　（下線部は変更のあった箇所）

表11　学習指導要領における社会科の愛国心(小学校)

発行・告示年	国土愛	愛国心	国旗・国歌尊重	天皇の敬愛	神話
1955※	目標：民族的誇りをもち，郷土や国土を愛し，よりよくしようとする意欲をもつこと．				
1958	5年目標：国土に対する愛情や国民的自覚の基礎を養う．		6年指導上の留意事項：わが国の国旗をはじめ諸外国の国旗に対する関心をいっそう深め，これを尊重する態度などを養うことがたいせつである．		
1968	目標：郷土や国土に対する愛情，国際理解の基礎などを養う． 5年目標：国土に対する愛情を育てる	目標：家庭，社会および国家に対する愛情を育てる	6年内容の取り扱い：わが国の国旗に対する関心や，これを尊重する態度を深めさせるとともに，諸外国の国旗に対しても同じようにこれを尊重する態度が必要なことを考えさせるように配慮することが必要である．	6年内容の取り扱い：天皇についての理解と敬愛の念を深めるようにすることが必要である．	6年内容の取り扱い：日本の神話や伝承も取り上げ〔中略〕記紀を中心に集大成され，記録されて今日に伝えられたものであることを〔後略〕
1977	目標　我が国の国土と歴史に対する理解と愛情を育て〔後略〕		6年内容の取扱い：我が国や諸外国の国旗に対する関心やこれを尊重する態度を育てるように配慮する必要がある．		6年内容：国の形成に関する考え方などを示す神話・伝承に関心をもつこと．
1989	目標：(同前) 5年目標：国土に対する愛情を育てる．		4年内容の取扱い：我が国や諸外国には国旗があることを理解させるとともに，それを尊重する態度を育てるよう配慮する必要がある． 6年内容の取扱い：我が国の国旗と国歌の意義を理解させ，これを尊重する態度を育てるとともに，	6年内容の取扱い：天皇についての理解と敬愛の念を深めるようにすること．	6年内容：神話・伝承を調べて，国の形成に関する考え方などに関心をもつこと． 6年内容の取扱い：古事記，日本書紀，風土記などの中から適切なものを取り上げること．

〇年におよび「永続」してきたかのように論じるものであり、国会における発言として本来は承認することができないものだった。しかし、劔木亨弘《けんのきとしひろ》文相は、天皇にかかわる歴史的事実と神話の峻別をすることなく、この発言をそのままひきとって、「これらの将来の取り扱い」については、教育課程審議会で「議論をされてまいるべき問題だと思います」と答弁をおこなった。劔木は元文部官僚であり事務次官を一九五〇～五一年(天野貞祐文相)と五二～五三年(岡野清豪文相)につとめていた。内藤もまた一九六二～六四年に文部省の事務次官(荒木万寿夫《ますお》と灘尾弘吉の両文相)をへていた。歴史的事実にもとづいて天皇についての学習をおこなうのではなく、神話(=「天皇統治の永続」)にもとづいて「天皇の地位」についての教育をすすめようとするやりとりが、ともに文部官僚の最高位のポストをへていた内藤議員と劔木文相によって交わされていたことのもつ意味は重かった。前記した第一～四の問題点は、いずれも文部省が「抜け道」3′を活用することによってもたらされたものだったが、その活用術についてもっとも知悉していた内藤が、ここでは国会議員の立場から自民党の教育政策の推進につとめていた。

第五に、天皇敬愛教育は、かつて天野貞祐文相が構想し、天野が文相退任後に公表した「国民実践要領」(一九五三年)における「天皇親愛」の道徳基準と共通した発想にもとづいて導入が図られていたことだ。天野の委嘱を受けてその執筆にあたったのは高坂正顕らだったが、「国民実践要領」においては「天皇統治の永続」を説くことにより「天皇親愛」の道徳基準を国民に求めることがおこなわれていた。この発想と国会における内藤の発言は、それぞれ同型のものとみなしてよいだろう。

第六に、天皇敬愛教育は、一九六六年一〇月三一日、中央教育審議会答申の別記「期待される人間像」において示された「天皇敬愛=愛国心」の道徳基準とも共通した発想にもとづいていたことだ。高坂正顕

（東京学芸大学学長）を主査として、天野を委員の一人として作成された「期待される人間像」には、一六の道徳基準が列挙されたが、その第一五におかれた「象徴に敬愛の念をもつこと」の内容は以下のようだった。

日本の歴史をふりかえるならば、天皇は日本国および日本国民統合の象徴として、ゆるがぬものをもっていたことが知られる。日本国憲法はそのことを、「天皇は、日本国の象徴であり日本国民統合の象徴であって、その〔ママ〕地位は、主権の存する日本国民の総意に基く。」という表現で明確に規定したのである。もともと象徴とは象徴されるものが実体としてあってはじめて象徴としての意味をもつ。そしてこの際、象徴としての天皇の実体をなすものは、日本国および日本国民の統合ということである。しかも象徴するものは象徴されるものを表現する。もしそうであるならば、日本国を愛するものが、日本国の象徴を愛するということは、論理上当然である。

天皇への敬愛の念をつきつめていけば、それは日本国への敬愛の念に通ずる。けだし日本国象徴たる天皇を敬愛することは、その実体たる日本国を敬愛することに通ずるからである。このような天皇を日本の象徴として自国の上にいただいてきたところに、日本国の独自の姿がある。

これは象徴天皇制と国民主権を規定した憲法第一条から、天皇敬愛の道徳基準を無理矢理に引き出そうとするものだった（憲法第一条については宮澤　一九六〇参照）。このこじつけの「論理」を「学習指導要領」は踏襲することになった。

第七に、天皇敬愛教育に影響をおよぼした「期待される人間像」は、教育基本法第一条に実質的な修正を加えていくことをねらいの一つとしていたことだ。高坂正顕も「期待される人間像」作成の趣旨についてつぎのように述べていた。「教育基本法は抽象的であり、世界のどこにも適用する普遍性をもっているが、それだけ特に日本の今日にぴったり合っているかといえば、そうとは断言できない。あれを日本人の精神的風土に定着させるためには、もっと具体化する必要がある」。そのことが「『期待される人間像』のねらいなのである」。高坂によれば、「期待される人間像」は、教育基本法そのものには手をつけずに、「何らかの形で足りないと考えられるところを補充しようとするもの」(市川 二〇〇九)だった。「期待される人間像」にもとづいておこなわれた天皇敬愛教育は、国による教育課程の内容と授業時数の決定の継続という「抜け道」3′をつかって、教育基本法を修正する動きを先取りするものでもあった。

第八に、天皇敬愛教育に影響をおよぼした「期待される人間像」は、第一次から第三次の自民党・池田勇人政権(一九六〇年七月一九日~一九六四年一一月九日)下で導入された「能力主義と学校制度多様化」の教育政策を土台としていたことだ。

戦後における「能力主義と学校制度多様化」の教育政策の起点は、第三次吉田茂政権下で首相の私的な諮問機関として発足した政令改正諮問委員会が一九五一年一〇月一六日に提出した「教育制度に関する答申」だった。財界から石坂泰三(東芝社長)、原安三郎(日本化薬社長)を委員に得てまとめられた同答申は、「わが国の国力と国情に適合し、よく教育効果をあげ、以て、各方面に必要且《か》つ有用な人材を多数育成し得る合理的な教育制度を確立」することをうたって学校制度の多様化をほのめかし、戦後における「能力主義教育政策の最初の設計図」(海老原 一九六七)となった。

池田政権において「能力主義と学校制度多様化」の教育政策をリードしたのは経済審議会だった。経済審議会は、一九五二年に経済審議庁に設置された内閣総理大臣の諮問機関であり、一九五五年以降は経済企画庁におかれていた。一九六〇年一一月一日、経済審議会は自民党・岸信介政権下で準備されていた「国民所得倍増を目標とする長期経済計画」を答申し、これを池田政権は一二月二七日に閣議決定した。その第二部第3章には「人的能力の向上と科学技術の振興」がおかれ、「経済政策の一環として、人的能力の向上を図る必要がある」、「目標年次における工業高校程度の技術者の不足は、四四万人と見込まれるので、計画期間中に工業高校の定員は相当数の増加を図る必要がある」といった方針が示された。この時点で六〇パーセントに迫っていた高校進学率についても、「目標年次に七二%に達する」との推定を示したうえで、「この間、昭和三八―四〇年（一九六三～六五）は高校進学急増期に当たるので、高校の増設を必要とするが、その際、工業高校等の増設が中心に考えられなければならない」と述べて、普通高校を制して工業高校等の増設を優先させる方針までもが示された。これらの方針に文部省は追従して、一九六一年度予算から高校急増対策の予算が計上され、公立新設校の六〇パーセントは工業課程とされた（山崎 一九八六）。

経済審議会が一九六三年一月一四日に答申した「経済発展における人的能力開発の課題と対策」には、つぎの文言がおかれている。「教育および社会における能力主義の徹底に対応して、国民自身の教育観と職業意識も自らの能力や適性に応じた教育を受け、そこで得られた職業能力によって評価、活用されるという方向に徹すべきであろう」。

同年六月二四日、荒木万寿夫文相は、経済審議会の答申をより具体的に教育政策に反映させるため、第六期の中央教育審議会(会長 森戸辰男)に「後期中等教育の拡充整備について」を諮問した。この諮問に応じるため、中央教育審議会には第一九特別部会(「期待される人間像」に関するもの。主査は高坂正顕、委員に天野貞祐)と第二〇特別委(後期中等教育のあり方に関するもの)がおかれたが、両委員会とも、その審議を経済審議会答申についての説明聴取からはじめている。ここで注目すべきは、第一九特別部会において、このとき事務次官だった内藤譽三郎が諮問の理由を二点にわたり述べていたことだ。まず、「教育基本法は、戦後の新しい日本の教育の目的を示して」いるが、「これを教育の場に具体的に生かしていくためには、わが国の国土と民族と文化を基盤として、かつ、学校教育の段階ごとの教育目的に即してさらに検討を進めていく必要があろうと考えられ」ること(第一の理由)。つぎに、「後期中等教育の拡充整備を図るにあたっては、各種の形態の教育機関が予想され」るので、「これを一貫する理念を明らかにする必要が」(『戦後日本教育史料集成』編集委員会 一九八三①)あることである(第二の理由)。

内藤が述べた諮問理由については、久保義三と山崎政人によるつぎのような分析がある。久保義三は第一の理由への着目とその著書における引用をおこなっており、「内藤次官も(荒木文相と同様に)教基法の教育目的規定は不十分であり、わが国の国土と民族と文化を基盤として教育目的を設定すべきであるとした」(久保 二〇〇六)のだと記している。久保は、教育基本法第一条に実質的な修正を加えていくことが、「期待される人間像」に関する諮問理由としてとくに重要だったとみなしたのである。これにたいして、山崎政人は、第一の理由の重要性にもふれたうえで、つぎのように述べている(山崎 一九八六)。

しかし、より重要なのは第二の理由だ。後期中等教育が能力主義にもとづいて多様化されると、必然的にハイタレントとロータレントの選別が行なわれる。そして前者は優越感を、後者は劣等感をいだき、両者の間に深い亀裂が生まれることは避け難い。ことにロータレントのレッテルを貼られた者は被差別意識をもち、体制に批判的になる恐れがある。これらの人たちを従順に、分に従って生産に参加させ、経済成長のにない手にしてゆくためには、「各種の形態の教育機関を一貫する理念」が必要だったのである。

山崎は、第二の理由を手がかりとすることによって、「能力主義と学校制度多様化」の教育政策という土台のうえに、いかなる理由から「期待される人間像」の策定(つまり教育基本法第一条に実質的な修正を加えていくこと)がおこなわれたのか、その内的関連を解き明かしてみせたのだった。

第九に、天皇敬愛教育に影響をおよぼした「期待される人間像」の背後には、「自衛力」の拡充という軍事的課題に対応した愛国心教育への要求もあったことだ。「期待される人間像」の発表にさいし、同審議会長・森戸辰男(元文部大臣)は、つぎのように述べていた(『文部時報』第一〇七二号、一九六六年一一月号)。

われわれの周辺では、平和の到来どころか、戦争の脅威に恐れおののいているのである。〔中略〕有事の際に備えて自衛力を充実しておく必要があるのではないか。かようなとき、国民は全力をつくして祖国を守るという決意をもつべきではないか。〔中略〕「期待される人間像」は、今後の国家社会における人間形成の目標となるものであり〔中略〕すべての国民、とくに教育者の参考となるものである。

第一〇に、憲法原理の歪曲、神話教育の利用、教育基本法の修正要求、そして、文部官僚による「抜け道」3′の恣意的運用をともなっていた天皇敬愛教育は、教育界からのきびしい批判にさらされたことだ。雑誌『教育』一九六八年七月号のなかで、数学者・教育学者の遠山啓《ひらく》がつぎのように述べている。「神話は、戦前における体制側の非常に重要なよりどころであった。ところが、またこれが出てきた。私には『夢よ、もう一度』という感じがする」。この見解には、一九〇九年に生まれて戦前の神話教育を受けてきた遠山の実感がこめられていた。遠山は、その後における神話教育の見通しについても、『思想』一九六八年二月号のなかで、つぎのように述べている(遠山　一九八〇)。

今度の指導要領改訂の重要な問題点は、社会科に神話をとり入れるということである。これはそのまま教科書に入れられるだろうが、教師はその教科書の内容をどう教えるかという一つの選択の前に立たされる。その神話を一つの歴史的事実と信じて、それを教える教師もなかにはいるだろう。しかし、多くの教師はそのことに心の痛みを感ずるだろう。そこまではたしかに戦前と同じである。だが、大きなちがいが一つある。戦前には日本の古代史には科学的研究の立ち入りが許されなかった。神話を歴史的事実から区別するすべはなかった。ところが戦後になってタブーが解かれて日本の古代史に科学の照明が当てられ、多くの疑問が明らかになった。だから、指導要領で神話を教えよと命令しても、はたして戦前と同じにいくかどうかわからない。

一九六八年の「小学校学習指導要領」は一九七一年四月に実施されたから、一九七七年四月に小学六年生になった私も制度上は天皇敬愛教育や神話教育を受けていたことになる。担任の先生が憲法三原則を教えてくれたことを記憶している。当時の私が、その歴史的意味や社会的意味を理解することはなかったが、全一〇三条からなる憲法の原則を三つにまとめる整理の仕方が印象的だったこともあって、その記憶を今日まで持続させることになったのだろう。神話と天皇について教わったのかもしれないが記憶には残らなかった。私の経験を直ちに一般化することはできないが、おそらく多くの場合、教員たちは分数の教育や光合成の教育にさいしてそれぞれに発揮させたような熱心さを、天皇敬愛教育や神話教育にたいしては発揮させなかったのではないか。

むしろ、一九五八年の小中「学習指導要領」が「まるで闇討ちのような形」で「道徳の時間」を導入した後で、一九六八年の「小学校学習指導要領」がまたしても文部省に強引さを発揮させて現場の要求とは隔絶した内容を盛り込んだことは、教育課程のあり方についての活発な議論を教育現場において継続させることになった。

一九七三年六月一八日、教育改革案づくりを目指して一九七〇年末から研究をすすめてきた日教組の教育制度検討委員会が第三次報告書を発表すると、それを各紙が社説でとりあげた。一九日の『毎日新聞』は「日教組提案に幅広い論議を」、二〇日になると、『朝日新聞』「理想を追う日教組の改革案」、『東京新聞』「日教組の教育改革案に」、『読売新聞』「日教組の教育改革提言を生かせ」、『サンケイ新聞』「検討に値する日教組案」と各紙の社説が並び、二三日の『毎日新聞』はこの件で二本目の社説「教育改革のための合意づくりを」を掲げている。各紙が共通にとりあげたのが教育内容の精選の問題だった。『読売新聞』の社説「日教組の教育改革提言を生かせ」は、つぎのように論じている（「戦後日本教育史料集成」編集委員

会 一九八三②より重引)。

今回の報告で打ち出された提言は多いが、とりわけ注目したのは教育内容(教育課程)の改革についてである。現行の教育内容は数次にわたる改定によって実施されているものだが、改定のたびに内容が盛りだくさんとなり、要求水準が高度化するとともに科学性が失われたことは、これまで多くの人々によって指摘されている。このため義務教育では半数の子どもが学習についていけないこと、高校では三分の二の生徒が消化不良をおこしていることが調査で明確にされている。その対策として文部省では昨年、学習指導要領の基準を弾力化する改正を行なったが、教科の種類、内容については時間がかかるとして手をつけていない。〔中略〕この点での日教組の提言は大胆である。

こうした世論を文部省も無視することができなかった。自民党・三木武夫政権下の一九七五年一〇月一八日、教育課程審議会による「教育課程の基準の改善に関する基本方針――中間まとめ」には、「学校生活を全体としてゆとりのあるものにする必要がある」「各教科等の内容の精選や授業時間数の改善を行って、適切な教育課程の実現を図らなければならない」「第六学年の政治に関する内容や世界の地理に関する内容についても適切な精選を図る」という文言がおかれる。一九七七年七月二三日に自民党・福田赳夫政権下の文部省は、「学校教育法施行規則」を一部改正して授業時数の削減に踏みだし(文部省令第三〇号)、同日に「小学校学習指導要領」を改訂して各教科等の内容についても一定の精選をおこなった(文部省告示第一五五号)。そのなかで天皇敬愛教育、および、古事記・日本書紀についての記述、そして社会科における愛国心教育などは、「小学校学習指導要領」から削除されるにいたった(表10・表11)。

3　天皇敬愛教育の再導入(一九八九年)
——「臨教審答申」と「抜け道」3′

第二の段階では、一九八九年三月一五日に自民党・竹下登政権下の文部省が「小学校学習指導要領」を改訂することにより(文部省告示第二四号)、一九七七年の「小学校学習指導要領」では削除されていた天皇敬愛教育を再導入して復活させることがおこなわれた(一九九二年施行)。社会科六年の「3　内容の取扱い(2)エ」にあらためて記されたつぎの文言は一九六八年のときとほぼ同じものだった。

ウの天皇については、日本国憲法に定める天皇の国事に関する行為など児童に理解しやすい具体的な事項を取り上げ、歴史に関する学習との関連も図りながら、天皇についての理解と敬愛の念を深めるようにすること。

この前段にある「2　内容(2)ウ」には、「日本国憲法には国家の理想、天皇の地位、国民としての権利及び義務などの重要な事柄が定められていることを調べて、それらは国家や国民生活の基本であることを理解すること」と記されている。憲法の学習を足がかりにして、天皇敬愛教育が必要、という主張を同指導要領に書き込んだことも、一九六八年のときと同様だった。こうした天皇敬愛教育の再導入については、七つの問題を指摘できる。

第一に、天皇敬愛教育の再導入は、天皇敬愛という道徳基準の国定をあらためておこない、かつ、そうした道徳基準の教育をあらためて現場に求めるものだったことだ。

第二に、天皇敬愛教育の再導入は、憲法原理の歪曲をまえより強めてその前提としていたことだ。「2 内容(2)ウ」においては、憲法三原則を「国家の理想」に圧縮し、「天皇の地位」をその横におくだけでなく、それらのことが「国家や国民生活の基本である」とする主張までおこなっている。

第三に、天皇敬愛教育の再導入は、神話教育における古事記と日本書紀の復活と同時にすすめられたものだったことだ。社会科六年の歴史学習に関して「2 内容(1)イ」はつぎのように記している。「遺跡や遺物などを調べて、農耕が始まると人々の生活や社会の様子が変わったことや、大和朝廷による国土の統一の様子について理解すること。その際、神話・伝承を調べて、国の形成に関する考え方などに関心をもつこと」。これとあわせて「3 内容の取扱い(1)イ」にはつぎの文言がおかれた。「イの神話・伝承については、古事記、日本書紀、風土記などの中から適切なものを取り上げること」。

同指導要領に古事記と日本書紀を復活させた意図については、一九八五年一〇月に自民党に発足した「教科書を考える議員連盟」における意見からうかがうことができる。同議員連盟は、かつて勤評政策を先導した森山欽司議員(一九一七年生まれ)らが発起人であり、その呼びかけの趣旨には「現行の教科書には当然記述されていなければならない人物名などがない」ことを改めることがあった(久保 二〇〇六)。同議員連盟では、「中国の『魏志倭人伝』に載っている卑弥呼を取り上げながら、建国の基《もとい》となった神武天皇を入れないのは何故か」という意見が続出した。同連盟幹事の長谷川峻《たかし》議員(一九一二年生まれ)は、「ギリシャ神話を教えていることを思えば、日本の神話、伝承の教育をうたった今回の指導要領で、古事記、日本書紀を参考にして〔神武天皇を〕教えられないはずはない」と発言。加藤武徳議員〔一九一五年生まれ〕も「卑弥呼は中国から印璽《いんじ》をもらった人物であろうが、この人から〔日本の歴史が〕始まったのではない」と発言し、神武天皇を同指導要領に盛り込もうとする発言が相ついだ。神武天皇の存在は歴史的事実ではない以上、文部省がこうした要求を容れることはなかったが、右の発言からは、議員たちが古事記と日本書紀に依拠して神武天皇を「建国の基」として教えることに強いこだわりをみせていたことがわかる。

第四に、天皇敬愛教育の再導入は、小学校社会科における「国歌を尊重する態度」を育てることの導入や〔表10・表11〕、「入学式や卒業式などにおいては、その意義を踏まえ、国旗を掲揚するとともに、国歌を斉唱するよう指導するものとする」〔特別活動の「第3　指導計画の作成と内容の取扱い　1(4)」〕ことの導入を伴っていたことだ。

第五に、天皇敬愛教育の再導入は、自民党・第三次中曽根康弘政権下の一九八七年八月七日、臨時教育審議会が提出した「教育改革に関する第四次答申〔最終答申〕」〔「臨教審最終答申」〕に盛られていた「教育の目標」とも重なる発想にもとづいていたことだ。「臨時教育審議会設置法」〔一九八四年八月八日公布〕にもとづき総理大臣が任命した委員によって作成された「臨教審最終答申」には、「二一世紀のための教育の目標」として、①ひろい心、すこやかな体、ゆたかな創造性、②自由・自律と公共の精神、③世界の中の日本人、がおかれたが、その③の内容は以下のようだった。

我が国がいまだかつて経験したことのない国際的相互依存関係の深まりのなかで、国際社会の一員として生き続けていくためには、全人類的視野に立って様々な分野で貢献するとともに、国際社会において真に信頼される日本人を育成すること、すなわち、「世界の中の日本人」の育成を図ることが重要となる。

そのためには、第一に、広い国際的視野の中で日本文化の個性を主張でき、かつ多様な異なる文化の優れた個性をも深く理解することのできる能力が不可欠である。第二に、日本人として国を愛する心をもつとともに、狭い自国の利害のみで物事を判断するのではなく、広い国際的、人類的視野の中で人格形成を目指すという基本に立つ必要がある。なお、これに関連して、国旗・国歌のもつ意味を理解し尊重する心情と態度を養うことが重要であり、学校教育上適正な取扱いがなされるべきである。第三に、多様な異文化を深く理解し、十分に意思の疎通ができる国際的コミュニケーション能力の育成が不可欠である。

これは「日本人として国を愛する心をもつ」という道徳基準をあらためて公定しようとするものであり、かつそうした道徳基準の形成を、「国旗・国歌のもつ意味を理解し尊重する心情と態度を養うこと」を通じておこなおうとするものだった。これより四カ月後の一二月二四日に教育課程審議会は「幼稚園、小学校、中学校及び高等学校の教育課程の基準の改善について」の答申をおこなった。同答申は、「臨教審答申から重要な指針や教育内容の改善策について、多くを負」うものとなり(久保 二〇〇六)、「学習指導要領」改訂に際して、愛国心の道徳基準の文言変更、社会科における国旗尊重教育の拡大、国歌尊重教育の導入とあわせて、天皇敬愛教育の再導入をもたらすことになった(表11)。

第六に、天皇敬愛教育の再導入の背景となった臨時教育審議会の諸答申は、教育基本法第一条に実質的な修正を加えていくことをねらいの一つとしていたことだ。一九八六年四月二三日の「教育改革に関する第二次答申」について、市川昭午は、「教育基本法の精神を尊重し、徹底するという口実で、その解釈改正」を図るものだったとしている（市川 二〇〇九）。同答申はつぎのように述べている。「今次教育改革は、幅広い国民的合意を基礎に、教育基本法の精神をさらに深く根付かせ、二一世紀に向けてこの精神をさらに創造的に継承、発展させ、実践的に具体化していくことでなければならない」。そのうえで同答申は、教育基本法第一条の「人格の完成」から「個人の尊厳、個性の尊重、自由・自律・自己責任・人間の心の重要性」を、また「『平和的な国家及び社会の形成者』としての『心身共に健康な国民』の育成」から「平和国家、文化国家、民主主義の成熟を目指す正しい国家意識の涵養、勤労と責任を重んじるなどの社会的責任の自覚、個性豊かな文化や伝統の継承・創造・発展のための努力」の必要性を引き出している。その結果として導かれたのが、「公共のために尽くす心、他者への思いやり、社会奉仕の心、郷土・地域、そして国を愛する心、社会的規範や法秩序を尊重する精神の涵養が必要であり、さらに自分とは異なるもの、異質性・多様性への寛容の心などを育成することが必要」という結論だった。臨時教育審議会は、「抜け道」1を活用しながら、とくに「人格の完成」を「火種」として、愛国心教育の拡充を図ったのだった。

第七に、天皇敬愛教育の再導入にともなった憲法原理の歪曲、古事記と日本書紀の復活、教育基本法の解釈改正といった動きにたいしては、教育界における危機意識の共有が続けられており、右の動きとは一線を画した教育実践が重ねられていたことだ。その一つが吉岡数子による「家族新聞」の実践だった。一九八九年度、吉岡は大阪府の堺市立日《ひ》置荘《きしょう》小学校において、一年生に「父母の仕事、祖父母の戦争体験などをまるごとつかませる取り組み」をはじめるため、学習単元「自分のうちのことを調べよう」(吉岡 二〇〇二)を設定した。子どもたちは「都市空襲、沖縄戦、原爆など(日本人の)被害の史実を祖父母や地域のおじいさん、おばあさん、教職員、被爆者などから聞き取って絵日記・日記・作文・絵話・紙芝居・絵本などいろいろな方法で発表」した。しかし、「朝鮮・中国・アジア太平洋地域への侵略の史実については全く出てこな」かった。そこで吉岡は、自身の「戦争体験」をB4判の紙一枚の「かぞくしんぶん1ごう」にまとめて子どもに提示することをおこなった。紙面左肩には吉岡が五歳のとき朝鮮総督府官舎で撮影した家族写真が掲載され(一九三七年九月四日撮影)、その右側につぎの囲み記事がおかれた。「おとうさんのしごと　せんせいのおとうさんは、くにのめいれいで、ちょうせんの人たちが、ずっとたいせつにしてきたいえや田んぼやはたけをむりやりとりあげるしごとをしていました。日本人がちょうせんのくにをじぶんたちのものにして、大きいいえや、いい田はたをとりあげたので、ちょうせんの人たちはすむいえもしごともなくなりました。せんせいがすんでいたいえもとりあげたいえでまいごに

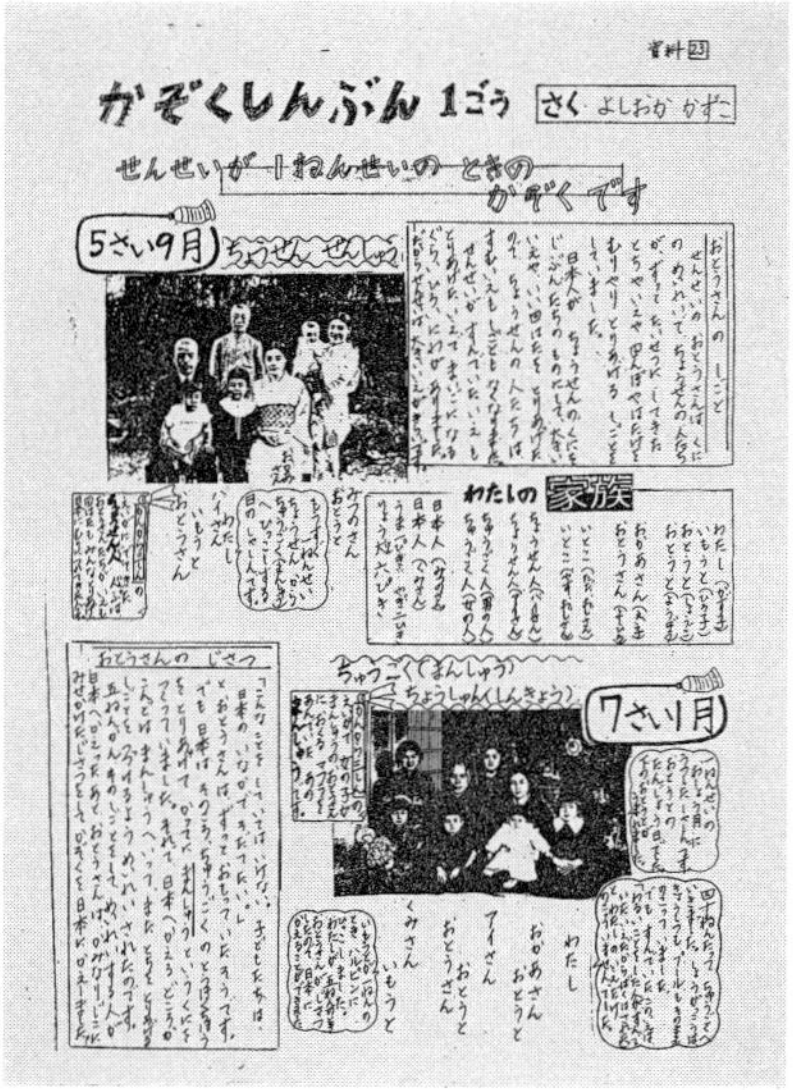

「かぞくしんぶん1ごう」(吉岡数子『生活科　学習指導案綴』日置荘西小校内全体研報告資料 1989年10月27日所収)

なるぐらいひろいにわがありました。だからせんせいは大きないえがきらいです」。

こうした内容を教え込むのではなく「子どもたちの意識の流れに沿って」提示することは、吉岡がとくに注意をはらったことだった。「いかに歴史の真実であっても強制的に教えてはいけない。戦時中に私たちが画一的に押し付けられたように伝えてはいけない」と吉岡は考えていた。

吉岡の実践の土台には、日置荘小に通う子どもの生活の現実への着目もあった。「『自分のうちのことを調べよう』といわれても、いろいろな悩みがあって具体的に書けない、胸はって自分のうちのことが語れない現実がある」。「その子たちが胸はって自分のうちのことを語れる学級集団は、自分の生活を綴り語り合うことなどにより、自分の生活の中にある社会矛盾や不合理に気づき、またしんどさの中でがんばっている友だちのたくましさに共鳴することができるクラスしかない」(吉岡　一九九〇)。このとき教室では、子どもと教員が、生活のなかの現実を無視するのではなく、それを正面から見つめることによって、社会と人間についての認識をふかめる取り組みが重ねられ、そこから、あらためて生活のなかの道徳をつかみとっていく取り組みにも、手がかけられていた。

4　愛国心評価の復活(二〇〇二年)——「抜け道」3′と4

第三の段階では、自民党・小渕恵三政権下と自民党・第一次小泉純一郎政権下の文部省・文部科学省が一九九八年と二〇〇一年に公文書を発出することにより、愛国心評価を小学校に導入することがおこなわれた(二〇〇二年施行)。敗戦以来五七年ぶりとなった愛国心評価は、四つの公文書(一つの告示と、一つの通知の三つの添付資料)における以下の記述の組み合わせにより、マスコミの報道も一切ないままに進められたものだった。

一つは、一九九八年一二月一四日に文部大臣が告示した「小学校学習指導要領」(文部省告示第一七五号)における「社会」の六年目標に「我が国の歴史や伝統を大切にし、国を愛する心情を育てるようにする」の文言がおかれて、愛国心の道徳基準の国定とその教育が規定されたことである(自民党・小渕恵三政権下)。「小学校学習指導要領」における愛国心の道徳基準の国定は、一九五八年以降もっぱら「道徳の時間」でおこなわれてきたが、「社会」では一九六八年に一度だけ全体の目標に規定され、そのあと一九七七年と一九八九年には削除されていたものが、一九九八年にあらためておかれたものだった(表10・表11)。

二つは、二〇〇一年四月二七日に文部科学省初等中等教育局長が発出した通知(「小学校児童指導要録、中学校生徒指導要録、高等学校生徒指導要録、中等教育学校生徒指導要録並びに盲学校、聾学校及び養護学校の小学部児童指導要録、中学部生徒指導要録及び高等部生徒指導要録の改善等について(通知)」一三文科初第一九三号)に添付された「小学校児童指導要録」の参考様式である(巻末の資料4)。参考様式の「様式2(指導に関する記録)」の一枚目(2―1)では、小学校六年「社会」に「観点別学習状況」の評価欄の一つとして「社会的事象への関心・意欲・態度」の欄がおかれた。同欄ははじめておかれたものではないが、同欄においてどのような評価をおこなうべきかが、このあと二つの公文書で示されていく。ちなみに同通知の日付は、自民党・第二次森喜朗政権から小泉政権へ移行して二日目のことだった。

三つは、同通知に添付された「別紙第一　小学校児童指導要録に記載する事項等」である。つぎの記述が、「観点別学習状況」の評価欄と「小学校学習指導要領」の「各教科の目標」を連動させている。

小学校学習指導要領（平成一〇年文部省告示第一七五号）に示す各教科の目標に照らして、その実現状況を観点ごとに評価し、A、B、Cの記号により記入する。この場合、「十分満足できると判断されるもの」をA、「おおむね満足できると判断されるもの」をB、「努力を要すると判断されるもの」をCとする。

四つは、「別紙第一　小学校児童指導要録に記載する事項等」にさらに添付された「別添一―一　各教科・各学年の評価の観点及びその趣旨」である。つぎの記述が、小学校「社会」の「社会的事象への関心・意欲・態度」の欄を記入するための「観点の趣旨」を具体的に示したが、そのなかに「国を愛する心情」の文言が明記された。

我が国の歴史と政治及び国際社会における我が国の役割に関心をもち、それを意欲的に調べることを通して、我が国の歴史や伝統を大切にし国を愛する心情をもつとともに、平和を願う日本人として世界の国々の人々と共に生きていくことが大切であることの自覚をもとうとする。

このように文部科学省は、右の四つの公文書における記述を連動させて、まわりくどいやり方で、指導要録における愛国心評価を導入したのだった。この愛国心評価の導入については五つの問題を指摘できる。

第一に、導入された愛国心評価は、国定の道徳基準「国を愛する心情」の子どもにおける達成度の評価を教員に求めるものだったことだ。戦前の教育は道徳基準「天皇崇拝の愛国心」の子どもにおける達成度の評価を教員に求めるものだったが、それらの事実の検証は欠いたままである。

第二に、愛国心評価の導入は、国による評価のあり方の決定の継続という「戦後教育改革」の「抜け道」4によるものだったことだ。文部省は、一九四八年一一月に学校教育局長通達で「小学校学籍簿」について定めて、一九四九年に「小学校児童指導要録」への名称変更をおこない、以後、一九五五年と一九六一年の通達、一九七一年、一九八〇年、一九九一年の通知によって「小学校児童指導要録」の様式案の改訂をおこなってきた(巻末の資料2)。とくに一九六一年の通達からは、「学習指導要領」の改訂に即応させて、「指導要録」の改訂をおこなうようになった。これ以後、文部省は、「指導要録と教育課程の間には表裏一体の関係がなければならない」こと、「指導要録の様式や記入は、教育課程の基準を定めた学習指導要領が目指す教育の実現に役立つものとなるようにする必要がある」ことを繰り返し強調してきた(近藤・福島 一九九二)。

第三に、愛国心評価の導入は、その問題の大きさに対応した教育界における議論をへることなく実施されたことだ。

第四に、本来は必要がないにもかかわらず、小学校の通信簿に「国を愛する心情」の評価項目を盛り込む動きも起きたことだ。元来、指導要録と通信簿は別個のものである。通信簿には様式や内容について法令の定めがなく、かつ、通信簿のあり方は存廃も含めて各学校・教職員による自主的な判断が求められている。だが、二〇〇二年度に福岡市内の市立小学校一四四校のうち六九校が「国を愛する心情」を評価項目に盛った通信簿を採用することがおこなわれた。二〇〇三年、『朝日新聞』の調査によると「国を愛する心情」を通信簿の評価項目に盛り込んでいる公立小学校は、全国で少なくとも一七二校に上った。二〇〇四年度の通信簿を対象とした二〇〇五年の同調査では、一三都道府県三九市区町村一九〇校に達している（『朝日新聞』二〇〇五年六月一〇日）。

第五に、愛国心評価の導入は、「道徳の時間」における『心のノート』の導入（二〇〇二年度）とも同時におこなわれていたことだ。

これらの動きの背景には、道徳教育と愛国心のあり方ともかかわって、人々が外征戦争の侵略性について人々が認識をふかめる動きと、そうした動きに対抗して、右派勢力が外征戦争の侵略性を否認しながら台頭をつづける動きとがあった。

外征戦争の侵略性について人々が認識をふかめる動きの一つに、在日朝鮮人の元「慰安婦」宋神道《ソシンド》による裁判と「在日慰安婦裁判を支える会」の活動があった。宋は一九二二年に日本植民地下の朝鮮・忠清《チュンチョン》南道《ナムド》で生まれ、日中戦争下の武昌の慰安所で「慰安婦」を強制された。一九九三年四月五日、日本政府に「謝罪文の交付」ほかを求めて東京地裁に提訴をおこなう。「日本に住む朝鮮人の子どもと日本人の子どもたちが仲良くするためにも、過去の過ちは過ちとしてきちんと反省して、『申し訳なかった』と謝罪して欲しいです。あんな残酷な戦争は、二度と繰り返してはいかんのです」（東京高裁最終意見陳述）。当事者による提起は、人々の共感と支持を集めて、当事者による証言が、外征戦争の被害事実の解明と再発の防止に果たす役割の大きさを人々に印象づけた。

右派勢力台頭の画期となったのは、一九九七年五月における日本会議と日本会議国会議員懇談会（同年六月の入会議員は二〇四人で、内自民党員が一八四人）の結成だった。日本会議の成立大会で示された基本運動方針には「教育に日本の伝統的感性を取り戻し、祖国への誇りと愛情を持った青少年を育成」の文言がある。日本会議の母体となった諸組織は、紀元節の復活あるいは建国記念日の確立を求める運動や(一九六六年建国記念日制定)、元号法制化運動をへていた(一九七九年元号法制化)。「単なる市井の運動団体ではなく、政治に直接的な影響力を行使して自らの右派的政策や主張を実現に導こうとしていくことにこそ日本会議の特質が」(青木 二〇一六)あり、一九九八年四月には、道徳教育の推進と国旗・国歌の法制化をもとめる国会論議がはじまった(一九九九年「国旗国歌法」制定)。二〇〇〇年にはいると、日本会議は、「新しい教育基本法を求める会」の設立をおこない、自民党・森政権に教育基本法の早期改正の要望をおこない、政治へのはたらきかけをいっそう強めるようになった。

5 教育基本法改正と愛国心(二〇〇六年)——「抜け道」1と2の再編

第四の段階では、自民党・第一次安倍晋三政権下の第一六五国会(臨時会)において教育基本法の全部改正がおこなわれ、二〇〇六年一二月二二日に公布された同法(法律第一二〇号)の第二条第五項に「我が国を愛する態度を養うこと」がおかれるにいたった(**表12**)。四つの問題を指摘できる。

第一に、この条文は形式的には教育目標を定めたものであるが、その実質においては「我が国を愛する」という道徳基準の法定をおこなうものであり、かつ、そうした道徳基準の形成を人々に求めるものだったことだ。それは、これまで「学習指導要領」にだけ明示されていた愛国心の道徳基準を、はじめて法律に位置づけるものでもあった。第二条第三項には、「公共の精神に基づき、主体的に社会の形成に参画

表 12　教育基本法の目的等

1947 教育基本法	2006 教育基本法
第 1 条(教育の目的)教育は，人格の完成をめざし，平和的な国家及び社会の形成者として，真理と正義を愛し，個人の価値をたつとび，勤労と責任を重んじ，自主的精神に充ちた心身とも健康な国民の育成を期して行われなければならない． 第 2 条(教育の方針)教育の目的は，あらゆる機会に，あらゆる場所において実現されなければならない．この目的を達成するためには，学問の自由を尊重し，実際生活に即し，自発的精神を養い，自他の敬愛と協力によつて，文化の創造と発展に貢献するように努めなければならない．	第 1 条(教育の目的)教育は，人格の完成を目指し，平和で民主的な国家及び社会の形成者として必要な資質を備えた心身ともに健康な国民の育成を期して行われなければならない． 第 2 条(教育の目標)教育は，その目的を実現するため，学問の自由を尊重しつつ，次に掲げる目標を達成するよう行われるものとする． 1　幅広い知識と教養を身に付け，真理を求める態度を養い，豊かな情操と道徳心を培うとともに，健やかな身体を養うこと． 2　個人の価値を尊重して，その能力を伸ばし，創造性を培い，自主及び自律の精神を養うとともに，職業及び生活との関連を重視し，勤労を重んずる態度を養うこと． 3　正義と責任，男女の平等，自他の敬愛と協力を重んずるとともに，公共の精神に基づき，主体的に社会の形成に参画し，その発展に寄与する態度を養うこと． 4　生命を尊び，自然を大切にし，環境の保全に寄与する態度を養うこと． 5　伝統と文化を尊重し，それらをはぐくんできた我が国と郷土を愛するとともに，他国を尊重し，国際社会の平和と発展に寄与する態度を養うこと．

し、その発展に寄与する」という文言もおかれており、道徳基準の法定を第一項から第五項の全項目において重ねておこなうものにもなっていた。(3) ここに「抜け道」1の再編がおこなわれることによって(第3章の表7参照)、一九五六年の「臨時教育制度審議会設置法案」の立法意図が、半世紀をへて現実のものとなった。

第二に、この条文は、「学習指導要領」における愛国心の規定が、「国を愛する心をもつ」や(一九八九年以降の「道徳」)、「国を愛する心情を育てる」とされて(一九九八年以降の「社会」)、「心」や「心情」といった文言をつかってきたことと異なり、「態度を養う」という文言をつかうものだったことだ。教育基本法第二条における五項からなる目標のすべてにおいて「態度を養う」という文言がつかわれていることについては、市川昭午によるつぎの指摘がある(市川 二〇〇九)。

これは「心を法律で縛ってよいのか」という批判を意識して「心」を「態度」に変え、内面には踏み込まないという体裁をとったのかもしれない。しかし、「心と態度は一体のものとして養われるものであります」(安倍晋三内閣総理大臣、参本、(二〇〇六年)一一月一七日)。だとすれば、あまり意味がないことになる。しかも、心は客観的に査定できないのに対し、態度は外部から観察し評価することもできる。そう考えるならば、心を態度に変えたのは規制の緩和ではなく、むしろ強化であるということができる。

第三に、この条文は、第一六六国会における「学校教育法」の一部改正へとつながり(二〇〇七年六月二七日法律第九六号)、同法における愛国心の規定をもたらしたことだ。同法第二一条の第三号がその愛国心の規定であるが、第三号だけでなく第一、二、一〇の各号についてもみておくことにしたい。

学校教育法（二〇〇七年六月二七日　法律第九六号による一部改正）

第二十一条　義務教育として行われる普通教育は、教育基本法（平成十八年法律第百二十号）第五条第二項に規定する目的を実現するため、次に掲げる目標を達成するよう行われるものとする。

一　学校内外における社会的活動を促進し、自主、自律及び協同の精神、規範意識、公正な判断力並びに公共の精神に基づき主体的に社会の形成に参画し、その発展に寄与する態度を養うこと。

二　学校内外における自然体験活動を促進し、生命及び自然を尊重する精神並びに環境の保全に寄与する態度を養うこと。

三　我が国と郷土の現状と歴史について、正しい理解に導き、伝統と文化を尊重し、それらをはぐくんできた我が国と郷土を愛する態度を養うとともに、進んで外国の文化の理解を通じて、他国を尊重し、国際社会の平和と発展に寄与する態度を養うこと。

〔四～九は略〕

十　職業についての基礎的な知識と技能、勤労を重んずる態度及び個性に応じて将来の進路を選択する能力を養うこと。

第二一条（第一～一〇号）は、旧法にはなかった義務教育の目標を規定したものでその意味では新設された条文であるが、その内容は旧法において小学校教育の目標を規定した第一八条（第一～八号）を土台として、それに教育基本法改正をふまえた修正をほどこしたものだった。第一号は旧法第一号に「公共の精神」を加えたものであり、第三号は旧法第二号に「我が国と郷土を愛する態度」を加えたものであり、第四号から九号はいずれも旧法第三号から八号を修正したもので、純然たる新設は第二号と第一〇号だったが、いずれも教育基本法第二条の条文をふまえた修正だった。ここで想起すべきは、旧法第一八条の第一〜八号は、その法案作成の実務を担った内藤譽三郎らによって、「一号から三号までは社会科、四号は国語科、五号は算数科、六号は理科、七号は体育科、八号は職業科及び図画工作に対応」させることを意図してつくられた条文だったことだ。この「八項目目標しばり」によって、国は戦後も教科目と教育課程構造の決定を継続してきたが、この改正で道徳基準の国定と愛国心の規定までもが追加されることによって、これまでは「学習指導要領」に依拠して導入されてきた道徳基準の国定と愛国心教育が(「抜け道」3′)、改正教育基本法と「学校教育法」にも依拠してすすめられることになった。ここに「抜け道」1′と3′の合流がはかられている(第3章の表7参照)。

第二一条とあわせて注目されるのが、文部科学大臣が定める「教科に関する事項」(旧法第二〇条ほか)が、改正法では「教育課程に関する事項」(第三三条ほか)に改められたことだ。旧法第一七・一八条を改めた第二九・三〇条とあわせて、ここに旧法第二〇条を改めた第三三条を示しておきたい(第3章第3節における旧法参照。傍線は旧法からの改正箇所)。

第二十九条　小学校は、心身の発達に応じて、義務教育として行われる普通教育のうち基礎的なものを施すことを目的とする。

第三十条　小学校における教育は、前条に規定する目的を実現するために必要な程度において第二十一条各号に掲げる目標を達成するよう行われるものとする。

〔中略〕

第三十三条　小学校の教育課程に関する事項は、第二十九条及び第三十条の規定に従い、文部科学大臣が定める。

国による決定の及ぶ範囲を「教科」から「教育課程」に拡充して法規上に明示することについては、一九五〇年と一九五八年の「学校教育法施行規則」の一部改正が先鞭をつけており、「学校教育法」の実質的な改正が図られていたが、ここに名実ともにその改正が果たされることになった（なお、旧法成立時の第二〇条にあった「監督庁」と第一〇六条（「監督庁の読み替え規定」）の廃止は、一九九九年の「地方分権一括法」によりおこなわれていた）。以上が「抜け道」2の再編の全体である（第3章の表7参照）。

第四に、この条文（改正教育基本法第二条第五項）は、二〇〇八年三月二八日の「小学校学習指導要領」「中学校学習指導要領」の告示へとつながり（文部科学省告示、第二七、二八号。自民党・福田康夫政権下）、「学習指導要領」「第一章　総則」の道徳教育についての一般方針における愛国心の規定をもたらしたことだ（**表13**）。小中の「学習指導要領」には一九五八年から「第一章　総則」がおかれ道徳教育についての一般方針が示されていたが、そこに愛国心の規定がおかれることはなかった。「学習指導要領」における愛国心の規定は、一九五八年以降は「第三章　道徳」における道徳基準の一つとして規定されることが基本となり、あわせて、愛国心の規定の拡充は、もっぱら「第二章　各教科　第二節　社会」においてはかられて

表 13　「学習指導要領」の総則の愛国心規定(小学校)

1998 第 1 章　総則	2008 第 1 章　総則　(下線は改正点)
第 1　教育課程編成の一般方針 2　学校における道徳教育は，学校の教育活動全体を通じて行うものであり，道徳の時間をはじめとして各教科，特別活動及び総合的な学習の時間のそれぞれの特質に応じて適切な指導を行わなければならない．	第 1　教育課程編成の一般方針 2　学校における道徳教育は，道徳の時間を要《かなめ》として学校の教育活動全体を通じて行うものであり，道徳の時間はもとより，各教科，外国語活動，総合的な学習の時間及び特別活動のそれぞれの特質に応じて，児童の発達の段階を考慮して，適切な指導を行わなければならない．
道徳教育は，教育基本法及び学校教育法に定められた教育の根本精神に基づき，人間尊重の精神と生命に対する畏《い》敬の念を家庭，学校，その他社会における具体的な生活の中に生かし，豊かな心をもち，個性豊かな文化の創造と民主的な社会及び国家の発展に努め，進んで平和的な国際社会に貢献し未来を拓《ひら》く主体性のある日本人を育成するため，その基盤としての道徳性を養うことを目標とする．	道徳教育は，教育基本法及び学校教育法に定められた教育の根本精神に基づき，人間尊重の精神と生命に対する畏《い》敬の念を家庭，学校，その他社会における具体的な生活の中に生かし，豊かな心をもち，伝統と文化を尊重し，それらをはぐくんできた我が国と郷土を愛し，個性豊かな文化の創造を図るとともに，公共の精神を尊び，民主的な社会及び国家の発展に努め，他国を尊重し，国際社会の平和と発展や環境の保全に貢献し未来を拓《ひら》く主体性のある日本人を育成するため，その基盤としての道徳性を養うことを目標とする．

きたが、ここに「第一章　総則」における同規定の新設となった(表10)。

こうして愛国心教育は「教育基本法　第二条」↓「学校教育法　第二一条」↓「学習指導要領　第一章　総則(道徳)」↓「同　第三章　道徳」のラインによって、あらためて道徳教育を焦点の一つとしてすすめていくための「法律」＋「学習指導要領」の整備がはかられたのだった。

第7章　安倍政権下の二四教育法と道徳教育

本章では、道徳の教科化が教育政策としてもつ意味を安倍晋三政権下における教育改革の全体像に位置づけて考えて見ることにしたい。第一次から第三次の安倍政権下(二〇〇六～〇七年、二〇一二～一七年)における文部科学省成立法(文部科学省所管により内閣から提出され成立した法)は三一本だった。このうち学校教育に関係する法一七本と、文部科学省成立法ではないが同政権下で成立した学校教育に関係する法七本(内四本は内閣府所管により内閣から提出され成立した法で、内三本は議員立法)をあわせると二四本になる(**表14**)。この二四本の法とその関連施策からは、安倍政権下の教育改革における三つの柱が浮かび上がってくる。

1　グローバル人材養成と道徳教育

安倍政権下の教育改革の第一の柱は、財界のグローバル人材要求に直線的に応じた法と施策になっていることだ。この第一の柱が、道徳の教科化にも一定の意味合いを与えつつある。

財界の教育界への評価は厳しい。元新日鉄社長・三村明夫(中央教育審議会会長)は「大学は社会に対して欠陥品を出しているのではないか」と述べている。その問題意識と大学への要求は直截だ(『辟雍』第一〇

⑭	学校教育法及び国立大学法人法の一部を改正する法律	教授会諮問機関化／国立大は，経営評議会の学外委員は過半数，学長は選考会議の基準で選考	223 自民公維み改生	15 共社
⑮	学校図書館法の一部を改正する法律　※※	専ら学校図書館の職務に従事する職員を学校司書と位置づけ学校はその設置に努める	239 自民公維み共社改生	0
189 (2015.1.26–9.27)				
⑯	独立行政法人大学評価・学位授与機構法の一部を改正する法律	独立行政法人国立大学財務・経営センターの業務を独立行政法人大学評価・学位授与機構に承継させその名称を独立行政法人大学改革支援・学位授与機構とする	226 自民公維元次ク社生改	11 共
⑰	学校教育法等の一部を改正する法律	小中一貫教育を実施することを目的とする義務教育学校の制度の新設	217 自民公維元次ク改	16 共社
⑱	国家戦略特別区域法及び構造改革特別区域法の一部を改正する法律　※	公立国際教育学校等管理事業に係る学校教育法等の特例措置その他の国家戦略特別区域に係る法律の特例に関する措置の追加ほか	159 自公維元次ク改	77 民共社生
190 (2016.1.4–6.1)				
⑲	国立大学法人法の一部を改正する法律	世界最高水準の教育研究活動の展開のための指定国立大学法人の導入ほか	214 自民公お元こク改	16 共社
192 (2016.9.26～12.17)				
⑳	教育公務員特例法等の一部を改正する法律	教員研修計画の策定の義務付け，中堅教諭等資質向上研修の創設，独立行政法人教員研修センターの独立行政法人教職員支援機構への改組	211 自民公維クこ	22 共希沖
㉑	義務教育の段階における普通教育に相当する教育の機会の確保等に関する法律　※※	教育機会の確保等に関する施策を総合的に推進するため，教育機会の確保等に関する施策に関し，基本理念を定める	217 自民公維クこ沖	20 共希
193 (2017.1.20–6.18)				
㉒	義務教育諸学校等の体制の充実及び運営の改善を図るための公立義務教育諸学校の学級編成及び教職員定数の標準に関する法律等の一部を改正する法律	公立の義務教育諸学校の教職員定数の標準を改めるとともに，義務教育諸学校等の事務職員の職務内容を改めるほか，学校運営協議会の役割の見直し，地域学校協働活動推進員の制度の整備等の措置を講ずる	240 自民公共維希ク沖	0
㉓	独立行政法人日本学生支援機構法の一部を改正する法律	給付型奨学金制度の創設に係る所要の措置を講ずる	240 自民公共維希ク沖	0
㉔	学校教育法の一部を改正する法律	専門職大学の制度を導入	213 自民公共維希ク沖	22 共希沖

第 1 次(2006 年 9 月 26 日—2007 年 9 月 26 日)，第 2 次(2012 年 12 月 26 日～2014 年 12 月 24 日)，第 3 次(同日～2017 年 11 月 1 日)の安倍政権下で成立した学校教育関係法
※ 内閣府所管成立法　※※ 議員立法

表14　安倍政権下で成立した学校教育関係法

国会次(会期)

	名　称	内　容	参院投票結果	
			賛成票数	反対票数
165(2006.9.26-12.19)				
①	教育基本法	教基法の全部改正／教育目的に「我が国と郷土を愛する」を新設し教育振興基本計画について規定	131 自公	99 民共社国
166(2007.1.25-7.5)				
②	構造改革特別区域法の一部を改正する法律　※	他施設との一体的利用のため教育委員会による学校の管理執行を首長に委譲	197 自民公国	13 共社
③	国立大学法人法の一部を改正する法律	大阪大学に大阪外国語大学を統合	201 自民公共社国	0
④	学校教育法等の一部を改正する法律	教基法改正に伴い義務教育目標に愛国心規定／副校長・主幹教諭・指導教諭の新設／学校評価導入	119 自公	97 民共社国
⑤	地方教育行政の組織及び運営に関する法律の一部を改正する法律	保護者を教育委員に／同一市町村内の教職員転任を市町村が内申／文科大臣の是正要求と指示	119 自公	97 民共社国
⑥	教育職員免許法及び教育公務員特例法の一部を改正する法律	教員免許更新制導入／指導が不適切な教員に指導改善研修	119 自公	97 民共社国
183(2013.1.28-6.26)				
⑦	いじめ防止対策推進法　※※	国地方公共団体学校によるいじめ防止基本方針策定や道徳教育充実	192 民自公み生風維改	9 共社
185(2013.10.15-12.8)				
⑧	公立高等学校に係る授業料の不徴収及び高等学校等就学支援金の支給に関する法律の一部を改正する法律	就学支援金に所得制限／公立高の授業料不徴収制度を廃止し公立校生徒にも就学支援金を支給	154 自公み維改	77 民共社改生
⑨	国家戦略特別区域法　※	政府が国家戦略特別区域基本方針を定める．1年以内に公立学校管理の民間委託化のための措置	158 自公み維改	18 共社生
186(2014.1.24-6.22)				
⑩	義務教育諸学校の教科用図書の無償措置に関する法律の一部を改正する法律	採択地区協議会の決めた教科書の採択を市町村に義務化／採択地区単位を市郡から市町村に変更	156 自公み維改	79 民共結社生
⑪	私立学校法の一部を改正する法律	所轄庁は法令及び寄付行為を違反した私立学校に措置命令ができる	216 自民公み維結社改生	13 共
⑫	地域の自主性及び自立性を高めるための改革の推進を図るための関係法律の整備に関する法律　※	教職員定数・学級編成の権限と給与負担を都道府県から指定都市に委譲	224 自民公維結み社改生	12 共
⑬	地方教育行政の組織及び運営に関する法律の一部を改正する法律	教育委員長と教育長を一体化した新教育長．首長が総合教育会議を主宰し教育行政の大綱を策定	136 自公生	102 民維み共社

号、二〇一三年一一月)。

いろいろ分析しますと、成長の可能性のあるところは海外しかない。〔中略〕企業は海外に出て行かざるをえない。〔中略〕海外に人材を投入し、海外の企業を買収し、国内のものを海外に移している。そうしたグローバリゼーションが進行している。それは急速で、これに対応できる人材を求めているのですが、基本的な学力に問題があったり、技術系でも物理を学んでいない学生がいたりして、学生が身につける学力・能力がばらばらなんですね。〔中略〕環境は大きく変化しています。それに対して大学は、きちっとした対応が出来ていない。自治が与えられていて、学長の裁量でみんなできることに建前はなっているのに、そうでないですね。

グローバル人材養成に特化させた財界の教育政策論は七つの特質をもっている。(1)まず「成長の可能性のあるところは海外しかない」ことを前提にして、(2)企業による海外人材投入・海外企業買収等に対応できるグローバル人材の養成を学校教育に求めるのだが、(3)現行の小・中・高・大の学校教育はグローバル人材要求に応じていないとの認識に立つ。こうした現状への不満と苛立ちから、(4)トップダウンの意思決定・競争主義・成果主義をはじめとする企業の価値観を学校に導入することを主張し、(5)教育制度に関しては公教育における小中学校選択制と中高一貫教育や小中一貫教育による複線型教育制度の導入を求めるところとなり、(6)教育課程に関しては英語教育の改革や、(7)教育課程の全体を「資質・能力の育成」に特化させることなどをこの間に要求してきたのである。こうした要求に安倍政権下の教育改革はどこまで応じてきたのか。

まず、(4)のトップダウンの意思決定を学校に導入するための法改正が重ねられてきた。第一次安倍政権下の第一六六国会では、副校長・主幹教諭・指導教諭を新設して学校のピラミッド構造を強化するため「学校教育法」の一部改正がおこなわれ(法律④)、第二次安倍政権下の第一八六国会では、大学における学長の権限を強化し教授会の権限を弱めるため「学校教育法」と「国立大学法人法」の一部改正がおこなわれてきた(法律⑭)。

法律⑭の背景には、経済同友会による具体的な政策提言があった。大学の意思決定は遅くガバナンスに問題がある、だから、学長の権限を強くして教授会の権限を弱めなくてはならない。そうした観点から経済同友会は、「学校教育法九三条一項『大学には、重要な事項を審議するため、教授会を置かなければならない。』を削除し、『大学には、教授会を置く。教授会は、教育・研究に関する学長の諮問機関とする。』に変更」することを政府に求めてきたのである(経済同友会「私立大学におけるガバナンス改革」二〇一二年)。この提言そのままに、「学校教育法」第九三条第一項を削除し、「大学に、教授会を置く。」に変更し、教授会を学長の諮問機関化する法案が第一八六国会を通過するところとなった。私はその国会審議を傍聴していたが、この法案に反対する質問に立ったのは社民党と共産党の議員だけだった。衆議院における宮本岳志議員(共産党)の質問「財界の要望に沿った大学の改革が目的ではないか」にたいする、下村博文文部科学大臣の答弁は半ば開き直ったものだった。「何か財界が悪の権化のようなイメージで語られておりますけれども、私は、社会認識においてこれからの我が国における大学はどうあるべきかということについては、例えば、日教組の団体であっても共産党を支持する団体であっても、適切なものであったら、政府は法案改正の中で入れることは当然のことだというふうに思います」(衆議院文部科学委員会、二〇一四年六月六日)。これに同調する低い笑いが議場に拡がり、同法案は衆参両院において可決され成立した。

(4)の競争主義の要求に応じているのが全国学力テストだ。[1] 二〇〇七年に第一次安倍政権下で四三年ぶりに全数調査として実施された全国学力調査は、民主党政権下における抽出調査への変更(二〇一〇年)、実施取りやめ(二〇一一年)、抽出調査再開を経て(二〇一二年)、第二次安倍政権下で全数調査の復活となった(二〇一三年)。二〇一四年からは学校別の結果公表も解禁となり、学力主義の蔓延が子どもたちを圧迫している。

(5)の教育制度改革を明記した財界の提言に経団連「創造的な人材の育成に向けて」(一九九六年)があるが、従前から政府はこうした提言を受容して教育制度改革をおこなってきた。一九九七年に公立の小中学校選択制がはじまり(一九九八年三重県紀宝町より)、一九九八年に公立の中高一貫教育が制度化された(一九九九年宮崎県立五ヶ瀬中等教育学校より)。限られたエリートのための教育を優遇し、それ以外の教育を軽視する複線型教育制度の導入が拡がった。その延長線上に安倍政権下の教育改革がある。第三次安倍政権下の第一八九国会では、「グローバル化の進展に伴う国際競争の激化や人、物、情報の国境を越えた流通が進んでいる」ことをふまえ、「学校制度を子供の発達や学習者の意欲・能力等に応じた柔軟かつ効果的なものとすること」[2] が必要との観点から、公立の小中一貫教育を導入するため「学校教育法」の一部改正がおこなわれた(法律⑰)。

(6)の英語教育改革要求を政府が受容して二〇〇八年の「学校教育法施行規則」一部改正により二〇一一年度から小学校高学年では「外国語活動」が必修化されたが、これを教科に格上げする計画が第二次安倍政権下で始動した。[3] 第三次安倍政権下の二〇一七年三月三一日に「学校教育法施行規則」が一部改正されて(文部科学省令第二〇号)、二〇二〇年度から小学校高学年の「外国語活動」を教化に格上げし、小学校中学年に「外国語活動」を前倒しすることがおこなわれた。しかし、長年英語教育を研究してきた寺島隆吉(元岐阜大学教授)は「小学校英語に期待できることはほとんどない」(寺島 二〇一四)と述べている。政府と財界が要求している「会話の英語」は日常生活で使わなければ学習成果がすぐ消えてしまうからだ。

(7)の教育課程改革については、右の「学校教育法施行規則」一部改正と同日に小中の「学習指導要領」が改訂されて、教育課程の力点を「資質・能力の育成」に特化させるため四つの断定が下された(大森・中島 二〇一七)。①子どもに求められている資質・能力は、「知識・技能」「思考力・判断力・表現力等」「学びに向かう力・人間性等」の「三つの柱」に集約できること。②「三つの柱」は第一次安倍政権下で二〇〇七年に「学校教育法」第三〇条第二項に盛られた教育目標の「三要素」(「知識・技能」「思考力・判断力・表現力等」「主体的に学習に取り組む態度」)とも共通していること(法律④)。③「三つの柱」を追求するため、全ての教科ほかの目標・内容・評価を改めなければならないこと。④「三つの柱」を実現するため、アクティブ・ラーニングの視点から「主体的・対話的で深い学び」をおこなわなければならないことだ。これだけのことを目指しつつも、教える内容の削減はおこなわれていない。

遠山啓によると、日本の子どもは、「限りなく肥大したカリキュラムを押しつけられ、消化不良に陥り、そのために多数の落後者をつくり出し」(遠山啓「民間教育運動の今後の課題」『教育国語』一九七二年九月号)てきた。落後しない子どもにおいても、「注入される教育内容を受動的に受け入れることに忙しく、自分で考える習慣を奪われ」ている。ここで遠山は、学習量過大が、落後者を生み出し、あわせて、主体的な学習を妨げることを一九五八〜六九年の「学習指導要領」下における教育課程の問題点として指摘しているが、この指摘はそれ以降の「学習指導要領」下における教育課程にも当てはまる。学習量過大の弊害を改めるためには、教える内容の削減が不可欠であり、こうした問題意識は、部分的には一九七七年と一九九八年の「学習指導要領」の作成者にも共有されてきた。ところが、二〇〇八年の「学習指導要領」は「内容の増加」に舵を切ってしまう。つめこみ学習と受動的学習の根本原因である「内容の肥大」を悪化させておきながら、二〇〇七年一部改正「学校教育法」にもとづき「主体的に学習に取り組む態度」をことさらに子どもに求めるようになる。そこからさらに「内容の増加」を重ねたのが二〇一七年の「学習指導要領」だった。

グローバル人材養成が教育の至上命題とされるなかで、そのことに道徳教育政策を対応させる試みもこの間におこなわれてきた。二〇一四年一〇月、道徳の教科化に道をひらいた中央教育審議会答申にはつぎの文言がある。

今後グローバル化が進展する中で、様々な文化や価値観を背景とする人々と相互に尊重し合いながら生きることや、科学技術の発展や社会・経済の変化の中で、人間の幸福と社会の発展の調和的な実現を図ることが一層重要な課題となる。こうした課題に対応していくためには、社会を構成する主体である一人一人が、高い倫理観をもち、人としての生き方や社会の在り方について、多様な価値観の存在を認識しつつ、自ら感じ、考え、他者と対話し協働しながら、よりよい方向を目指す資質・能力を備えることがこれまで以上に重要であり、こうした資質・能力の育成に向け、道徳教育は、大きな役割を果たす必要がある。

ここでは、「グローバル化の進展による多様な価値観の尊重」「科学技術の発展による社会・経済変化」という課題に対応するため、「高い倫理観」「多様な価値観」「自ら感じ、考え」「他者と対話し協働」「よりよい方向」を鍵概念とする資質・能力を「一人一人」に形成することが要請されており、その手段として道徳教育を位置づけることがおこなわれている。

2　ノンエリートへの愛国心教育

だが、道徳の教科化という教育政策とよりストレートに結びついているのは、安倍政権下の教育改革の第二の柱である「ノンエリートへの愛国心教育」だった。前節ではグローバル人材養成（エリート教育）において要請される道徳教育を見たが、一般の多数の子ども（ノンエリート）へも別の形での道徳教育が要請されていった。その中心に位置づけられるのが愛国心教育である。

安倍政権下では、小中学校の子どもを対象にして愛国心教育を強化する法と施策が重ねられてきた。第一次安倍政権は、改正した教育基本法に「我が国と郷土を愛する」の文言（愛国心教育規定）を盛り（法律①）、一部改正「学校教育法」に義務教育の目標を新設し、そこにも愛国心教育を規定したことは前章で述べた（法律④）。

戦前の愛国心教育における支柱の一つは国定歴史教科書だったが、安倍政権は歴史教科書の統制もこの間に強めてきた。第二次安倍政権下の二〇一四年一月一七日、文部科学省は教科書の近現代史が政府見解をふまえるよう検定基準の改正をおこなった。教科書の採択についても統制を強めており、採択地区協議会(沖縄県の石垣市・与那国《よなぐに》町・竹富町)が答申した育鵬社の公民教科書を採択しなかった竹富町教育委員会にたいして、同年三月一四日に文科省が是正要求をおこない、これに加えて、協議会の答申に教育委員会を従わせるため「教科書無償措置法」の改正もおこなった(法律⑩。ただし竹富町は五月二一日に従前の協議会を離脱し自前の協議会を持ち意に反した採択を免れた)。

安倍政権下における愛国心教育については四つの問題を指摘できる。一つ、愛国心教育の拡充は、「いじめ問題への対応」を前面に掲げて進められたことだ。二〇〇六年末の国会における改正教育基本法審議では、政府主催の教育改革タウンミーティングにおける「やらせ質問」の発覚(衆議院、一一月一日)もあり、政府が防戦にまわる局面もあった。だが、一一月七日未明におこなわれた文部科学省のいじめ問題記者会見(六日に子どもから文科大臣に届いたとされる「いじめ自殺予告手紙」の公表)を境にして変化が生じた。同日昼には伊吹文明文科大臣が記者会見をおこない、いじめ自殺への対応を強調する。このときまで、国会における拙速な審議と「やらせ質問」による世論誘導を批判していた新聞の論調は、政府の「いじめ問題への対応」を間にはさみ、勢いを失った。法案は一六日に衆議院を通過し、一二月一五日に参議院で可決し成立した。

第二次安倍政権下で最初に成立した教育法が「いじめ防止対策推進法」(法律⑦)だったことの意味も小さくない。同法第一五条には「道徳教育」の「充実」が書き込まれた。「いじめへの対応」を前面に掲げて、世論の批判をかわしながら、道徳教育と愛国心教育の強化が進められてきた。

第一八六国会では、「地方教育行政法」の改正（法律⑬）もおこなわれたが、その根拠として掲げられたのが、またしても「いじめ問題への対応」だった。その国会論戦では、「いじめ問題への対応」が名目にすぎなかったことが露見している。政府による法案の説明に際しては、従前の教育委員会による「いじめ問題への対応」の不備が重ねて指摘され、その不備を改善するため「地教行法」の改正が主張された。だが、この改正で「いじめ問題への対応」に不備がなくなるのか。疑問を投げかけたのは吉川元《はじめ》議員（社民党）だった。危急の「いじめ問題への対応」で首長が法案で新設される総合教育会議を開くとき、もし新教育長に事故があった場合に対処できる制度設計になっているのか。この質問にたいする下村文科大臣の答弁は論点をはぐらかす不誠実なものだった。「吉川委員、これは第一義的に、まずは学校現場じゃないでしょうか。〔中略〕第一義的には、これは学校がきちっと解決すべきことだと思います」。吉川議員が切り返す。「今のお話だと、法改正する必要はないじゃないですか。学校でまずやれば大丈夫なんだというお話であれば、今回の法改正のそもそもの理由がなくなるんじゃないんですか」（二〇一四年五月一六日）。これが同法案の衆議院文部科学委員会における最後の質疑応答となった。

二つ、愛国心教育の拡充の背景には格差の拡大下における国民統合への要請があったことだ。ここであらためて参照しておきたいのは、文部科学省および中央教育審議会における教育基本法の改正理由が、公式的には「新しい時代に対応する必要」だったことだ。この点に着目をして、市川昭午はつぎのように述べている。「改正の必要が生じてきたと判断した背景にあるのは、一九九〇年代を通じてのグローバル化の進展と格差の拡大であろう。経済のグローバル化に伴って世界に通用するパワフルな日本人の育成が不可欠であると考えられるようになった。それと同時に、社会格差の拡大が急速に進んだことから国民統合を強化する必要が意識されるようになった」(市川 二〇〇九)。安倍政権は、格差の拡大がもたらす人々の不満が体制への批判に発展することに危機感を抱き、体制を維持するイデオロギーとして愛国心に期待を寄せ続けているのではないか。

三つ、愛国心教育の拡充の背景には軍事的要請もあったことだ。二〇〇四年二月二五日、超党派の議員連盟・教育基本法改正促進委員会設立総会において、つぎの発言がおこなわれている(『朝日新聞』二〇〇四年二月二六日)。

お国のために命を投げ出しても構わない日本人を生み出す。お国のために命をささげた人があって、今ここに祖国があるということを子どもたちに教える。これに尽きる〔中略〕お国のために命を投げ出すことをいとわない機構、つまり国民の軍隊が明確に意識されなければならない。この中で国民教育が復活していく。

発言者は、同委員会副委員長・西村眞悟(衆議院議員・民主党)だった。国民に戦争のために命を投げ出すことを迫る暴言だったが、この発言が自衛隊による戦争協力が本格化するなかでおこなわれていたことのもつ意味が重大だった。二〇〇一年一〇月七日、米英軍をはじめとする連合国軍がアフガニスタン戦争を起こすと、日本政府は支持を表明し、一一月二日、インド洋に海上自衛隊を派遣するため「テロ対策特別措置法」(法律第一一三号)を公布施行。九日、海上自衛隊派遣を開始。二〇〇三年三月一九日、米政府が国連決議なしでイラク戦争を起こすと、日本政府はあらためて支持を表明し、八月一日、イラクに自衛隊を派遣するため「イラク人道復興支援特別措置法」(法律第一三七号)を公布施行。二〇〇四年一月二六日、防衛庁長官は陸上自衛隊本隊・海上自衛隊にイラク派遣命令を出し、航空自衛隊への派遣命令(一月九日)とあわせて、三自衛隊が海外で初めて同時に展開した。「改正促進委」副委員長の西村眞悟の発言は、その三〇日後だった(4)。

『毎日新聞』編集委員の伊藤智永はつぎのように述べている。「東西冷戦が終わって、新たな国際紛争時代に入り、国の教育改革は経済的要請に加えて軍事的要請の比重が高まった。安倍流教育政治がそれまでと異質なのは、そのためだ」(『サンデー毎日』二〇一七年四月二三日号)。伊藤によれば「学校は、自衛隊を支える『愛国心』養成の役割を負わされ」ているという。「軍隊の編成・錬成に最も肝心なことは、『自分は誰のため、何のために敵を殺し、自分の命を懸けるのか』という動機付けだ。自衛隊は天皇の軍隊ではない。主権者たる国民の軍隊だ。旧軍関係者がいかに戦前の尊王精神を自衛隊に植え付けようにも、天皇の姿を思い浮かべて砲弾の下を突撃するわけではない。そこで戦前とは異なる『愛国心』が必要になる」(『サンデー毎日』二〇一七年四月三〇日号)。だが、この「必要」に応じた、愛国心教育の構築は、自民党・文部科学省にとって至難の業とみなさざるを得ない。戦前の「天皇崇拝の愛国心」が国民の非政治化を土台とする「天皇」＝「国家」にたいする国民の献身の原理だったことと比較すると、戦後に保守政党がその構築を模索した「天皇親愛の愛国心」は、国民の非政治化という土台のみを再構築するものだったからである(第4章第6節)。

四つ、愛国心教育の拡充は、弛緩した官僚主義によって惰性的におこなわれている側面もあることだ。いま第一線で活躍する三〇～五〇代の文部科学官僚の生年は一九五九～八八年で、一九六五年生まれの筆者とも重なる。この世代が自らの体験への郷愁を熱源として戦前教育への回帰を目指すことはない。だが、上の世代も私たちの世代も、戦前教育の実像について事実にもとづく明確な認識をもつことを怠り、制度の縁取りとしては戦前回帰を許してきた。具体的に述べれば、戦前の道徳教育と学籍簿は思想的にも制度的にも否定を免れたために、道徳基準を国定した一〇件の公文書(巻末の資料1)と学籍簿の様式と指導要録の様式案一四件(巻末の資料2)は今日まで無責任な連なりを続けて、戦前道徳教育への回帰に土台を提供しつつある。決して、一部の極端なイデオローグの扇動だけによって、今日の政策がもたらされているのではない。

3　公立学校民間委託への対応と道徳教育

安倍政権下の教育改革の第三の柱は、公立学校民間委託を求める財界の要求に一定の対応を重ねた法と施策を組んでいることだ。道徳の教科化は、この第三の柱とも関連している。公立学校民間委託には「速く小さく進める」動きと「遅く大きく進める」動きがあることから概観したい。

「速く小さく進める」動きの一つが特区における民間委託で、二〇〇二年の「構造改革特区法」を利用して二〇〇四年から申請した株式会社と自治体が実施してきた(二〇〇九年までに小・中・高・大(院)三一校が設置)。第二次安倍政権は、二〇一三年に「国家戦略特別区域法」(法律⑨)を成立させて「公立学校の管理を民間に委託する」措置を国家主導で進めようとしてきた(二〇一四年五月「国家戦略特別区域及び区域方針」が関西圏において「国際ビジネスを支える人材の育成」を目的とした公設民営学校の設立を方針化)。第二次安倍政権は、二〇一五年に「国家戦略特別区域法及び構造改革特別区域法の一部を改正する法律」(法律⑱)を成立させて塾産業等による公立エリート校の設置に道をひらきつつある。

「国家戦略特別区域法」の具体化に関しては、二〇一六年一月に愛媛県の今治《いまばり》市が国家戦略特別区域の指定を受けて、二〇一七年一月四日に内閣府が今治市で獣医学部を開設可能な一校を募集し、二〇日に事業者として加計《かけ》学園を選定したことが知られている。加計学園は同年三月三一日に文部科学省に獣医学部の設置認可を申請し、文部科学省は一一月一〇日に設置の認可をおこなった。

「遅く大きく進める」動きに関わっているのが、教育委員会廃止論を含めた教育委員会改革の諸提言だ。その論理は、(1)首長部局から独立した農業委員会が株式会社による農地取得の障壁となっていることと同様に、(2)首長部局から独立した教育委員会が株式会社による公立学校民間委託の障壁となっていることに着眼し、(3)教育委員会の徹底改革とりわけ教育行政権限の首長部局への委譲により民間委託の障壁を除去することである。だが、財界の要求を受容してきた安倍政権にあっても、この改革提言を直ちに丸呑みするわけにはいかなかった。もし丸呑みすれば、政府・自民党は、これまでフル活用してきた「文部科学省」→「都道府県教育委員会」→「市区町村教育委員会」→「学校」の教育政策ラインを失ってしまう。

そこで、第一次安倍政権では、まず教育行政権限の一部を首長に委譲することを特区に限って認める法改正をおこない改革推進派の主張に歩み寄る姿勢を見せ(法律②)、抜本改革は先送りした。その後も教育委員会改革は曲折を重ねた(法律⑤)。

だが改革推進派は明確な措置を求めていた。広く知られていないが第一次安倍政権下における改革推進の急先鋒は野党第一党の民主党だった。民主党は、鈴木寛議員をリーダーにして教育委員会廃止法案の提出を重ね（大森 二〇一〇）、二〇〇九年に政権に就くと鈴木寛を文部科学副大臣に据えて法案の準備を進めたが、二〇一〇年と二〇一二年の参衆選挙で議席を減らして提出を断念する。

代わって改革推進をリードしたのが大阪維新の会（二〇一二年九月設立の日本維新の会の母体）だった。二〇一二年三月、松井一郎大阪府知事（同会幹事長）提出の「大阪府教育行政基本条例案」が府議会で可決、同年五月、橋下徹市長（同会代表）提出の「大阪市教育行政基本条例案」が市会で可決。両条例の要諦は、首長に「教育振興基本計画案」の策定権限を認めたことだ。「基本計画」には、教育の振興に関する基本的目標、施策の大綱ほかが含まれ、広範囲に及ぶ。教育委員会は案の作成の協議に加わるが、「協議が調わなかった」場合、教育委員会の意見が付されるものの、首長の案が議会に送られる。両条例は、改革推進派が求めていた教育委員会の廃止という措置を経ることなく、首長への権限集中によって同じ効果を得ようとするものだった。

第二次安倍政権下で二〇一四年に成立した「地教行法」の改正（法律⑬）が両条例をふまえたものであることは衆目の一致するところだった。改正の要諦は、首長に「教育行政の大綱」の策定権限を認めたことだ。「大綱」には、教育の目標や施策の根本的な方針が含まれ、自治体の運用次第では広範囲に及ぶ余地を残し、改革推進派が求めていた首長への権限集中要求に応じたものとなっている。教育委員会は首長が主宰する総合教育会議に参加することで「大綱」作成の協議に加わるものとされた。あわせて、従前の教育政策ラインについては新教育長（従前の教育委員長は廃止）に権限を集中することで統制の強化に道を開いた。その大義名分として「いじめ問題への対応」が掲げられたことは先述した通りである。

「遅く大きく進める」動きに関しては、もう一つ、学級編成・教職員定数の権限と給与負担を都道府県教育委員会から指定都市(政令市)教育委員会に委譲する動きがあり、第二次安倍政権下で二〇一四年に法改正がおこなわれたことにもふれておきたい(法律⑫)。全国二〇政令市(札幌・仙台・さいたま・千葉・横浜・川崎・相模原・新潟・静岡・浜松・名古屋・京都・大阪・堺・神戸・岡山・広島・北九州・福岡・熊本)と政令市を置く一五道府県に影響を及ぼすこの法改正は、地方分権の観点から積極的に評価されがちであるが、二つの問題を押さえておく必要がある。

一つは、政令市における公立学校民間委託のハードルを下げる措置となることだ。その論理は、(1)政令市の公立学校について、その設置権限が政令市にあるのにたいして、学級編成・教職員定数の権限が都道府県教育委員会にあることに着眼し、(2)かつ、都道府県教育委員会が公立学校民間委託の障壁となっているとの認識に立ち、(3)政令市における公立学校にたいする権限を政令市に一本化することで民間委託のハードルを下げることである。

二つは、公立学校の教育条件(その中心は教職員配置の水準)に自治体間の格差を生じさせる危険があることだ。従前の教職員配置は、(1)各都道府県の子どもの数を基礎にして、(2)各都道府県教育委員会が「義務標準法が定める一学級の子ども数の標準」にもとづき「一学級の子ども数の基準」を定め、(3)各都道府県教育委員会が(1)と(2)の数にもとづき各都道府県下学校の学級編成・教職員定数を定める「仕組み」でおこなわれてきた(給与負担は国が三分の一で都道府県が三分の二)。これまで全国で自治体の財政力に左右されることなく同水準の教職員配置がおこなわれてきたのは、この「仕組み」によるところが大きい(この「仕組み」づくりをおこなったのが内藤譽三郎だった)。二〇〇一年以降、その形骸化と格差拡大につながる法改正が続いているが、右の法改正はこの「仕組み」に政令市の「穴」を空けるものだ。

この間における公立学校民間委託の推進者は財界とその意を受けた内閣府だった。その推進の圧力を受けた文部科学省は防戦にまわりつつ、その意向を一面では受容しながら別の一面ではスポイルしてきた。これまでのところ文部科学省は、公立学校民間委託と道徳の教科化を結びつける動きを積極的につくりだしてはいない。だが、道徳の教科化を柱の一つとする「国による教育内容・方法の統制」と公立学校民間委託には親和性があることには留意が必要だ。(1)国定の道徳基準二二項目を三五時間の授業で教科書をつかって教える授業は、教育の仕事のマニュアル化を促進するおそれがある。(2)教育の仕事のマニュアル化は、教職員の非正規化と低賃金化をすすめる条件の一つとなる。(3)教職員の非正規化と低賃金化は株式会社の公教育進出の条件を低くする。(4)こうして「国による教育内容・方法の統制」と公立学校民間委託(株式会社の公教育進出)の拡大が不可分のものとして進行すれば、一般の多数の子どもを対象とした教育は劣化を重ねざるを得ないだろう。

終章　「道徳」の教科化にどう向き合うか

本書の結びとして道徳の教科化をまえにした教育現場の課題を三つにまとめてみたい。一つは、教科化の要点をできるだけ簡潔に整理すること。二つは、その問題点を明確にすること。三つは、対処策の一部ではなく全体を明らかにすることだ。

1　教科化の要点を見る

「道徳の時間」を「特別の教科である道徳」に格上げ

文部科学省は二〇一五年に「学校教育法施行規則」(省令)を一部改正して小中学校の教育課程に「特別の教科である道徳」(道徳科)をおくものとした。小学校の教育課程構造は、教科・道徳科・外国語活動・総合的な学習の時間・特別活動の五領域となった(中学校は外国語活動を除いた四領域)。同省令にもとづき同年一部改訂の「学習指導要領」(告示)に道徳科がおかれ(小学校は二〇一八年、中学校は二〇一九年実施)、それと同じ記述が二〇一七年全部改訂の「学習指導要領」にも挿入された。

道徳基準の国定の継続と教科書

文部科学省は、右の「学習指導要領」により、子どもが身につけるべき道徳基準として、小学校低学年一九項目・中学年二〇項目・高学年二二項目、中学校二二項目をあらためて定めた（従前は小学校一六・一八・二二項目、中学校二四項目）。小学校の低学年において「郷土の文化や生活」に「愛着をもつ」ことをもとめていた従前の道徳基準は、冒頭に「我が国や」の文言が付加され、中学年からの愛国心教育が低学年からおこなわれることになった。これらの道徳基準を教えるため、道徳科の検定教科書が戦後はじめて小中学校で使用される。

新たな教育方法と評価の導入

右の「学習指導要領」には、「問題解決的な学習、道徳的行為に関する体験的な学習等を適切に取り入れるなど、指導方法を工夫すること」の文言があらたにおかれ、「考え、議論する道徳教育」の導入をもとめている。さらに右の「学習指導要領」には、「学習状況や道徳性に係る成長の様子を継続的に把握し、指導に生かす」の文言もおかれており、これにより指導要録の参考様式には道徳科の評価欄が増設された。

2 教科化の何が問題か

国による道徳への介入

独立教科による道徳教育（修身）は一八七二年の「学制」にはじまり、道徳基準の国定は一八九〇年に第一次山縣有朋政権下でおこなわれ（教育勅語）、それに準拠して道徳教育をすすめる省令が一八九一年につくられた。以来、「独立教科・国定の道徳基準・国定の道徳基準による教育」の三位一体による道徳教育がおこなわれたが、一九四五年の敗戦と占領により停止となる。だが、三位一体の道徳教育を復活させる動きが保守政党によりつくられ、これに文部省が従ってきた。「国定の道徳基準・国定の道徳基準による教育」については、一九五八年の「学習指導要領」により復活した。「独立教科」を復活させたのが、二〇一五年の「学校教育法施行規則」の一部改正だった。

西欧では、過去の宗教戦争の惨禍に学び、国民の思想に国家が介入しない良識を確立してきた。ところが日本は過去の検証を怠り、国民の道徳に国家が介入することを許してきた。

内面化の懸念

国による道徳への介入が拡充するとさまざまな問題が生じる。一つは、国定の道徳基準の内面化への懸念だ。国定の道徳基準については、歴史のなかで果たした役割の検証が不十分なものが多い。戦前における家族愛と天皇崇拝の愛国心の形成には、民衆が権力に対抗して自発的に組織をつくるような行動をくいとめ国民を非政治化し、あわせて国家への献身をもとめる役割が期待されていた（升味準之輔「二つの愛国主義」市川 二〇〇八所収）。その検証を欠いたまま、戦後の保守政党は、家族愛と愛国心の形成の主張を重ねており、二〇一五年の「学習指導要領」にも家族愛と愛国心の道徳基準がおかれている。教科化が導入されるまえの「道徳の時間」の授業でも、国定教材『私たちの道徳』の各単元を読み終えた後に出てくる子どもの意見は、教材の価値観に沿って画一化したものになることが多い。『私たちの道徳』の各単元の一部は、検定教科書にも横滑りしている。道徳科の授業は思想・良心の自由との抵触を生じさせ、教育の不当な支配にあたるおそれがある。

表層的・形式的受容と不信・痛苦

二つは、表層的・形式的受容への懸念だ。すでに紹介した一九一八年に尋常小学校に入学した土屋芳雄の回想を思い起したい。土屋は授業で天皇を「神とも慕ひてお仕え申す」というのを習ったが「なんの矛盾も感じなかった」。天皇崇拝の愛国心の内面化は果たされたかにみえる。だが、一九三一年に徴兵検査に臨んだ土屋は「兵隊にとられたくない」と真剣に考え、仮病も考えた。けっきょく土屋は「疾病を作為」することはしなかったが、それは兵役法による懲役刑と「世間の目」をおそれてのことだった(朝日新聞山形支局 一九八五)。「天皇崇拝の愛国心」=「国家のために死ぬこと」は、表層的受容や状況に強いられた諦念による受容、あるいは、進学や軍隊内出世のための形式的受容に帰結することが多かった。

元来道徳は人々が生活と仕事のなかで自然に身につけるものであり、三位一体の道徳教育は制度設計に無理があるのだが、問題はその点に留まらない。不信と痛苦の問題があるからだ。たとえば検定教科書の一部では「父・母・子」からなる家族の例示がおこなわれ「父母」への「敬愛」を子どもにもとめており、その「学習」が評価の対象に位置づけられている。家族の別離や家族内の葛藤に直面している子どもが、「家族が大好き」を強いられるとき、その表層的・形式的受容は、自他への不信や痛苦をともなったものとならざるをえない。

教育の劣化

教育の劣化も生じることが危惧される。教育課程の一角に三位一体の道徳教育が位置づけられると、学問と事実にもとづき自然・社会・人間について認識をふかめていく営みが負の影響を被るからだ。第3章で紹介した、一九四二年に国民学校に入学した佐藤藤三郎がつぎの回想をしている。「教育勅語を暗記させられていた。意味も内容もわからず、ただの暗記だった」。学友が、山道の断層から魚の骨らしきものを見つけてよろこんだときにも、それを学問的に解説して、さらに興味をもたせるような教育をする先生は、佐藤の学校にはいなかった（佐藤 二〇一二）。

戦後に人々が渇望したのは学問と事実にもとづく教育だった。だが、一九五三年に自由党（総裁 吉田茂）がまとめた国会報告書にはつぎの文言があった。「社会科で取扱われる問題のなかには、道徳的に処理し、解決されなければならぬ問題が多い。それをいちいち科学的解決でなければならないとするために、問題は一層複雑となっている。これはひとり社会科ばかりでなく（後略）」。いま国による「道徳的処理」（「これはこうすべき」）を目指した記述は、二〇一七年の「学習指導要領」にもみられる。中学理科では原子力を「エネルギー資源」ととらえその「有効な利用が大切」とする記述がつづけられ、小学音楽では「国歌『君が代』」を全学年で「歌えるよう指導すること」とする記述がつづけられている。

3　どう向き合うべきか

無意図的な道徳教育

三位一体の道徳教育とは異なり、その意義が認められてきた道徳教育には二つの重要な領域がある。第一は無意図的な道徳教育だ。これは、元来道徳は人々が生活と仕事のなかで自然に身につけるものであり、子どもにとっては学校が生活の場であることに対応した領域である。たとえば、競争主義的な考えが支配的な学校と、一人の人間もきりすてず、落ちこぼれを出さないことを方針とする学校とでは、そこで生活する人々の道徳のあり方にも異なった影響がでてくる。子どもに道徳を説くことではなくて、生活と仕事の場における道徳のあり方にどう関わるのか。そのことを大人は問われている。

道徳事実についての学習

第二は道徳事実についての学習という領域である。歴史と社会のなかで人々はどのように道徳を形成してきたか、社会現象としての倫理や道徳について認識をふかめる。たとえば、「子どものことは子どもが決めるべき」という道徳が世界史のなかでどうつくられてきたか（北原白秋の詩作「子ども の村は子どもでつくろ」、「子どもの権利条約」など）。「人はその寿命をまっとうするべき」という道徳が世界史のなかでどうつくられてきたか（『山びこ学校』収録の江口俊一の作文「父の思い出」、日本国憲法第九条など）。事実について認識をふかめるとりくみには意味がある。こうした学習は、これまでと同様に、社会科をはじめとする教科学習や人権を主題とする総合学習でおこなうべきだ。

分断読みと中断読み

では、道徳科の時間についてはどうするべきか。応急対処策も必要となる。その一つは、「内面化」「表層的・形式的受容」「不信と痛苦」について、それらの弊害を回避あるいは軽減することだ。

一九〇九年生まれの数学者・遠山啓の回想が示唆に富む。「もちろん、戦前は天皇制を批判するなどということはできなかった。できなかったけれども、それはそれなりに先生たちはいろいろな形で批判していたということが今になってわかる。天皇のことを教科書どおり教える。もちろん懸命に教える先生もいた。揚げ足をとられないようないい方はするが、おしまいにニヤッと笑ったりする。こういう抵抗の仕方をした先生もいたわけである。（中略）先生がニヤッと笑ったから、どうもあれは嘘らしいなと考えたわけである。教師の仕事には、まさに俳優の仕事と似たような、いくらでも質を変えられる余地が残っている」（遠山　一九八〇）。

一九七七年生まれの教員・宮澤弘道が代表をつとめる「道徳の教科化を考える会」は、価値観の画一化につながる道徳教育に疑問を感じて、新たな授業法を編み出している（宮澤・池田　二〇一八）。教材を少しずつ区切って読み、その都度に意見を出し合う「分断読み」と、教材を最後まで読まず途中で切って意見を言い合う「中断読み」だ。授業を重ねた宮澤の意見。「分断読みは途中ではさまざまな意見が出るが、結末を読めば教材の価値観に沿った意見になりがち。中断読みは多様な意見が出て、その多様さを認め合うことができるのでベターな方法」。ただし評価については「よりよい方向性が見えてこない。子どもの内面を評価することの問題は考え続けなくてはならない」。

数単元だけ道徳事実についての学習

二つは、数単元にかぎって道徳の事実についての学習をおこなうことだ。道徳科には国定基準による道徳の形成という前提があるが、その授業内において「道徳の事実についての認識の形成」をおこなうことを必ずしも排除してはいない。道徳基準のなかにある「差別」や「働くこと」などの言葉に対応させて、道徳にかかわる事実について認識をふかめるための授業をつくる。実際問題として「考え、議論する教育」は、道徳の形成を目的としたときにはその意義が未確認であるが、自然・社会・人間について認識をふかめるときには有効な方法になる。ただし、全ての道徳基準について道徳事実についての学習をおこなうべきではない。二二項目の道徳基準には、事実と学問に裏打ちされた系統性が欠落しているからだ。

評価を拡大させない

松野博一文相は、入試には「客観性、公平性」が必要なので「他者と比較できない個人内評価である道徳科の評価を入試の調査書に記載することはできないと考えます」と国会答弁をしている（衆議院、二〇一六年一一月二二日）。二つの問題がある。一つは、道徳科の評価には「客観性、公平性」が担保されないことを実質的に認めていること。長妻昭議員（民主党）は「客観性、公平性、こういうものがないものについて評価をするという」道徳科の評価は撤回するべきだと文部科学大臣を質している。二つは、文部科学省の「考え」は指導にとどまるため、都道府県教育委員会の強い判断があれば入試の調査書に道徳科の評価が記載される余地を残していること。今後、国には評価の廃止を、都道府県教育委員会には入試の調査書に反映させないことを、それぞれ求める必要がある。

各学校における通知表に関しては、すでに「行動の記録」欄が設けられ、学校生活全体から認められる道徳性にかかわる行動を丸印で記入している場合が多い。そこに道徳科の評価欄を追加する必要はない。通知表の作成権限は学校にあることを再認識するべきである。

教育課程構造についての議論

民間在野における教育課程改革の歩みを振り返り、子どもの必要にもとづく教育課程構造をあらためて明らかにすることも急務になっている。

教育課程の編成について、戦前における「最高の到達点」(海老原　一九九一)とされるのが児童の村小学校(一九二四〜三六年)がつくりだした文化単位学習(午前)と生活単位学習(午後)による二領域の教育課程構造である。野口援太郎・下中弥三郎・志垣寛・為藤五郎らが東京の池袋に創立した同校では、「徹底した自由教育」(志垣)が試みられた。一九二四年に同校を訪問した千葉師範附属小学校訓導・佐久間治八は、同校では「小学校令施行規則」が定めた教科課程をつかっていないことを指摘し、「こうした学校こそそんな方面にぐんぐん行つてもらいたいと嬉しく思つた」と感想を記している(海老原　一九七五)。同校で一九三三年からおこなわれた文化単位学習における観察科は、まず自然、つぎに社会について直接観察と学習をおこない、自然と社会にかかわる「切実な生活の課題」を総合的に把握するもので、総合学習の原型となった。戦後は文部省による一九四七年の「学校教育法施行規則」にも子どもの自主性を尊重した自由研究が登場して、教科と自由研究による二領域の教育課程構造が示されるが、自由研究は一九五〇年に廃止となり、自然と社会にかかわる生活上の問題の直接観察と学習は、戦前と同じく民間在野の取り組みが担うことになる。

日本教職員組合の教育研究全国集会(一九五一年〜現在)では、子どもにとって「切実な生活の課題」について、既存教科におさまらない実践報告が重ねられた。一九七〇年、日教組は学者・文化人など三四人による教育制度検討委員会を設置し、一九七四年の最終報告『日本の教育改革を求めて』において、教科・総合学習・自治的諸活動からなる三領域の教育課程を提起した。総合学習を、「個別的な教科学習」や「学校内外の諸活動」で獲得した知識や能力を総合して、「現実的問題についての追求」をおこなうものと規定している。

吉岡数子は一九五五〜六三年度と一九六八〜九〇年度に教職にあったが、初年度を除く三一年間にわたり、自作の教育課程「隠れ総合学習」を続けた。子どもが「自らの生活の中で直面し掘り起こした課題」を追求する過程では「おのずから教科の枠は越えていくという事実」の発見を重ねて、総合学習の一領域による教育課程を編成してきた。「子どもの生活のリズムと意識の流れに合わせた教育課程をつくれば、結果的に国の教育課程のなかの必要な内容はこなすことができる」。自作の教育課程と「学習指導要領」との年間対照表も作成してきた。同僚や校長や教育委員会が吉岡の教育課程を少しずつ認め、一九八五〜九〇年度は学校全体で総合学習に取り組んだ(吉岡 二〇〇二)。国が一九九八年一部改正の「学校教育法施行規則」により総合的な学習の時間を教育課程構造に位置づける一三年前だった(第4章の表9参照)。

一九五八年一部改正の「学校教育法施行規則」を起点の一つとして、ずっと子どもは肥大した教育課程を押しつけられ、消化不良から落後者をだし、落後しない子どもも注入される教育内容の受動的な学習に忙しく自分で考える習慣を奪われてきた。第一次安倍政権下で「学校教育法」にもられた第三〇条第二項は「主体的に学習に取り組む態度を養うこと」を求めているが、必要なのは「態度」ではなく、主体的な学習を圧迫する教育課程の肥大を改めることだ。

子どもの必要にもとづく教育課程構造について、あらためて議論を重ね、戦後教育課程史における懸案の課題に教育現場の側から切り込んでいくことがいま求められている。

注

第1章

（1）　教育再生会議はその後も徳育の教科化の主張を重ねた。後継の自民党・福田康夫政権下で二〇〇七年一二月二五日に公表された「社会総がかりで教育再生を　第三次報告――学校、家庭、地域、企業、団体、メディア、行政が一体となって、全ての子供のために公教育を再生する」には、「徳育を『教科』とし、感動を与える教科書を作る」との文言が書き込まれ、二〇〇八年一月三一日の「社会総がかりで教育再生を　最終報告――教育再生の実効性の担保のために」にも、徳育の教科化の主張が書き込まれた。

（2）　中央教育審議会「道徳に係る教育課程の改善等について（答申）」につぎの記述がある。「審議に当たっては、初等中等教育分科会教育課程部会の下に、道徳教育専門部会を新たに設け、有識者からのヒアリングや、審議のまとめ案に関する国民からの意見募集なども行いつつ、一〇回にわたり専門的な検討を行った」。道徳教育専門部会の第一回は二〇一四年三月一八日で第一〇回は九月一九日だった。

（3）　特別支援学校（知的障害）小学部における行動の記録については、「小学校及び特別支援学校（視覚障害、聴覚障害、肢体不自由又は病弱）小学部における行動の記録に関する考え方を参考としながら文章で記述する」（二〇一〇通知の「別紙１」）とされている。

第2章

（1）　教育勅語の道徳基準（徳目）の数え方については諸説がある。桂正孝は一一と数え（桂 二〇一三）、佐藤秀夫は一四と数え（佐藤「教育に関する勅語」日本近代教育史事典編集委員会 一九七一）、市川昭午は一五と数えている（市川 二〇〇九）。ここでは、第一段前半に記された「忠」と「孝」については道徳基準として数えず、第一段後半に記された道徳基準を全一一項目および総括項目として整理した。

(2) 井上哲次郎『勅語衍義』は「中村正直校閲・文部大臣芳川顕正序文という権威付けによって同時代から特別な位置づけが明示され、中学校や師範学校で活用」された(高橋陽一「第一章　教育勅語の構造と解釈」教育史学会 二〇一七)。

(3) 第2章第3節に登場する内田宜人の父の内田幸人の場合、一八九九年に生まれ、一九一九年三月二一日に鳥取県師範学校本科第一部を卒業して同月三一日に小学校訓導になり、八月一日から九月一一日まで松江歩兵第六三連隊に六週間現役兵として服役している(内田 二〇〇六)。

(4) 土屋芳雄が憲兵を志願してからの意識と行動については、広田照幸が「立身出世アスピレーション(欲求)」と「献身イデオロギーとの関係を問う」という課題設定による分析をおこなっている(広田 一九九七)。

(5) 土屋をその一人とする三人の憲兵ほかの意識と行動を分析した広田照幸も、「教化体制が教え込もうとした『無私の献身』は多くの場合、必ずしも個々人の行為の『動機』を構成するものではなかった可能性がある」と指摘している。あわせて広田は、「検討してきた諸事例を見るかぎり、教化は『何が正当な価値である(とされている)か』の教え込みという点に関しては成功」だったとしている。そのうえで広田は「学校教育・軍隊の内務班教育・マスコミを利用した教化等を通して達成されたのは、多くの人にとっては、『善悪の価値判断の基準』＝『正義』の所在に関する承認と、『カギ言葉を繰り出すこと』の習熟＝文法の獲得とであったというのが『内面化』の実相だったのではなかろうか」と述べている(広田 一九九七)。

(6) この事件にふれた研究書の一つに郭素美・車霽虹編著『日軍暴行録　黒龍江分巻』(中国大百科全書出版社、一九九五年)があり、王賓章については龍江省教育長、王柱華については龍江省立第一師範学校教師としている。龍江省は一九三四年一二月に「満洲国」が黒龍江省と奉天省を分割して新設した省名である。

(7) ただし鶴見による「顕教」(神話教育)と「密教」(西欧科学教育)の内容区分や「密教」後退の時期区分が、かならずしも厳密なものではないことには、注意をはらっておく必要がある。

第3章

(1) 教育基本法に教育目的が規定されたことについては批判も重ねられてきた。教育基本法案の策定に携わった田中耕太郎の後年の著書『教育基本法の理論』(有斐閣、一九六一年)にさえ次の言葉があった。「如何《いか》に教育思想が混乱し不明確であるにしろ、道徳の徳目や教育の理念に関する綱領のごときものを公権的に決定公表することは、国家の任務の逸脱であり、パターナリズムかまたはファシズム態度といわなければならない」。

(2) 後に田中は、教育基本法について、「法が教育の目的やその方針に立ち入ったのは、過去において教育勅語が教育の目的を宣明する法規範の性質を帯びていた結果として、それに代るべきものを制定し以て教育者に拠りどころを与える趣旨に出ていた」と著書『教育基本法の理論』(有斐閣、一九六一年)において述べている。

(3) 山住正己・堀尾輝久『教育理念　戦後日本の教育改革　第二巻』(東京大学出版会、一九七六年)より重引。

(4) 学校教育法案の策定にあたった劔木亨弘は、監督庁について、「教育行政法において規定されることと予想される都道府県教育委員会」であると述べていた。劔木亨弘「学校教育法について」『文部時報』一九四七年五・六月号(「戦後日本教育史料集成」編集委員会『戦後日本教育史料集成』第二巻、三一書房、一九八三年所収)。

(5) 本書に掲げた二月一八日案と内藤がいうところの「要綱案」(総司令部と文部省の合意案)の関係について、佐々木亨《すすむ》はつぎの指摘をしている。「内藤譽三郎はのちに『漸く二月一八日総司令部との間に要綱案が確定した』と書いている(中略)ところが、トレーナー文書にふくまれている二月二二日付のトレーナーからオアにあてた報告書において彼は、両者が確定した法案では『第一一五条において監督庁は当分の間文部大臣と定義されている』と述べている。二月一八日案ではこの読み替え規定は第一一二条になっているから、両者が確定した草稿はこの二月一八日案とは別のものであった可能性がある」(佐々木　一九八三)。

(6) 久保義三は二月一八日案について、つぎのように述べている。「CIE教育課は、教科の種類名称については法律で規定すべき性質のものではなく、法律で定めた教育目的・目標の範囲内において、監督庁(中略)に委ねる、という発想で、文部省案に修正を加えたのである」(久保　二〇〇六)。久保によれば、CIE教育課は、「法律による規定」という方向性を否定したことにとどまらず、「監督庁への委任」と「八項目目標しばり」についても提起をおこなったことになるが、私の考えはこれとは異なる。

(7) 自治大学校史料編集室『「六・三制および教育委員会制度の発足と改革」座談会記録』一九六八年二月(荻原　一九九六

より重引)。

(8) 大橋基博と佐々木享は、一月一五日案における「地方教育総長」「都道府県教育長」の名称が二月一八日案において「都道府県における監督庁」に置き換えられたことについて、「これは地方教育行政法案の議会提出が困難になったためと推測される」(大橋・佐々木 一九八三)としている。

(9) 地理については文部省が一九四六年四月以降に編集発行した暫定の国定教科書により授業が再開され(SCAPの授業再開許可は六月)、国史については文部省が一九四六年一〇月に編集発行した暫定の国定教科書「くにのあゆみ」により授業が再開された(SCAPの授業再開許可は一〇月)。

(10) 二月一八日案における第二四条は、成立した「学校教育法」では第二〇条となる。第二〇条の文言「教科に関する事項」については、『解説教育六法 二〇〇六年版』(三省堂)に条文解説があり、三つのことを指摘している。第一に「行政解釈では、この『教科に関する事項』が、学校の『教育課程』を指すこと、さらに文部科学省が定めた教育課程の基準である学習指導要領は本条に根拠を有することなどが説明されてきた」こと。第二に、「教育学上は異なる概念である『教科』と『教育課程』(厳密には教科と教科外活動を含む)とを、混同、同一視してよいのか」。第三に、「『関する事項』という表現には、『教科内容』(内的事項)自体の法的基準化の困難性が意識され、その制度的枠組みを示す『学校制度の法定』という意味合いの法的表現とみるべきではないか」。第二と第三の見解は戦後日本の教育界で一定の影響力をもってきたが、国は第一の「行政解釈」にもとづき「学習指導要領」の改訂を重ねてきた。

第4章

(1) 「道徳教育連絡協議会要録」『中等教育資料 Ⅶ―六』一九五八年六月(荻原 一九九六より重引)。

(2) 小学校の教育課程における「自由研究」の廃止と「特別教育活動」の新設は一九五〇年一〇月二八日「小学校の教科と時間配当」によった。「学校教育法施行規則」第二四条から「自由研究」を削除することはそれより遅れて一九五三年一一月二七日文部省令第二五号による同規則一部改正によりおこなわれたが、このとき同条に「特別教育活動」を加えることはおこなわれなかった。

（3）第二五条に「小学校の教科課程、教科内容及びその取扱い」とあったのを「小学校の教育課程」とすることは一九五〇年の文部省令第二八号による一部改正でおこなわれていた。

（4）兼子仁『教育法　法律学全集　第一六巻』（肥田野・稲垣　一九七一より重引）。

（5）徳山正人「学習指導要領のおもな改定点」『時事通信・内外教育版』第九九二号、一九五八年一一月二七日。

（6）吉田は一九五〇年一一月二四日の第九国会の施政演説でも「国民の精神的方面の作興、すなわち文教の振興の重要」であることを強調し、「最近民主的秩序を暴力をもって破壊せんとするものの行動は国民多数のいるところとならず、その勢力も逐次衰退しつつあるのでありますが、一層のこの際教育に思いをいたし、健全なる国民思想の涵養をはかるべきものであると、かたく信じておるのであります」と述べている（吉田　一九五八）。

（7）謄写版刷りで、一九四九年七月の創刊号から佐藤たちの卒業までに一四号が出され、卒業後の一九五四年一月には一五号も発行された（佐藤　二〇一二）。

（8）久保富三夫は倫理綱領について「戦前の教師が無権利状態のもとで教育者としての良心すら奪われ、多くの国民を戦場へと駆り立てた歴史的事実から考えても、重要な意義を持つものであった」としている（久保富三夫「教師の倫理綱領」久保義三ほか　二〇〇一）。

（9）吉田の再軍備否定論が政策の実態とはかけ離れている事実は、多くの人々に見抜かれていた。一九五〇年六月、朝鮮戦争がはじまると、マッカーサーは七月八日に七万五〇〇〇人の警察予備隊の創設を日本に指令し、八月一〇日にポツダム政令により警察予備隊が設置された。一九五二年には海上警備隊が創設され、八月、陸海兵力は新設の保安庁の指揮下に移管されていた。「一九五二年二月に行なわれた世論調査では、四八パーセントが日本は再軍備していないという吉田の言明は嘘であると回答し、四〇パーセントがどうともいえないと答え、首相の言葉を信じると回答したのは一二パーセントにすぎなかった」（ダワー　一九八一）。

（10）ジョン・ダワーによれば、「この時期の吉田は、再軍備問題について独特のやり方ではなやかな演劇を上演していた。〔中略〕日本は再軍備しないと口あたりのいい議論をすると同時に、再軍備の速度と規模を制限しようと真剣に考え、しかもそれに成功したことは疑問の余地がない」。「ダレスはサンフランシスコ講和会議で、吉田を説得して兵員を三〇万とする案をつくらせようとしたが成功しなかった」。「その後数年にわたってアメリカの政策立案当事者たちは、日本の陸上軍を三二万五〇〇〇ないし三五万にすることを基準目標とし、最初のうちこの目標は急速に達成されるだろうとまで想像していた」のであるが、警察予備隊は占領期間を通じて七万五〇〇〇人にとどまり、一九五二年一〇月には一一万人だった(ダワー 一九八一)。

(11) 「国民実践要領」については、そこに吉田による労働政策の一環としての教育政策の要求に応じた「道徳の基準」が盛られていたことも注目しておきたい。「自由」では、「おのれをほしいままにする自由はかえっておのれを失う」として「道に従う人」となることが説かれた。「勇気」では、「どのような妨害にも屈しない勇気」が説かれ、「世論」では、「世の風潮に対してみだりに迎合しない節操ある精神と、軽々しく追随しない批判力をもつこと」が説かれた。「共同福祉」では、より直接的な表現により「身分や階級の相違からさまざまな弊害や利害の衝突が生ずるとしても、それらの弊害や利害の衝突は全体としての社会の意志を表現するところの法に従って解決されるべきである。社会自身に亀裂を生ぜしめるまでに至るべきではない」と説かれていた。

(12) 中央教育審議会では、一九五三年一月二一日の第一回総会において戦後の教育全般の改善についての包括的諮問が岡野文相によりおこなわれており、これに対応して七月二五日から五四年一二月二〇日までに八件の答申がおこなわれた。「社会科教育の改善に関する答申」は、その二つ目の答申だった(教育事情研究会編 一九八一)。

(13) 「池田・ロバートソン会談日本側議事録草案」『朝日新聞』一九五三年一〇月二五日(岡津 一九六九より重引)。

(14) 山崎政人は、第二次鳩山民主党政権下で一九五五年一一月五日に民主党文教制度調査特別委員会がまとめた改正要綱案が自民党の教育政策として具体化した経緯を論じている(山崎 一九八六)。

(15) 木田宏『戦後教育の展開と課題』(山崎 一九八六より重引)。

(16) ただし、「道徳基準の国定の復活」と「国が定めた学習指導要領の拘束力強化」は、多くの手立てによりその具体化が目指されたものであり、本書で扱うのはそのなかの一部である。多くの手立てのなかには「学校管理規則」の制定もあった。文部省は、「地教行法」第三三条に「教育委員会は〔中略〕その所管に属する学校その他の教育機関の施設、設備、組織、編成、教育課程、教材の取扱〔中略〕について必要な教育委員会規則を定めるものとする」と規定したことをふまえ、都道府県教育委員会に「学校管理規則」の試案を送り、都道府県教育長協議会も同様の試案を市区町村教育委員会に送った。この結果、多くの教育委員会において「学校管理規則」の制定がすすみ、こうなると「自由な研究、教育実践は、管理体制強化のなかで困難となっていくのは眼にみえて」(海老原　一九六七)いた。

(17)　梅本克己「偽善の道徳と真実の道徳」『教育』(国土社、一九六〇年六月)より重引。

第5章

(1)　『日教組二〇年史　資料編』労働旬報社、一九七〇年。『日教組二〇年史』には、「教科研、日本作文の会、生活教育連盟など民間教育団体三五団体によってつくられている道徳教育研究協議会」が一九五八年四月二六、二七日に専修大学で大会を開催したことについての記述もある(日本教職員組合　一九六七)。

(2)　この内藤の記述については久保義三がつぎの評価をしている。「当時の新聞報道では、一二月二〇日、全国都道府県教育長協議会が、『公立学校教職員の勤務評定試案』を作成して文相もそれを支持する談話を発表した、としているが、内藤の記録では、文部省が主導になって、全国的に勤評が実施しやすい標準的試案を都道府県教育長協議会に作成させたことが明らかにされている。文部省が試案をつくらず、教育長協議会が自主的につくったことにしたいとの思惑があった。試案づくりが文部省の指示であったことが、ここに明らかになったのである」(久保　二〇〇六)。

(3)　内田の書には「このときの受講者三三〇人」(内田　一九七九)とあり、内藤の書には「三三六人を集め(中略)開くことにした」(内藤　一九八二)とある。

(4)　贇田重雄とその訴状については、北村小夜の教示により知った。贇田が用意した訴状については、北村が「一九六一年か六二年」に謄写版により作成したB５判用紙四枚におよぶ「訴状(写し)」がある。本書の引用はこの「訴状(写し)」からのものである。

第6章

(1)　一九六八年「小学校学習指導要領」と一九六九年「中学校学習指導要領」には「国民の祝日などにおいて儀式などを行

なう場合には」児童生徒にたいして「これらの祝日などの意義を理解させるとともに、国旗を掲揚し、『君が代』を斉唱させることが望ましい」とあったのが、一九七七年の小中の「学習指導要領」では「国旗を掲揚し、国歌を斉唱させることが望ましい」に変更された事実のこと。

(2) 一九五五年の「学習指導要領　社会科編」に天皇の憲法規定がおかれたことがその前史となった。

(3) これらについて桂正孝は、「『改正』教基法は、現代の『教育勅語もどき』の法律化としての一面をもっているのではないか」と述べている(桂 二〇一三)。

第7章

(1) ここでは、二〇一〇年に民主党政権が成立させた「高校無償化法」にも二つの問題があったことを指摘しておきたい。まず、無償化の対象を高校合格者に限ったため、適格主義の壁に阻まれている子どもたちに高校教育を保障する制度とならなかったこと。つぎに、朝鮮高校の生徒を適用除外してきたことである。第二次安倍政権下でおこなわれた高校無償化の「見直し」(法律⑧)は、これら二つの問題の解決を等閑視したものである。

(2) 中央教育審議会答申「子供の発達や学習者の意欲・能力等に応じた柔軟かつ効果的な教育システムの構築について」二〇一四年一二月二二日。

(3) 文部科学省「グローバル化に対応した英語教育改革実施計画」二〇一三年一二月一三日公表。

(4) 英国の医学誌『ランセット』(電子版二〇〇六年一〇月一一日)に掲載された米国とイラクの疫学専門家がおこなった合同調査によると、イラク戦争の影響にともなう負傷・疾病などで二〇〇六年七月までに死亡したイラク人は六五万五〇〇〇人と推定される。

あとがき

二〇一一年三月に東北地方太平洋沖地震と福島原発事故がおきてから、私は東北の教育現場に通いつづけていた。国と教育委員会と研究者による被害の事実解明は遅れており、対策にも不備が重なっていた。三・一一後の教育界における問題の全体を仲間の研究者と明らかにして、これからの長期に及ぶ取り組みの基礎をつくることが念頭にあったため、調査研究の課題は増えていく一方だった。

それから三年をすぎた頃から、被災地も含めた教育現場に影響を及ぼすいくつもの教育法案が国会に上程されるようになり、私は東北の教育現場の訪問と並行して、国会両院の傍聴もおこなうようになった。六月に国会が閉会してからは、道徳の教科化にかかわる中央教育審議会の傍聴もおこなった。独立した教科による道徳教育は戦後七〇年にわたりおこなわれていなかったが、その復活にかかわる審議を文部科学大臣の諮問機関はどのように進めるのだろうか。戦前と戦後の道徳教育の歴史的な検証は、欠かすことができない条件のひとつであると私には思われたが、その審議は過去の事実から学ぶ姿勢を欠落させたものだった。私は急いで、戦前と戦後の道徳教育を検証する必要を世に問うため、「子どもが道徳を評価されるとき――戦前回帰の意味はあるのか」というタイトルの論稿をまとめた。この論稿は、『世界』二〇一四年一二月号に掲載され、そこに記したいくつかの論点が本書のもとになった。

二〇一五年中に本書を刊行することが当初の計画だったが、その目論見は修正を余儀なくされた。同年八月、私の身体に進行大腸癌（ステージ3B）が見つかり、手術と治療への専念が必要になったからである。同僚の君塚仁彦氏のつよいすすめで半年間は大学での授業を休み、その後も勤務軽減の措置をえた。通常の勤務に復帰したのが二〇一八年二月だった。その間も執筆はつづけたが、ペースは遅かった。こうして、小学校における道徳科の導入がおこなわれた二〇一八年度に入ってから、中学校における導入がおこなわれる二〇一九年度を目前にして、本書は刊行される運びとなった。

本書の第3章は、公教育計画学会（第一〇回大会・二〇一八年六月一七日・さいたま共済会館）において「戦後教育改革の『抜け道』――戦前の道徳教育は反省されたのか」のタイトルでおこなった口頭報告の内容をもとに執筆した論稿を収録したものである。この口頭報告にたいしては、元井一郎（四国学院大学）、相庭和彦（新潟大学）、田口康明（鹿児島県立短期大学）の諸氏から懇切なコメントをいただき、そこで得た知見を本書の内容に反映させることができた。第7章は、「安倍政権の一五教育法と教育現場」のタイトルで『世界』二〇一四年一一月号に掲載された共著論稿――池田賢市氏（中央大学）、平山瑠子氏（大阪経済法科大学アジア太平洋研究センター）との共著――のもととなった大森作成の草稿に加筆をおこなったものである。それ以外の章は本書のために書き下ろした。

私が本書を書く目的のひとつは、戦前と戦後の道徳教育政策の歴史を事実にもとづき総括するためのたたき台をつくりたいということだった。だが、多くのすぐれた先行研究に助けられたにもかかわらず、本書でふれることができなかった重要な論点や史実も多い。それらについては巻末にかかげた主な参考文献をお読みいただくことをお願いしたい。もうひとつの目的は、国家的な見地から立案され現場におろされてきた道徳教育政策にたいして、教職員や保護者、当事者である子どもたちがどのように行動したのか、その姿をたとえ一部ではあっても書きとどめることだった。その中のひとりである内田宜人氏(第2、5章ほか)は二〇一六年一〇月一六日に享年九〇歳で鬼籍に入られた。矢定洋一郎氏(第6章)は二〇一七年七月三〇日に突然に亡くなられた。まだ六七歳だった。吉岡数子氏(第2、3、6章ほか)は健在で、退職金でつくった教科書総合研究所で北島順子氏(大手前短期大学)とともに六〇〇〇冊余の所蔵教科書をつかって戦前と戦後の教育の検証をつづけられている。

本書の刊行にあたっては多くの人たちから激励と協力をいただいた。東京学芸大学附属図書館の高橋隆一郎氏は文献の収集を助けてくださった。とくに編集を担当された岩波書店の田中宏幸氏には多大のお世話を受けた。田中氏との八年前の出会いは、当時、新宿区立大久保小学校の日本語国際学級で総合学習の授業を重ねていた善元幸夫氏によるものだった。記して厚く感謝申しあげたい。

二〇一八年八月

大森直樹

福島から問う教育と命
中村晋
大森直樹
岩波ブックレット 本体 五六〇円

教育勅語の何が問題か
教育史学会編
岩波ブックレット 本体 五八〇円

徹底検証 教育勅語と日本社会
—いま、歴史から考える—
岩波書店編集部編
四六判二二四頁 本体一九〇〇円

安倍「教育改革」はなぜ問題か
藤田英典
B6判一九〇頁 本体一六〇〇円

教育は何をなすべきか
—能力・職業・市民—
広田照幸
四六判三六六頁 本体二四〇〇円

岩波講座 教育 変革への展望 全七巻
［編集委員］
佐藤学
秋田喜代美
志水宏吉
小玉重夫
北村友人
A5判平均二八八頁 各巻本体三二〇〇円

岩波書店刊

定価は表示価格に消費税が加算されます
2018年9月現在

大森直樹

1965年生まれ．東京都立大学大学院人文科学研究科博士課程単位取得退学．現在，東京学芸大学教育実践研究支援センター准教授．専攻は，教育学，教育史．
著書に『大震災でわかった学校の大問題――被災地の教室からの提言』(小学館101新書)，『福島から問う教育と命』(共著，岩波ブックレット)，編著書に『子どもたちとの七万三千日――教師の生き方と学校の風景』(東京学芸大学出版会)，『2017小学校学習指導要領の読み方・使い方――「術」「学」で読み解く教科内容のポイント』，『2017中学校学習指導要領の読み方・使い方――「術」「学」で読み解く教科内容のポイント』，『資料集 東日本大震災と教育界――法規・提言・記録・声』，『原発災害下の福島朝鮮学校の記録――子どもたちとの県外避難204日』(以上，明石書店)など．

道徳教育と愛国心
――「道徳」の教科化にどう向き合うか

2018年9月21日　第1刷発行

著　者　大森直樹《おおもりなおき》

発行者　岡本　厚

発行所　株式会社 岩波書店
〒101-8002 東京都千代田区一ツ橋2-5-5
電話案内 03-5210-4000
http://www.iwanami.co.jp/

印刷・理想社　カバー・半七印刷　製本・松岳社

ISBN 978-4-00-061292-0　　Printed in Japan

主な参考文献

青木理『日本会議の正体』平凡社新書，2016 年
朝日新聞山形支局『聞き書き　ある憲兵の記録』朝日新聞社，1985 年
天野貞祐「わたしの心境――『実践要領』をめぐって」『週間朝日』1951 年 12 月 16 日号
石川謙『近代日本教育制度史料』第 18・19・22・23・25 巻，講談社，1957 年
石田恒良『改訂　新・通信簿』図書文化社，1981 年
市川昭午監修『資料で読む　戦後日本と愛国心　第 1 巻　復興と模索の時代　1945 ～1960 年』日本図書センター，2008 年
市川昭午『教育基本法改正論争史――改正で教育はどうなる』教育開発研究所，2009 年
井深雄二「教育委員会法の立案準備過程――1946 年 12 月～1947 年 12 月」名古屋大学教育学部　教育行政及び制度研究室『戦後日本の教育行政改革　教育行政研究　第 3 号』1981 年
岩波書店編集部『徹底検証　教育勅語と日本社会　いま，歴史から考える』岩波書店，2017 年
内田宜人『ある勤評反対闘争史――教育労働運動論への試みと証言』新泉社，1979 年(績文堂オンデマンド版，2009 年所収)
内田宜人『戦後教育労働運動史論』績文堂，2004 年
内田宜人『遠き山焼け(私家版)』2006 年
内田宜人『私説　戦後情念史』績文堂，2013 年
海老原治善『現代日本教育政策史』三一書房，1965 年(『海老原治善著作集　現代日本教育史選書』第 1 巻，エムティ出版，1991 年所収)
海老原治善『続・現代日本教育政策史』三一書房，1967 年(同上・第 2 巻所収)
海老原治善「現代学校の教育内容改革と総合学習の意義」(同上・第 5 巻所収)
海老原治善『現代日本教育実践史』明治図書，1975 年(同上・第 3・4 巻所収)
大江健三郎『厳粛な綱渡り　全エッセイ集』文藝春秋新社，1965 年
大江志乃夫『徴兵制』岩波新書，1981 年
大谷正『日清戦争――近代日本初の対外戦争の実像』中央公論新社，2014 年
大橋基博・佐々木享「学校教育法案の形成過程――学校教育法諸草案の特徴と変遷

を中心に」『教育学研究』第50巻第4号，1983年12月
大森直樹「民主党の20教育法案——教育現場で何が起きるか」『季刊教育法』第165号，2010年
大森直樹・中島彰弘編『2017小学校学習指導要領の読み方・使い方——「術」「学」で読み解く教科内容のポイント』明石書店，2017年
大山梓編『山縣有朋意見書』原書房，1966年
岡津守彦編『教育課程(各論)戦後日本の教育改革』第7巻，東京大学出版会，1969年
荻原克男『戦後日本の教育行政構造——その形成過程』勁草書房，1996年
貝塚茂樹『戦後教育改革と道徳教育問題』日本図書センター，2001年
貝塚茂樹『戦後教育のなかの道徳・宗教(増補版)』文化書房博文社，2006年
桂正孝「道徳教育論争——特設『道徳』は『トロイの木馬』か」国民教育文化総合研究所編『ふり返り教育理論講座』アドバンテージサーバー，2013年
加藤陽子『戦争の論理——日露戦争から太平洋戦争まで』勁草書房，2005年
唐澤富太郎『教科書の歴史』創文社，1956年
教育史学会編『教育勅語の何が問題か』岩波ブックレット，2017年
教育史編纂会編『明治以降教育制度発達史』第1〜4巻，教育資料調査会，1938年
教育事情研究会編『中央教育審議会答申総覧』ぎょうせい，1981年
久保義三・米田俊彦・駒込武・児美川孝一郎編『現代教育史事典』東京書籍，2001年
久保義三『新版　昭和教育史——天皇制と教育の史的展開』東信堂，2006年
現代日本教育制度史料編集委員会『現代日本教育制度史料』第13巻(①)，第14巻(②)，東京法令出版，1986年
近藤信司・福島忠彦編『平成3年改訂　指導要録の解説』ぎょうせい，1991年
佐々木享「解説」名古屋大学教育学部　教育行政及び制度研究室　技術教育学研究室『学校教育法成立史関係資料』1983年
佐藤秀夫編『続・現代史資料8　教育　御真影と教育勅語1』みすず書房，2004年
佐藤藤三郎『ずぶんのあだまで考えろ——私が「山びこ学校」で学んだこと』本の泉社，2012年
袖井林二郎編訳『吉田茂＝マッカーサー往復書簡集　1945-1951』法政大学出版局，2000年
「戦後日本教育史料集成」編集委員会編『戦後日本教育史料集成』第8巻(①)，第11巻(②)，三一書房，1983年
ダワー，ジョン『吉田茂とその時代　下』ティービーエス・ブリタニカ，1981年
趙景達『異端の民衆反乱——東学と甲午農民戦争』岩波書店，2012年

鶴見俊輔『戦時期日本の精神史』岩波書店，1982年
寺島隆吉「亡国の英語教育――小学校英語の『教科化』と中学校英語の『英語で授業』を考える」『教育と文化』第75号，2014年4月
遠山啓『遠山啓著作集 教育論シリーズ2 教育の自由と統制』太郎次郎社，1980年
内藤譽三郎『学校教育法解説』ひかり出版社，1947年(平原治好ほか編『日本現代教育基本文献叢書　教育基本法制コメンタール2』日本図書センター，1998年所収)
内藤譽三郎『戦後教育と私』毎日新聞社，1982年
日本教職員組合編『日教組20年史』労働旬報社，1967年
日本近代教育史事典編集委員会『日本近代教育史事典』平凡社，1971年
布村育子「『教え子を再び戦場に送るな』を検証する――誰がスローガンを誕生させたのか」『教育と文化』第80号，2015年7月
肥田野直・稲垣忠彦編『教育課程(総論)戦後日本の教育改革』第6巻，東京大学出版会，1971年
広田照幸『陸軍将校の教育社会史――立身出世と天皇制』世織書房，1997年
升味準之輔『現代日本の政治体制』岩波書店，1969年
松本清張「強権街道を往く文部官僚――権力の司祭群　第2部」『文藝春秋』1963年4月号
宮澤俊義『憲法　第5版』有斐閣，1960年
宮澤弘道・池田賢市編著『「特別の教科　道徳」ってなんだ？――子どもの内面に介入しない授業・評価の実践例』現代書館，2018年
無着成恭編『山びこ学校』岩波文庫，1995年
文部省『尋常小学修身書　第1学年　教師用』南江堂書店，1905年
矢定洋一郎『学校ぎらいのヤサ先生　連戦連笑　ホントに愉快なことは，これからサ？！』績文堂，2011年
山崎政人『自民党と教育政策――教育委員任命制から臨教審まで』岩波新書，1986年
吉岡数子『被差別の立場の子どもを中心においた生活科の内容創造』1989年度堺同和研究大会報告補助資料綴，1990年1月2日
吉岡数子『「在満少国民」の20世紀 平和と人権の語り部として』解放出版，2002年
吉岡数子「在満少国民と靖国」又吉盛清ほか『靖国神社と歴史教育――靖国・遊就館フィールドノート』明石書店，2013年
吉田茂『回想十年』第2巻，1957年(①)／第3巻，1957年(②)／第4巻，1958年，新潮社

資料 1　道徳基準の国定（小学校）

次数	名称	告示年月日	項目数	孝行の項目（下線は変更点）	愛国心の項目（下線は変更点）
1	教育ニ関スル勅語	1890年10月30日（君主の著作物）	11	父母に孝に 以て天壌無窮の皇運を扶翼すへし	一旦緩急あれは義勇公に奉し 以て天壌無窮の皇運を扶翼すへし
2	小学校「道徳」実施要綱	1958年3月18日（通達別紙）	36	家族の人々を敬愛し，よい家庭を作りあげようとする.	日本人としての自覚をもって国を愛し，国際社会の一環としての国家の発展に尽す.
3	小学校学習指導要領道徳編	1958年8月28日文部省告示71号	36	同上	日本人としての自覚を持って国を愛し，国際社会の一環としての国家の発展に尽す.
4	小学校学習指導要領	1968年7月11日文部省告示268号	32	家族の人々を敬愛し，よい家庭を作ろうとする.	日本人としての自覚をもって国を愛し，国家の発展に尽くす.
5	小学校学習指導要領	1977年7月23日文部省告示155号	28	同上	同上
6	小学校学習指導要領	1989年3月15日文部省告示24号	22※	父母，祖父母を敬愛し，家族の幸せを求めて，進んで役に立つようにする.	郷土や我が国の文化と伝統を大切にし，先人の努力を知り，郷土や国を愛する心をもつ.
7	小学校学習指導要領	1998年12月14日文部省告示175号	22※	父母，祖父母を敬愛し，家族の幸せを求めて，進んで役に立つことをする.	同上
8	小学校学習指導要領	2008年3月28日文科省告示27号	22※	同上	同上
9	小学校学習指導要領の一部改正〔道徳の教科化〕	2015年3月27日文科省告示60号	22※	父母，祖父母を敬愛し，家族の幸せを求めて，進んで役に立つことをすること. 日々の生活が家族や過去からの多く人々の支え合いや	我が国や郷土の文化と伝統を大切にし，先人の努力を知り，国や郷土を愛する心をもつこと.

				助け合いで成り立っていることに感謝し，それに応えること．	
10	小学校学習指導要領	2017年3月31日文科省告示63号	22 ※	同上	同上

※ 5・6年生

資料2　評価の様式・様式案の国定(小学校)

次数	名　称	規則・通知等年月日	修身・道徳欄	操行・行動の記録欄
①	第10号表〔学籍簿様式〕	小学校令施行規則 1900.8.21 文部省令14	○	○
②	第10号表〔学籍簿様式〕	小学校令施行規則中改正 1907.3.25 文部省令6	○	○
③	第10号表〔学籍簿様式〕	小学校令施行規則中改正 1921.8.5 文部省令36	○	○
④	第10号表〔学籍簿様式〕	小学校令施行規則中改正 1938.1.29 文部省令2	○	○
⑤	第4号表〔学籍簿様式〕	国民学校令施行規則 1941.3.14 文部省令4	○	
⑥	小学校学籍簿〔様式案〕	学校教育局長通達 1948.11.12 発学510号		○
⑦	小学校児童指導要録　別紙1	初等中等教育局長ほか通達 1955.9.13 文初中373		○
⑧	小学校児童指導要録　別紙第1	初等中等教育局長通達 1961.2.13 文初初92		○
⑨	小学校児童指導要録　別紙第1	初等中等教育局長通知 1971.2.27 文初初150		○
⑩	小学校児童指導要録　別紙第1	初等中等教育局長通知 1980.2.29 文初小133		○
⑪	小学校児童指導要録　別紙第1	初等中等教育局長通知 1991.3.20 文初小124		○
⑫	小学校児童指導要録(参考様式)	初等中等教育局長通知 2001.4.27 文科初193		○
⑬	小学校児童指導要録(参考様式)	初等中等教育局長通知 2010.5.11 文科初1		○
⑭	小学校児童指導要録(参考様式)	初等中等教育局長通知 2016.7.29 文科初604	○	○

・1949年初中局長通達と1950年文部省令28号により学籍簿は指導要録に名称変更
・④では操行欄とあわせて性行概評欄がおかれ，⑤では操行欄が廃止されて性行概評欄のみがおかれた

資料3　1900年　第10号表〔学籍簿様式〕[資料2–①]

第10号表

氏名	生年月

住所	入学年月日	入学前ノ経歴	卒業年月日	退学年月日	退学ノ理由

保護者			
氏名	住所	職業	児童トノ関係

	学年		第一学年	第二学年	第三学年	第四学年	備考
学業成績	修身						
	国語						
	算術						
	体操						
	操行						
	終了ノ年月日						
在学中出席及欠席	出席日数						
	欠席日数	病気					
		事故					
身体ノ状況	身長						
	体重						
	胸囲	常時					
		盈虚ノ差					
	脊柱						
	体格						
	眼疾						
	耳疾						
	歯牙						
	疾病						

備考　学校医ヲ置カサル学校ニ於テハ身体ノ状況ノ欄ハ之ヲ欠クコトヲ得

資料4　2001年　小学校児童指導要録　参考様式(様式2-1)[資料2-⑫]

様式2（指導に関する記録）

児童氏名	学校名	区分＼学年	1	2	3	4	5	6
		学級						
		整理番号						

各教科の学習の記録

I　観点別学習状況

教科	観点＼学年	1	2	3	4	5	6
国語	国語への関心・意欲・態度						
	話す・聞く能力						
	書く能力						
	読む能力						
	言語についての知識・理解・技能						
社会	社会的事象への関心・意欲・態度						
	社会的な思考・判断						
	観察・資料活用の技能・表現						
	社会的事象についての知識・理解						
算数	算数への関心・意欲・態度						
	数学的な考え方						
	数量や図形についての表現・処理						
	数量や図形についての知識・理解						
理科	自然事象への関心・意欲・態度						
	科学的な思考						
	観察・実験の技能・表現						
	自然事象についての知識・理解						
生活	生活への関心・意欲・態度						
	活動や体験についての思考・表現						
	身近な環境や自分についての気付き						
音楽	音楽への関心・意欲・態度						
	音楽的な感受や表現の工夫						
	表現の技能						
	鑑賞の能力						
図画工作	造形への関心・意欲・態度						
	発想や構想の能力						
	創造的な技能						
	鑑賞の能力						
家庭	家庭生活への関心・意欲・態度						
	生活を創意工夫する能力						
	生活の技能						
	家庭生活についての知識・理解						
体育	運動や健康・安全への関心・意欲・態度						
	運動や健康・安全についての思考・判断						
	運動の技能						
	健康・安全についての知識・理解						

II　評定

学年＼教科	国語	社会	算数	理科	音楽	図画工作	家庭	体育
3								
4								
5								
6								

総合的な学習の時間の記録

学年	学習活動	評価 観点	
3			
4			
5			
6			

特別活動の記録

内容＼学年	1	2	3	4	5	6
学級活動						
児童会活動						
クラブ活動						
学校行事						

行動の記録

項目＼学年	1	2	3	4	5	6
基本的な生活習慣						
健康・体力の向上						
自主・自律						
責任感						
創意工夫						
思いやり・協力						
生命尊重・自然愛護						
勤労・奉仕						
公正・公平						
公共心・公徳心						

出欠の記録

区分＼学年	授業日数	出席停止・忌引等の日数	出席しなければならない日数	欠席日数	出席日数	備考
1						
2						
3						
4						
5						
6						

資料5　2010年　小学校児童指導要録

様式2（指導に関する記録）

児童氏名	学校名	区分＼学年	1	2	3	4	5	6
		学級						
		整理番号						

各教科の学習の記録

I　観点別学習状況

教科	観点＼学年	1	2	3	4	5	6
国語	国語への関心・意欲・態度						
	話す・聞く能力						
	書く能力						
	読む能力						
	言語についての知識・理解・技能						
社会	社会的事象への関心・意欲・態度						
	社会的な思考・判断・表現						
	観察・資料活用の技能						
	社会的事象についての知識・理解						
算数	算数への関心・意欲・態度						
	数学的な考え方						
	数量や図形についての技能						
	数量や図形についての知識・理解						
理科	自然事象への関心・意欲・態度						
	科学的な思考・表現						
	観察・実験の技能						
	自然事象についての知識・理解						
生活	生活への関心・意欲・態度						
	活動や体験についての思考・表現						
	身近な環境や自分についての気付き						
音楽	音楽への関心・意欲・態度						
	音楽表現の創意工夫						
	音楽表現の技能						
	鑑賞の能力						
図画工作	造形への関心・意欲・態度						
	発想や構想の能力						
	創造的な技能						
	鑑賞の能力						
家庭	家庭生活への関心・意欲・態度						
	生活を創意工夫する能力						
	生活の技能						
	家庭生活についての知識・理解						
体育	運動や健康・安全への関心・意欲・態度						
	運動や健康・安全についての思考・判断						
	運動の技能						
	健康・安全についての知識・理解						

II　評定

学年＼教科	国語	社会	算数	理科	音楽	図画工作	家庭	体育
3								
4								
5								
6								

外国語活動の記録

観点＼学年	5	6
コミュニケーションへの関心・意欲・態度		
外国語への慣れ親しみ		
言語や文化に関する気付き		

総合的な学習の時間の記録

学年	学習活動	観点	評価
3			
4			
5			
6			

特別活動の記録

内容	観点＼学年	1	2	3	4	5	6
学級活動							
児童会活動							
クラブ活動							
学校行事							

参考様式（様式2-1，2）［資料2-⑬］

児童氏名

行動の記録													
項目＼学年	1	2	3	4	5	6	項目＼学年	1	2	3	4	5	6
基本的な生活習慣							思いやり・協力						
健康・体力の向上							生命尊重・自然愛護						
自主・自律							勤労・奉仕						
責任感							公正・公平						
創意工夫							公共心・公徳心						

総合所見及び指導上参考となる諸事項			
第1学年		第4学年	
第2学年		第5学年	
第3学年		第6学年	

出欠の記録						
区分＼学年	授業日数	出席停止・忌引等の日数	出席しなければならない日数	欠席日数	出席日数	備考
1						
2						
3						
4						
5						
6						

資料6　2016年　小学校児童指導要録

小学校児童指導要録（参考様式）

〔参考1〕

様式2（指導に関する記録）

児童氏名	学校名	区分＼学年	1	2	3	4	5	6
		学級						
		整理番号						

各教科の学習の記録

I　観点別学習状況

教科	観点＼学年	1	2	3	4	5	6
国語	国語への関心・意欲・態度						
	話す・聞く能力						
	書く能力						
	読む能力						
	言語についての知識・理解・技能						
社会	社会的事象への関心・意欲・態度						
	社会的な思考・判断・表現						
	観察・資料活用の技能						
	社会的事象についての知識・理解						
算数	算数への関心・意欲・態度						
	数学的な考え方						
	数量や図形についての技能						
	数量や図形についての知識・理解						
理科	自然事象への関心・意欲・態度						
	科学的な思考・表現						
	観察・実験の技能						
	自然事象についての知識・理解						
生活	生活への関心・意欲・態度						
	活動や体験についての思考・表現						
	身近な環境や自分についての気付き						
音楽	音楽への関心・意欲・態度						
	音楽表現の創意工夫						
	音楽表現の技能						
	鑑賞の能力						
図画工作	造形への関心・意欲・態度						
	発想や構想の能力						
	創造的な技能						
	鑑賞の能力						
家庭	家庭生活への関心・意欲・態度						
	生活を創意工夫する能力						
	生活の技能						
	家庭生活についての知識・理解						
体育	運動や健康・安全への関心・意欲・態度						
	運動や健康・安全についての思考・判断						
	運動の技能						
	健康・安全についての知識・理解						

II　評定

学年＼教科	国語	社会	算数	理科	音楽	図画工作	家庭	体育
3								
4								
5								
6								

特別の教科　道徳

学年	学習状況及び道徳性に係る成長の様子
1	
2	
3	
4	
5	
6	

外国語活動の記録

観点＼学年	5	6
コミュニケーションへの関心・意欲・態度		
外国語への慣れ親しみ		
言語や文化に関する気付き		

総合的な学習の時間の記録

学年	学習活動	観点	評価
3			
4			
5			
6			

特別活動の記録

内容	観点＼学年	1	2	3	4	5	6
学級活動							
児童会活動							
クラブ活動							
学校行事							

参考様式（様式2-1，2）[資料2-⑭]

児童氏名

行動の記録													
項目＼学年	1	2	3	4	5	6	項目＼学年	1	2	3	4	5	6
基本的な生活習慣							思いやり・協力						
健康・体力の向上							生命尊重・自然愛護						
自主・自律							勤労・奉仕						
責任感							公正・公平						
創意工夫							公共心・公徳心						

総合所見及び指導上参考となる諸事項			
第1学年		第4学年	
第2学年		第5学年	
第3学年		第6学年	

出欠の記録						
区分＼学年	授業日数	出席停止・忌引等の日数	出席しなければならない日数	欠席日数	出席日数	備考
1						
2						
3						
4						
5						
6						